한 번만 읽어 주세요!

스물여섯 되던 그 해에 그녀는 다리를 다치는 바람에 5년 동안 다니던 신문사를 그만두어야 했다. 그리고 할 일이 마땅치 않아 소설을 쓰기 시작했다.

처음에는 취미로 쓰기 시작했지만 점점 심혈을 기울여 마침내 10여 년이나 걸려 1,307페이지의 소설을 완성했다. 그녀는 두툼한 원고뭉치를 들고 출판사를 찾아다녔으나 무명 작가의 소설을 선뜻 받아 줄 곳은 어디에도 없었다. 그렇게 7년의 세월이 무심하게 흘러갔고, 원고는 너덜너덜해질 정도로 닳아 버렸다.

그러던 어느 날, 미국 조지아 주 애틀랜타의 한 신문에 "뉴욕의 유명 출판사 사장이 기차로 돌아간다"는 짤막한 기사가 실렸다. 그녀는 그 기사를 보자마자 원고를 들고 기차역으로 달려갔다. 그녀가 도착했을 때 맥밀란출판사의 레이슨 사장이 기차에 막 오르려던 중이었다. 그녀는 큰소리로 그를 불러 세웠다.

"사장님! 제가 쓴 소설입니다. 꼭 한 번만 읽어 주세요!"

간청을 뿌리치지 못한 레이슨 사장은 마지못해 원고뭉치를 들고 기차에 올랐다. 하지만 원고뭉치를 아예 선반 위에 올려 두고는 거들떠보지도 않았다. 그러는 동안 그녀는 재빨리 기차역을 빠져나가 우체국으로 달려갔다. 얼마 후 열차의 전무가 레이슨에게 전보 한 통을 내밀었다. 거기에는 이렇게 쓰여 있었다.

"한 번만 읽어 주세요!"

하지만 레이슨은 원고뭉치를 흘깃 쳐다볼 뿐 더 이상 관심을 두지 않았다. 얼마 후 똑같은 내용의 전보가 또 배달되었다. 그래도 그는 관심이 없었다.

다시 세 번째 전보가 배달되었다. 그제서야 레이슨은 그녀의 끈질긴 요청에 마지못해 원고뭉치를 집어들었다. 기차가 목적지에 도착해 승객들이 짐을 챙기는 동안에도 그는 원고에 푹 빠져 있었다.

그렇게 출간된 소설이 바로 27개 국어로 번역되어 1,600만 부 이상 판매된 그 유명한 소설, 마거릿 미첼의 『바람과 함께 사라지다』이다.

되는 일이 없어요

절망 · 실패 · 우울 · 자살 생각 치유

되는 일이 없어요

지은이 ㅣ 김학수

초판 1쇄 찍은날 ㅣ 2004년 3월 10일

초판 1쇄 펴낸날 ㅣ 2004년 3월 18일

펴낸이 ㅣ 김승태

출판본부장 ㅣ 김춘태

편집 ㅣ 조현철

표지 ㅣ 공유나

등록번호 ㅣ 제2-1349호(1992. 3. 31)

펴낸곳 ㅣ 예영커뮤니케이션

　　　　110-616 서울시 광화문 우체국 사서함 1661

　　　　출판유통사업부 T. (02)766-7912 F. (02)766-8934 E-mail: jeyoungsales@chol.com

　　　　출판사업부 T. (02)766-8931 F. (02)766-8934 E-mail: jeyoungedit@chol.com

　　　　E-mail: jeyoung@chol.com

　　　　www.jeyoung.com

ISBN 89-8350-310-6　　03230

값 9,000원

■ 잘못 만들어진 책은 언제든지 교환해 드립니다.

절망 · 실패 · 우울 · 자살 생각 치유

되는 일이 없어요

김학수 지음

예영커뮤니케이션

추천의 글

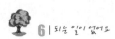세상에는 많은 사람들이 함께 살아가고 있
다. 이들의 삶을 살펴보면 행복의 정도가 다르고, 그것을 발휘하는 능
력도 서로가 천차만별이다. 그렇다고 불행하게 살고 싶은 사람이 있을
까? 누가 무능력하게 살고 싶을까? 인간이면 누구나 행복하게 살고 싶
고, 창의력을 마음껏 발휘하며 살고 싶어한다. 갈등을 겪는 수많은 사
람들을 만나 보았지만 불행하게 살고 싶은 사람은 아무도 없었다.

왜 불행하게 사느냐고 물으면 그들의 대답은 한결같이 그렇게밖에
는 안 되는 이유를 모르겠다고 한다. 그렇다면 행복하거나 성공하는
인생을 사는 사람과, 불행하거나 실패한 인생을 사는 사람 사이에는
어떠한 차이가 있을까? 그 대답은 분명하다. 사람 속에 감추어진 깊은
상처이다!

모든 사람은 누구나 자신만의 상처를 안고 살아간다. 아무리 행복해
보이는 사람도 표현을 하지 않을 뿐이지 내밀한 상처를 감추고 살아가

고 있으며, 상처가 전혀 없는 것이 아니다. 상처에는 그 누구도 예외일 수 없다. 그래서인지 내 귓가에는 쉬지 않고 온갖 신음소리가 들려온다. 이 신음소리는 무너져 가는 가정과 사회 속에서 수많은 영혼들이 아픔을 호소하면서 흐느끼는 소리이다.

우리가 살고 있는 이 사회는 그 어느 때보다 절망으로 치달아 좌절의 늪에서 헤어나지 못하고, 결국 죽는 것밖에는 길이 없다고 생각하는 사람들이 너무나 많다. 지하철에는 '자살철'(?)이라는 별명이 생겼고, 한강에서 자녀를 물속에 던져 살해하기도 하고, 고층 아파트에서 몸을 던지기도 한다.

이 책은 좌절 가운데 있는 자신을 살리고 암울한 가정을 변화시키며, 나아가 상처와 절망으로 신음하는 사회에 대한 좋은 치유의 길잡이가 될 것이다. 이 책에서 소개하고 있는 좌절감, 우울증과 자살의 근원이 되는 '상한 마음'과 왜곡된 '생각', 슬픔에 빠져 있는 '몸', 그리고 질문 형식의 가진 관상기도를 통하여 전인적 치유를 경험하게 될 것이며, 어려움을 겪는 사람들에게 큰 도움이 될 것이다.

깊은 좌절의 고통 속에 빠져 절망하고 있는 이들과, 그러한 가족과 친구를 둔 사람들에게 어두운 터널 속에 비치는 한 줄기 빛처럼 치유의 빛이 비쳐지기를 바란다.

크리스찬치유상담연구원 원장
한신대학교/대학원 교수

정 태 기

감사의 글

하나의 생명이 탄생하기까지 열 달의 뱃속 고통과 산고는 피할 수 없다. 동일하게 이 책도 온실 안에서 자란 화초처럼 책상에서 관념적으로 쓰여진 책이 아니다.

잉태되어 해산하기까지 짧지 않은 기간 동안 절망적인 고통을 겪고 있는 많은 사람들을 회복시키면서 그 가운데 얻어진 치유의 지혜가 잉태의 출발점을 제공했다. 또한 신뢰했던 사람으로부터의 상처로 더 이상 일어설 힘조차 없을 정도로 비탄한 생의 골짜기와 좌절의 늪을 겪으면서 나 자신 스스로를 일으켜 세우고, 암울함과 무기력으로부터 벗어나 작은 구멍을 몸부림치며 빠져 나오는 고백을 통하여 이 책을 출산하게 되었다. 그래서 이 책은 객관적인 제3자의 입장에서 서술했지만, 나의 흐르는 눈물로 고백적인 맺음을 한 것이다.

실제 상담자들의 이름은 대부분 가명을 썼지만, 그들과의 여정 가운데 얻어진 많은 치유 정보와 경험이 없었다면 이 책은 아마도 이론적인 학술 논문이 되었을 것이고, 나 자신 또한 극도의 좌절감으로부터 회복할 수 있는 빛을 제공받지 못했을지 모른다. 먼저, 이 책에 언급된 모든 이들에게 감사의 마음을 전한다. 그리고 가까이에서 예리한 지적과 통찰로써 격려와 지지를 보내 주었으며, 언제나 한결같은 벗들인 김명일 목사님과 전진명 목사에게도 감사하지 않을 수 없다.

살아 있는 젊은 감각으로 이 책이 보다 좋은 책으로 출간될 수 있도록 힘쓴 예영커뮤니케이션의 김승태 사장님과 편집부 직원들 모두에게 감사할 따름이다.

무엇보다 항상 옆에서 함께 울고 참아내면서 힘들어 주저앉을 때면 부둥켜안고 같이 앓아 주었던 내 아내가 있다. 헤어날 수 없는 수렁 속에서도 격려를 나눌 수 있는 영원한 반려자임에 감사한다. 원고가 한 장 한 장 작성될 때마다 언제나 속 깊은 의견을 나누며 이 책을 보다 진실하게 해 주었다.

마지막으로 희망이 보이지 않는 긴 고난의 터널을 통과하는 아픔 속에 있었을 때, 상처로 힘들어하는 어린 나이에도 웃음을 잃지 않고 '아빠가 자랑스럽다'는 말로 늘 소리 없는 뜨거운 눈물을 흘리게 만든 나의 사랑하는 딸, 찬란에게 고마움을 전한다.

2004년 2월

김 학 수

서 문

 우리는 행복해야만 한다는 신화를 갖고 있다. 그래서 이 시대를 '행복의 시대'라고 말할 정도로 행복을 추구하고 노래하고 있다.

'행복한 사람, 행복한 가정, 행복한 사회!'

그러나 진실로 행복한가?

적어도 우리 주변에서 열 명 가운데 최소한 두 명은 무가치감과 죄책감, 절망감, 좌절감 등의 고통 속에 살아가고 있다. 하지만 아직 심각하게 느끼지 못하여 우울하다고만 생각하면서 살아가는 사람들은 더욱더 많다. 그들 가운데 하나는 당신일 수도 있고 배우자나 친구 또는 부모일 수도 있으며, 자식일 수도 있다.

우리의 깊은 내면에는 해결되지 않는 상처들이 숨어 있다. 그리고 의식적이진 않지만 누군가에 의해 그 상처가 자극되는 순간, 우리는 가시 돋친 나무처럼 날카로워지기 시작하고, 또다시 상처의 악순환 속에 살아간다.

때로는 칠흑같이 깊은 어둠 속에 나 홀로 서 있는 것처럼 느껴지기도 하고, 힘들어하고, 주변에 많은 사람이 있어도 흔들리는 나를 이해해 주고 붙잡아 줄 사람은 단 한 사람도 없다는 외로움 속에 살아가고 있다.

그래서 긴 한숨과 함께 엎드려 울어 보지만 여전히 답답하기만 하다. 마지막 남은 지푸라기라도 잡듯 절박하게 무언가를 붙들어도 회한과 원망 속에서 벗어나지 못하고, 절망으로 빠져드는 일이 우리에게 얼마나 많은가?

45세에 정년 퇴임이라는 암울한 '사오정'의 신조어도 사라진 지 오래다. 이제는 이십대 태반이 백수라는 의미의 '이태백'이라는 신조어가 유행할 정도로 IMF 외환 위기 때보다 더 어려운 시절을 살아가고 있다. 하루에도 수많은 사람들이 절망 가운데 스스로 목숨을 끊는 일들이 연일 뉴스를 장식하고 있다.

신앙이 최후의 보루라고 생각하여 교회를 다니고 있는 사람들이 많다. 그러나 신앙생활로도 해결되지 않는 암울한 정서적 고통으로 인하여 어떤 이는 한강에 자녀를 던지고, 또 어떤 이는 자신의 일가족을 살해하고 스스로 목숨을 끊기도 했다.

우리 주위의 상당한 숫자의 사람들이 그렇게 정서적인 고통으로 스러져 가고 있으며, 또 스스로 목숨을 끊는 사람의 통계도 OECD 가입국가 중 세계 2위로 치닫고 있다.

도대체 어디서부터 무엇이 어떻게 잘못된 것인가?

내가 군(軍)에 몸담고 있던 최근 몇 년 동안 심각한 정서적 고통과 우울증 그리고 자살 생각에 빠져 절망하던 약 260여 명의 장병들에게 새로운 눈을 뜨게 하고 회복됨을 맛보게 했던 치유 프로그램을 실행한 경험이 있었다. 다행스럽게도 현재 나는 군을 떠났지만 육군본부 인사참모부의 모 중령에 의해 전 육군에 자살 치유 프로그램으로 보급되었고, 현재 전 군에서 효과적으로 시행되고 있어서 얼마나 감사한지 모른다.

이와 같은 실제적인 상담 치유 경험을 바탕으로 내재되어 있는 아픔으로 인해 심지어는 죽음까지 생각하면서 정서적인 고통을 당하고 있는 한 사람의 생명에게라도 희망의 빛이 비춰질 수 있기를 기도하면서 작은 졸필을 세상에 내놓는다. 이 책은 우울증과 자살 생각 그리고 정서적인 고통을 겪고 있는 사람들과 그렇게 고통당하고 있는 사람을 가족이나 친구로 둔 사람들을 위하여 실제적인 치유를 주고자 쓰여졌다.

여러분이 이 책을 읽어 가면서 만나게 되는 이야기들 중 몇몇은 자신이 겪고 있는 문제와 동일하게 느껴질 수도 있을 것이다. 여기에 소개되고 있는 사례들은 실제로 존재하고 있는 사람들의 이야기이기 때문이다. 그들 모두에게 다 양해를 구하진 못했기 때문에 이름을 가명으로 했고, 지명이나 내용을 약간씩 수정했다.

제1장에서는 치유를 위하여 '감정'과 '생각'에 대하여 다루어 읽어 가면서 치유를 경험할 수 있도록 했다. 제2장에서는 전인적인 치유를 위하여 '몸'과 '신앙적'인 부분의 치유 방법을 제시하여 삶 속에서 실제적으로 적용할 수 있도록 하였고, 제3장와 제4장에서는 고통당하는

정서적 문제의 실체를 깊이 이해할 수 있게 하기 위하여 '우울증' 과 '자살 문제' 에 관한 이론적인 내용을 소개하였다.

고통으로 힘들어하는 주변 사람들을 깊이 이해하고 경청해 줄 수 있게 되고, 또 실제로 고통 중에 있는 사람들이 이 책을 읽어 가면서 단 한 사람만이라도 치유와 회복의 빛의 세계로 걸어 나갈 수만 있다면 이 책의 목적은 성공이라고 믿는다.

2004년 2월

김 학 수

차 례

들어가기

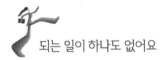 되는 일이 하나도 없어요

"나에게는 되는 일이 하나도 없어요!"

3일 동안 침묵으로 일관해 오던 동환(우리는 그를 '동환'이라 부르자) 군의 눈물과 함께 상처로 얼룩진 고백이었다.

동환은 21세의 청년으로 군에 입대한 지 얼마 되지 않아 치사량의 수면제를 한꺼번에 음용하여 자살을 기도했던 이등병이었다. 자살 시도와 계속된 자해행위로 부대 생활이 불가능해지자 대대장의 부탁과 조치로 2명의 간부가 앞뒤로 호위한 채, 내 사무실로 데려와 당시 사단사령부의 군종참모였던 나에게 인수인계되었다.

그와의 첫 만남은 그렇게 자발적이지도 않고 좋지 않은 상태에서 이루어졌기 때문에 최소한의 정보와 마음 상태를 알아내기 위한 그 후 1시간 동안의 면담은 거의 침묵으로만 일관되었다. 그의 얼굴빛은 백지

장처럼 창백했고, 멍하니 바닥만 응시한 채 말도 없고 삶의 의욕도 없어 보였다.

결국 나도 그가 마음을 열어 말하고 싶어하는 의욕이 생길 때까지 편안한 분위기를 만들어 주고자 몇 가지 조치—부대의 내무반 생활에서 떠나 당분간 교회에서 지낼 수 있도록 관련 부서에 협조하는 일—를 했다. 한 마디라도 하고 싶을 때까지 요양한다는 심정으로 편하게 지내도록 하고, 군부대 시설이지만 종교 시설이므로 예배와 기도회 시간에 참여해 줄 것을 당부를 했다.

그렇게 사흘 동안 아무런 제재가 없는 가운데 따뜻한 보살핌 속에서 며칠을 보냈다. 그리고 주일 저녁예배에 참석했던 동환은 설교를 들으면서 눈가엔 촉촉하게 눈물이 맺혀 왔다. 마침내 예배 후 상담을 요청해 오게 되었다.

저녁예배를 마치고 늦은 시간이었지만 아늑하게 꾸며진 내 사무실로 내려와 따뜻한 차 한 잔을 끓여 주면서 부드러운 첫 질문을 던졌다.

"무슨 일이 있었니?"

순간 동환의 얼굴이 눈에 보이게 역력히 일그러지며 눈물과 함께 쏟아내는 절규에 가까운 첫 마디는 "나에게는 되는 일이 하나도 없어요!"였다.

그리고는 하염없이 울기 시작했다. 한참 동안 울고 난 후, 이야기는 계속되었다. 초등학교 5학년이 되던 열두 살에 아버지와 어머니가 이혼을 하고 어머니는 다른 남자를 만나 일본으로 떠났으며, 그 충격을 견디다 못한 아버지는 알코올 중독이 되어 마침내는 자살을 했다는 말을 하면서, 이를 깨물며 한 마디를 덧붙였다.

"책임지지 못할 거면 자식을 낳지나 말아야지요!"

"형제가 몇이나 되니?"

"제가 장남이구요. 남동생과 여동생이 있습니다."

"네가 두 동생도 책임져야 했구나. 얼마나 힘들었니?"

이 말에 계속 하염없이 흐느껴 울며 상처의 기억들을 더듬어 쏟아놓기 시작했다.

"네. 저하고 동생들은 고아가 되어 부천에 있는 모 고아원에 넘겨졌어요. 거기에서 지내는 동안 먼저 들어온 덩치 큰 아이들에게 많이 맞았어요. 그리고 그 고아원은 입양을 전문으로 보내는 고아원이라 우리 삼 남매를 한꺼번에 입양할 집이 없어 뿔뿔이 흩어져 입양될 것이라는 이야기까지 다른 아이들에게 들었습니다. 저는 제 동생들을 책임져야 한다는 생각에 식사도 제대로 못하고 여러 날 동안 잠도 자지 못했습니다. 결국, 그 고아원을 탈출하는 방법밖에 없다고 생각하게 되었습니다."

마치 물에 젖은 생쥐처럼 몸을 떨어 가며 밤 12시가 넘은 한밤중에 두 동생을 데리고 고아원을 도망쳐 나온 이야기와 함께 일주일 이상을 길거리를 헤매며 굶주림에 지쳐 삼 남매가 부둥켜안고 울었다는 이야기를 할 때에는 나도 더 이상 견딜 수가 없어 동환이를 껴안고 한참을 울었다. 동환은 옆에 있는 화장지로 콧물을 훔치고 눈물을 닦으며 계속 어린 시절의 이야기를 이어 갔다. 그렇게 며칠 동안 쓰레기처럼 굴러다니다가 어린 시절의 기억을 더듬어 여러 번 엄마와 함께 찾아갔던

외할머니 집을 간신히 찾게 되었다는 것이다. 거지처럼 되어 찾아온 외손주들을 보시고 할머니는 "아이구, 내 새끼야!" 하며 울면서 받아 주었지만, 그곳에서의 생활도 외삼촌의 구박과 손찌검 때문에 힘겨웠다고 했다.

그러나 마땅히 찾아갈 곳도 없었기에 삼 남매는 어린 시절을 외삼촌 집에서 자라나게 되었다. 마음 둘 곳이 없어 고등학교 때는 불량 폭력 조직에 가담하다가 졸업과 동시에 부천에 있는 한 폭력배 조직에 몸 담게 되었다는 이야기를 했다. 어린 시절부터 세상의 모든 것들이 원수로만 여겨지던 터라, 폭력 조직에 몸담고 주먹과 흉기를 휘두르며 사는 생활은 풍랑 속의 안식처처럼 느껴졌다고 회상하면서 실감나게 쏟아 놓았다. 하지만 그것도 잠시였다.

"그런데 저는 역시 마(魔)가 낀 사람인가 봐요. 그렇게 벌어들인 삼천만 원으로 사람답게 살아 보려고 주식에 투자를 했는데, 1997년에 IMF를 맞으면서 그것마저 다 날렸습니다. 그때부터 불면증과 좌절감 때문에 우울증으로 폐인이 되다시피 살고 있었는데, 군 입대 영장을 받고 입대하게 되었습니다. 훈련소 생활도 제대로 할 수가 없어 몇 번이나 죽으려 했으나 실패했습니다. 그 후 이곳으로 자대 배치를 받고 첫 휴가인 이등병 휴가를 나가게 되었습니다. 남동생이 아르바이트를 하고 있는 대형 할인점을 찾아가 동생을 만났지만, 동생은 입에 담지 못할 욕을 저에게 퍼부으면서 '나가 죽어라.'고 소리를 질러댔습니다."

동환은 다시 말을 잇지 못하고 흐느껴 울면서 앉아 있는 소파를 주먹으로 내리치기 시작했다. 이유인즉, 군 입대 하기 전에 여동생이 일

본에 엄마가 있는 곳을 알아냈고, 엄마를 한 번만이라도 보고 싶으니 여비 300만 원을 만들어 달라고 했다. 그래서 조직 폭력배에 있던 동료에게 빚을 내어 동생에게 주고 왔는데, 그 길로 여동생이 일본에 건너가 몸 파는 직업에 종사하고 있다는 것이다. 이제 더 이상 견딜 힘도 없고 쓰레기 같은 인생이라는 생각에 빠져 만취가 되도록 술을 마시고 인천 앞바다에 투신 자살하기 위해 몸을 던졌는데, 지나가는 행인이 119구조대에 신고해서 구조되었고, 부대에 복귀하게 되었다고 한다. 결국, 몇 군데의 약국을 돌며 치사량의 수면제를 다량 구입한 뒤, 부대 앞에서 모두 복용하고 귀대하여 쓰러졌다는 것이다.

그러나 동료 병사들에게 발견된 동환은 곧바로 응급실로 호송되어 회복되었으나, 삶에 대한 의욕 상실과 처절함이 뒤엉켜 불면증과 하루 종일 먹구름 속에 사는 것처럼 뭐라고 꼬집어 설명할 수 없을 만큼 정신적 고통에 시달리며 지내 왔다. 그리고 가끔 정상적인 의식이 들면 죽는 것만이 유일한 해결책이라는 생각에 자살하는 방법만을 생각하며 살아왔다는 것이다. 지금까지 짧은 인생이지만 살아온 날들 동안 한 번도 행복해 본 적이 없다며 서러운 눈물을 계속 흘려댔다.

우리는 항상 행복한가?

우리는 모든 삶이 행복하기를 바라고 있고, 또 '항상 행복해야 한다'라는 암묵적인 환상을 갖고 있다. 그렇지만 정말로 당신은 항상 행복한가? 한 번도 우울해질 때가 없는가? 절망감과 좌절감에 빠져 죽고 싶은 적이 한 번도 없었는가? 나만 당하는 고통인 것 같고, 버림받은 것 같은 느낌 속에 빠져들 때가 한 번도 없었는가? 소원하고 기도하는 것들은 이루어지지 않고 점점 더 실망의 나락으로 아득하게 떨어지며 더 이상은 소망이 없다고 느껴 본 때가 한 번도 없었는가? 어떤 일을 할 때 그저 단순한 의무감에서 하지는 않았는가? 신앙적인 헌신과 방법으로도 해결되지 않는 패배감과 깊은 회의감에 젖어들 때가 정말 한 번도 없었는가? 신앙의 헌신과 외적인 믿음의 표현을 지속적으로 하고 있음에도 불구하고 감정은 계속해서 절망 가운데로 빠져 들어간 경험이 한 번도 없었는가? 왜 우리는 이 질문에 대해 아무도 정말 없었다라고 대답할 수 없는가?

미해결 감정과 해결되지 않은 문제들은 생활 밑바닥에 자리하면서 삶을 살아가는 동안 여러 가지 형태로 그 증세가 나타나게 된다. 우울증이나 자살 생각, 또는 이상 성격, 이상 행동, 알코올 중독, 성적(性的) 중독 등으로 나타나기도 한다. 또한 결혼 생활에 치명적인 상처로 작용하여 불행한 부부 관계를 가져오기도 하고, 자녀들에게 지울 수 없는 감정적인 상처를 남기기도 한다.

우울증과 자살 그리고 제반 문제를 가져오는 미해결 감정은 근본적으로 '상한 마음'에 근거한다. 어떤 계기로 언제 마음이 상했는지 모르지만 특정 시점에 우울증과 정서적 장애라는 질병이 발병하게 된다. 아무 징조도 없이 찾아와 장기간 자살 충동에 시달리게 되고, 모든 대인 관계에 장애를 초래하여 고통을 가중시키고 삶을 불행하게 만들다가는 급기야 죽음에까지 이르게 한다.

건강한 사람들은 자살하는 사람들을 충동적 범죄자로 바라보는 시

각이 있다. 그래서 자살 사건이 발생하면 그 사람의 생활 주변 문제들을 가지고 그 사건을 해석하며 자살의 원인을 찾으려고 한다. 그러나 이는 명백한 오해이다. 다른 사람으로부터 이해받지 못하는 것조차도 우울증의 중요한 고통 중의 하나임을 알아야 한다. 우울증으로부터 해방되는 길이 죽음뿐이라는 확신이 들 때 그 누구도 자살을 피할 수 없게 되는 것이다. 그러므로 우울증을 이해할 수 있다면, 그리고 자살을 생각하는 사람을 이해할 수만 있다면 누구든지 걸릴 수 있는 '정서적 감기'라고 불리는 '우울증'과 '자살 생각'의 절망의 늪에서 힘겹게 걸어나와 눈부신 세상으로 나올 수 있도록 도울 수 있고, 또 우리 자신을 이로부터 건강하게 지켜 나갈 수 있을 것이다.

그러나 안타깝게도 대부분의 사람들이 우울 감정을 겪고 있다. 또 우울증에 시달리면서 누구나 한 번쯤은 자살하고 싶은 충동 속에 살아가고 있다. 그럼에도 주변에서는 우울증을 겪고 있는 정신 장애자와 자살 기도자를 '미친 사람'이나 '귀신이 씌인 사람' 취급을 하거나, 이상 성격자로 낙인을 찍어 버려 더욱 헤어나기 어렵게 만드는 경우를 심심찮게 볼 수 있다. 최근 정신의학과 상담심리 치료 기술의 발달로 놀라운 치료의 효과를 거두고 있음을 아는 사람은 극소수에 불과하다는 것은 매우 안타까운 일이다.

이제, 우리 삶을 무기력하게 만들고 행복감을 앗아 가며, 실체적이고 실제적인 우울 감정의 고뇌가 휘감는 무기력한 절망적인 상태에 사로잡히게 하며, 죽고 싶은 생각과 인생의 모든 관계에 장애와 상처를 남기는 정서적인 문제들로부터 회복되고 더 깊은 이해를 통해 힘들어

하는 주변 사람들을 돕기 위해 우울증과 자살에 관한 정보 속으로 치유 여행을 시작하려고 한다.

　이 책을 계속 읽어 나가는 가운데 어쩌면 씻을 수 없는 정서적 아픔과 좌절 속에서 신음하고 있는 당신 자신을 포함한 모든 이들을 조금이라도 이해하고 도울 수 있게 되기를 바라면서 기도하는 마음으로 들어가 보자!

마음의 괴로움은 육체의 고통보다 더 견디기 힘들다. 마음의 목마름은 물을 마셨다고 해서 해갈되지 않는다. 마음의 평온함을 얻은 사람은 자기 자신에게나 타인에게도 따뜻하고 평화롭다. 마음이 선량하면 모든 것이 좋아진다. 마음을 열고 향상시키기 위해서는 명상이 필요하다.

― 데카르트

제1장
상한 감정과 생각의 치유

행복과 기쁨

이 시대를 행복의 시대라고 말하기도 한다. 행복한 사람, 행복한 가정, 행복한 사회 등 모두가 행복한 삶을 영위하기 위하여 구호를 외치고 노력한다. 그러나 진정으로 행복한가?

대부분의 사람들이 행복을 추구하며 살아가고 있다. 하지만 그 가면 뒤에는 외로움과 쓰라린 상처가 자리 잡고 있으며, 사회적인 지위와 체면 그리고 자존심으로 잘 포장되어 고독과 우울함 속에 살아가고 있는 모습이 현대인의 실존이라는 사실을 부인할 수 있겠는가?

행복이란 무엇인가? '행복(happiness)' 이라는 단어는 '어떤 일이 발생하다' 라는 'happen' 의 어원으로부터 파생되었다. 행복은 우리의 힘으로 조절할 수 없는 외적인 사건이 우리에게 어떻게 일어나는가에 의하여 결정되는 것이다. 즉, 불행한 사건이 삶 속에 일어나면 불행해지고, 뜻한 대로 일이 풀려 가고 좋은 일이 지속적으로 발생하면 행복해진다는 의미를 가진 단어이다.

동일하게 '복' 이라는 단어를 포함하는 다른 단어로, 축복이라는 단어가 있다. '축복(bless)' 은 '피를 흘리다' 라는 뜻의 'bleed' 의 어원으로부터 파생되었다. 즉, 피 흘리는 희생으로 인하여 얻을 수 있는 것이 축복이라는 의미이다. 그러므로 우리가 마땅히 사용해야 할 단어는 '어떤 일이 (우연히) 발생하여 행복' 하게 되는 수동적 의미의 '행복' 이라는 말보다는, '어떠한 일이 일어나더라도 희생함으로 얻어지는 행복' 인 적극적인 의미인 '축복' 의 언어일 것이다.

이러한 희생적 의미를 가진 '축복' 을 향유하는 사람들의 감정 상태는 한 마디로 '기쁨' 이라고 정의할 수 있다. 기쁨은 외적 환경과 사건에 관계없이 관계 가운데서 오는 내적인 상태를 나타내는 용어이다.

상한 마음

이제 눈치 빠른 독자라면 이 장에서 말하려는 의도를 눈치챘을 것이다. 현대인의 삶들이 행복을 추구하고 행복하기를 원하지만, 행복하지 못한 대부분의 이유가 (의도되지 않은 우연한) 어떤 일에 의하여 상처받고 상실과 좌절감을 경험하게 되었기 때문인 것이다.

그러므로 진실로 행복하기를 원한다면 기쁨의 근원인 '축복'의 삶을 추구해야 한다. 이것은 수동적인 것이 아니다. 어떤 일이 일어났든, 어떠한 상실과 상처가 있었든 환경이나 사건에 상관없이 자기 자아의 내적인 회복과 관계 회복을 이룸으로써 기쁨의 삶을 영위하는 것이다.

이 책의 목적은 '절망감과 상실감 그리고 상처, 우울증, 자살 생각에 대한 치유'이다. 우리를 암울한 죽음으로 이끌어가면서 불행하게 만드는 '우울증'과 '자살 생각'을 치유하고, 내면적인 기쁨이 지배하는 삶이 될 수 있도록 하기 위해 치유의 여정을 시도하려는 것이다.

삶이 불행하다고 느끼게 만드는 좌절감이나 우울증 그리고 자살 생각은 '상한 마음'에 근거한다. 어떤 계기로 언제 마음이 상했는지는 모르지만, 해결되지 않은 마음의 상처는 외부적으로 보이지 않아도 특정 시점에서 발병하여 아무 징조도 없이 찾아왔다가 장기간 자살 충동에 시달리고 급기야 죽음에 이르게까지 만든다. 그것은 ① 대인 관계의 어려움, ② 자존감의 결여, ③ 부정적 태도, ④ 우울증과 강박적 사고, ⑤ 사랑에 대한 확신 결여, ⑥ 삶의 굴곡과 침체, ⑦ 자살 생각 및 자살 충동 등으로 나타난다.

　이제 징그러운 애벌레가 환상적인 나비로 변태되듯, 불행과 정서적인 장애로 가로막고 있는 마음 깊숙한 곳의 쓴 뿌리를 찾아 제거하는 작업을 시작해 보자.

내가 젊었을 때에는
세상을 변화시킬 힘을 달라고 기도하였습니다.
중년이 되어서는
가족을 변화시킬 힘을 달라고 기도하였습니다.
그러나 노년이 되어서야
나 자신을 변화시킬 힘을 달라고 기도하였습니다.
만일 이 기도를 처음부터 드렸더라면
내 인생은 훨씬 더 달라졌을 것입니다.

　　　　　　　　　　　　　　　　　　　　– 켄터베리성당 지하 묘지의 비석

1. 내 마음의 상처를 발견하자

내가 저주를 받았나요?

2001년 여름 어느 날, 나는 "용서와 우리의 상처난 마음의 치유"라는 제목으로, 경기도 고양의 반듯하게 잘 구획된 시내 한가운데 현대적 감각으로 지어진 교회에서 한 시간 정도 특별 강의를 요청받았다.

강의를 마친 후 사무실로 내려가 차 한 잔을 마시고 있을 때였다. 중풍의 노환으로 몸을 잘 가누지 못하는 할머니 한 분이 사무실로 들어왔다. 힘겹게 소파에 앉으며 젖은 눈시울과 함께, "오늘 밤은 나를 위한 시간이었습니다."라고 말하면서, "내가 저주를 받아서 몸이 이렇게 되었나요?"라는 갑작스러운 질문을 던졌다. 그 질문 속에는 할머니를 불행하게 만들고 있는 무의식의 상처가 담겨져 있다는 생각에 진지하게 되물었다.

"그렇게 저주로 느낄 정도의 가슴 아픈 일이 있었나요?"

"시어머니가 살아 계실 때 나를 너무 힘들게 하고 상처를 많이 주었습니다. 한 번은 노망끼가 있었는지 말이 안 되는 일로 심하게 다툰 적이 있습니다. 그날 밤, 너무 견디기 힘들고 그 동안 쌓였던 감정이 폭발하여 차마 입에 담지 못할 말로 시어머님께 퍼부으며 한바탕 난리를 쳤습니다. 그 후로 시어머님은 충격을 받으셨는지 홧병으로 시름시름 앓다가 돌아가셨고, 저는 그날 밤 이후 중풍이 찾아와 이렇게 반신불수가 되었습니다."

제대로 몸을 쓰지 못하는 할머니는 계속 오열을 하며, "내가 저주를 받았어요! 내가 죽일 년이지요."라고 탄식하기 시작했다. 그때, 마침 빈 의자가 하나 있어 그 할머니 앞에 갖다 놓고는 이렇게 말했다.

"할머니, 지금 이 자리에 시어머님의 영혼이 와 계신다고 생각하시고, 이제 시어머님께 그때 못다 한 말, 그리고 하고 싶은 말들을 해 보세요. '어머니, 그때 왜 그러셨어요?' 하는 말씀과 함께 시작해 보세요!"

그러자, 할머니는 더 큰 오열과 함께 쓰러지듯이 의자 위에 엎어지면서 "어머니-!" 하며 울부짖기 시작했다. 그날 밤, 할머니는 40분 가량을 속에 맺혀 있던 한과 상처들을 토해냈다. 그리고는 얼마나 힘들었었는지, 얼마나 미워했었는지, 얼마나 죄의식 가운데 살아왔는지, 또 얼마나 우울하고 불행했는지 눈물의 탄식이 이어졌다. 마침내는 "어머니, 저를 용서하세요!"라는 비명에 가까운 날카로운 소리를 외쳐댔다.

어느 정도 속에 있는 상처가 표현되었다고 느껴질 즈음, 할머니를 부축하여 일으켜 세우고 그 의자로 옮겨 앉게 했다.

"할머니, 이제 시어머니의 영혼이 할머니 속에 오셨다고 생각하고 할머니에게 뭐라고 하실지를 상상해 보세요. 그리고 소파에 앉아 있었던 할머니에게 말씀해 보세요!"

할머니는 다시 뜨겁게 흐느껴 울기 시작했다. 그리고는 "아가, 괜찮다. 내가 너무했지?" 하면서 용서와 화해의 말들을 하기 시작했다. 그렇게 한 시간 가량 흘렀을 때, 그 시간을 마무리짓기 위하여 할머니 손을 붙잡고 시어머님과 그 할머니를 위한 기도의 시간을 가졌다. 그리고 이제는 더 이상 죄의식 속에 살아 가지 말라고 당부하면서 마음이 어떠한지를 물었다. 할머니는 이렇게 말했다.

"너무 시원해요. 지금까지 이렇게 홀가분하게 느낀 적이 없었어요. 교회 와서 기도할 때마다 용서를 위한 기도를 했고 회개를 했는데도 늘 죄책감에서 벗어나지 못하고 있었습니다."

그런데 놀라운 일은 그 다음에 벌어졌다. 중풍 때문에 거의 사용할 수 없었던 몸이 완벽하지는 않지만 어느 정도 부드럽게 움직일 정도로 몸이 풀어지기 시작한 것이다. 그날 밤의 감격을 이해할 수 있겠는가?

1) 상한 마음의 원인

인생의 나이테

내가 살고 있는 아파트는 도심에 위치해 있으면서도 앞에 조그만 산

이 펼쳐져 있어 여름에는 어느 정도 비만 내려도 자연스레 폭포수가 떨어지는 듯한 멋진 장면을 볼 수 있다. 가을에는 단풍이 곱게 물들어 별장에 있는 듯한 느낌이 든다. 그런데 볼성사납게도 작은 동산에는 누군가에 의해 잘려져 선명한 나무테가 보이는 통나무가 누워 있다.

저 나무에는 어떤 일이 일어났을까? 기록된 역사 자료는 없어도 나이테를 보면 알 수 있다. 나무는 자신이 놓였던 환경에 대한 정보를 나이테에 고스란히 담아 놓는다. 적당히 비가 오고 좋은 날이 계속된 해에는 나이테가 넓고, 몹시 춥거나 가뭄이 심한 해에는 나무가 제대로 자라지 못해 나이테 간격이 좁다. 또 나무가 한창 자랄 시기에 갑작스럽게 환경이 나빠지면 나이테처럼 보이는 '가짜 나이테'가 생기기도 하고, 더 극심한 경우에는 나이테를 만들지 않기도 한다.

미국 캘리포니아 주에서 잦은 산불이 있었다는 사실을 밝혀 낸 것도 나이테 조사를 통해서였다. 큰 홍수가 나면 급류를 타고 내려온 커다란 돌이 나무에 상처를 내게 된다. 그 상처가 아문 흔적으로 홍수 발생 연도를 알아내기도 하고, 태풍에 의해 나무가 기울어지면 기울어진 나무를 스스로 세워 보려고 안간힘을 쓴 듯한 모양으로 기울어진 방향에 따라 나이테 폭이 넓어지는 나이테를 볼 수 있는 것이다. 이처럼 나무는 성장하면서 자신이 겪었던 자연 환경의 조건을 수백 년 동안 나이테에 기록하여 그 숲의 역사를 담고 있듯이 인생의 나이테도 마찬가지이다.

동일하게 우리 모든 사람의 내면에는 성장해 오는 동안의 모든 역사들이 감정과 정서의 나이테에 기록되어 있다. 우리의 사고와 행동과 감정 그리고 대인 관계의 모든 영역 속에 직접적이고 깊은 영향을 미치게 되는 것이다. 이 내면의 나이테에는 어린 시절의 오래된 상처와 아픔이 기록되어 있고, 억눌려 지냈던 기억들이 비극적인 흔적으로 남아 있어 살아가면서 계속적으로 모든 관계 가운데 어려움을 경험하게 만든다. 게다가 다른 사람을 보는 태도나 자신을 바라보는 자세에서도 나타나게 되어 부정적이고 무가치한 감정을 갖게 된다. 일정한 시간이 지나고 나면 아물게 되는 육체적인 상처와는 달리, 이러한 정서적이고 내면적인 상처들은 쉽게 치유되지 않는다.

얼마나 더 울고 상처를 받아야 할까?
웹디자이너로 4년째 일하고 있는 정아(가명, 27세) 씨를 만난 것은 그녀의 남동생 때문이었다. 가냘픈 외모에 자신이 없는 듯한 인상으로 첫 만남이 이루어졌다.

"최근 들어 며칠 일하고는 직장에서 계속 잘려요. 저한테 성격 장애가 있는 것은 아닌지 …. 그래서 이 일이 내 길이 아닌가 싶은 생각이 들어요. 하지만 공부하는 데 시간과 돈을 많이 들였기 때문에 쉽게 포기도 못 하고 고민이 너무 커요. 그렇다고 계속 사회생활을 해 나갈 용기도 없고 두렵기만 합니다. 계속 직장 생활을 하게 되면 또 상처만 많이 받게 될 것 같습니다. 친구에게 속마음을 털어놓고는 믿었던 만큼 상처를 더 많이 받게 됩니다. 그래서 친구와도 헤어지게 되고, 이제는 친한 친구도 없습니다. 사회가 너무 무서워요. 제가 얼마나 더 울고 상처를 받아야 하는지 잘 모르겠어요."

도움을 요청하는 정아 씨의 하소연을 들으면서, 그녀 앞에 있는 백지에 그녀의 나이만큼 나이테를 그렸다.

"이러한 대인 관계에 영향을 주는 문제가 어디서부터 왔는지, 정아 씨의 인생 나이테를 하나씩 더듬어 가 볼까요? 이 그림의 한가운데는 출생 시점입니다. 먼저 일곱 줄까지 학교 입학 전 어린 시절은 어땠어요?"

"어릴 때부터 사랑이라는 것을 한 번도 받아 보지 못한 것 같아요. 매일 엄마와 아빠가 싸우는 것을 보면서 혼자 엎드려 울며 잠들 때가 많았어요. 부모님으로부터 따뜻한 사랑보다는 맞고 때리고 욕하는 것밖에 받은 게 없었어요. 그리고 엄마와 아빠에게 복수하고 싶은 생각뿐이었어요."

불행했던 어린 시절의 이야기에 울고 싶어졌다. 그녀의 아픔이 전해져 오는 듯해 몇 분 동안을 소리없이 눈물을 흘리며 듣고 있었다. 내 얼굴에 흐르는 눈물을 보았는지, 정아 씨는 더욱 격한 감정이 되어 자신의 옹이 진 어린 시절의 나이테들을 털어놓았다.

"저는 매일을 걱정의 홍수 속에 침몰되어 살아왔습니다. 남들 앞에서는 당당하지만, 뒤에선 혼자 울고 아파하며 살아왔습니다. 제가 너무 싫었고, 바보 같고, 초라해 보인 적이 한두 번이 아니었습니다. 한때는 아빠 차 소리만 들려도 벌떡 일어났어요. 문 소리만 나도 겁부터 났구요. 꿈에서도 욕하는 소리, 그릇 깨지는 소리가 들리는 무서운 꿈을 꾸면서 잠을 못 잔 적도 많았습니다. 대학생 때는 별일도 아닌데 신경 쓰일 때가 많아 아무도 모르는 곳으로 가서 인생을 다시 시작하고 싶었습니다. 전 그다지 착실한 학생도 아니고, 살아봤자 소용없다는 생각을 많이 했습니다. 그래서 수녀원을 알아봤었는데, 아빠가 그곳에 가는 것을 탐탁치 않게 생각해서 가진 못했습니다. 그리고 믿었던 친구들도 다 등을 돌렸어요. 한순간에 다 사라져 버렸습니다."

어떠한 일이 일어났는가? 이미 정서적인 내면의 상처가 있는 사람에게는 특별한 이해가 필요하다. 과거에 형성된 상함의 흔적들이 먼저 치유되어야 하고, 다시 새롭게 형성되어야 함을 볼 수 있지 않은가?

너무나 많은 경우, 우리는 종종 깊은 아픔의 고통을 겪는 사람들에게 '힘 내!' '기도 많이 해!' '용서해야 돼!' '이겨내야 돼!' 등 너무 가볍고 교과서적인 말을 해 준다. 하지만 그런 말들은 이미 자신의 문제에 대하여 죄의식을 가지고 있는 그들을 더 깊은 좌절의 계곡으로 몰아넣고, 헤어날 수 없는 죄책감의 구렁텅이로 빠지게 할 수도 있다.

2) 상한 감정의 특징 [1]

정서적인 내면의 상처가 있는 사람들이 갖는 상한 감정의 특징들은 무엇인가? 가장 공통된 감정들은 자신에 대한 무가치감, 죄의식, 신경질적인 예민함 그리고 두려움이다. 이러한 것들은 과거의 해결되지 못한 문제들 때문에 심화되면서 삶의 모든 관계들은 지속적으로 어려워지게 되고 우울해지며, 마침내 자살에까지 이를 수도 있다.

무가치감

사람은 자신뿐 아니라 타인과의 관계에서 느끼는 감정에 반응하며 살아간다. 그 반응이 긍정적일 때에는 자신감, 자존감, 가치감 등의 감

정을 느끼지만, 손상된 감정은 깊은 열등감, 부적합감, 비하감, 무가치감 등으로 나타나 우리가 삶 속에서 겪게 되는 갈등의 원인이 되기도 한다.

이러한 무가치감은 자아 손상으로 인하여 자신을 부적합하게 여기며 열등감을 가지고 '나는 어쩔 수 없는 사람이야!' '나는 안돼!' 라고 자신을 비하하게 만든다. 그리고는 자기 자신이 살 가치가 없다고 느끼게 하며, 마침내 죽음까지 생각하게 만드는 비관적인 감정이다.

이렇게 상처 난 내적 감정을 가진 사람이 치유와 회복을 위하여 신앙을 가진다 할지라도 손상된 내면 세계에까지 깊이 변화되지는 못한다. 마침내는 '너 같은 사람이 어떻게 용서받을 수 있는가?' '아무도 내 근심을 덜어 줄 사람은 없어.' 라는 등의 상처 주는 소리들로 인하여 신앙생활조차도 도움이 되지 않는 무의미한 것으로 느끼게 된다.

무가치감은 대부분 어린 시절에 부모나 의존적 인물들로부터 거부의 상실감을 경험하면서 성장할 때 형성된다. 이 경우 다음과 같은 태도나 느낌을 가지게 된다.

· 자신을 사랑받을 만한 존재로 받아들이지 못하고, 도리어 쓸모 없는 무가치한 존재라고 생각하며 자기 비하로 괴로워한다.
· 상대방에게 받아들여지고 있다고 느끼지 못하여 고독해하며, 자신이 다른 사람들에게 받아들여지지 않을 것이라는 생각을 한다.
· 타인의 태도를 오해하고 불편해하며, 불신하는 기분을 심하게 느끼게 된다. 또한 다른 사람이 좋은 감정을 보일 때도 어색하고 받아들이기 힘들 경우가 있다.

· 쉽게 감정이 상하고 원한을 품으며, 대인 관계에서 거부당할지도 모른다는 깊은 두려움이 있으며, 인정받기 위해 매우 노력하고 긴장한다.

· 상대방이 잘못을 지적하면 인격적인 모독을 느끼고 평범한 대화에서도 쉽게 분노하며, 상대에게 원한과 적개심을 가지는 경우가 있다.

죄의식

깊은 정서적인 상처의 감정을 가진 사람들이 가지게 되는 또 하나의 감정은 죄의식이다. 이러한 죄의식은 지나친 완벽주의 또는 완전주의에 의한 것이다. 이 경우 '나는 절대로 제대로 할 수 없어.' '나는 어떤 것을 만족할 만큼 결코 할 수 없어.' '더 잘할 수 있어야 하는데 ….' 라는 의식을 가지게 된다. 이러한 사람들은 항상 애쓰고 노력하지만 완전하지 못함에 대한 죄의식을 느끼고, 꼭 무엇을 해야만 한다는 생각 속에 빠져 있게 된다.

성희(가명, 18)는 고등학교 2학년의 여학생이다. 항상 상위권에 속하는 모범생이었는데, 최근 성적이 많이 떨어지고 학교에도 가기 싫어한다. 성희의 어머니가 집에서 자주 혼자서 우는 시간이 많다고 염려하면서 나에게로 데리고 왔다.

"참 예쁘구나! 친구들에게 인기가 많겠는데? 학교 가기가 싫으니?" 하고 조심스럽게 말을 건넸다. 성희는 이내 눈물이 글썽거리며, "저 요즘 집에서 혼자 하루 종일 울어요. 학교도 가기가 싫고 가만히 있어도 눈물이 나요."라고 했다.

"무슨 문제가 있니?"

"저는 맏이라서 귀하게 자라 왔어요. 그래서 늘 제가 최고라는 생각을 하며 살았어요. 초등학교 때는 공부하기 싫어했는데, 제 주변엔 하나같이 공부 잘하는 아이들만 있었어요. 전 공부에 별로 흥미가 없어 단지 놀기를 좋아했는데, 엄마들끼리 서로 자식을 공부로 비교할 때면 정말 기가 죽었었습니다. 그때부터 학교 생활이 더 재미가 없어졌고, 자신감도 잃어버렸던 것 같아요."

"그랬니? 신기하네 …. 엄마 얘기로는 고등학교에서는 성적이 항상 상위권에 들었다던데?"

"중학교에 들어가면서 철이 들어 공부를 잘해야겠다는 생각에 학원도 다니고 열심히 공부했습니다. 그래서 정말 아이들에게 좋은 소리 듣고 공부도 잘하는 모습 보여 주고 그런 시선을 실망시키지 않으려고 했어요. 그래서 요령 피우지 않고 숙제도 밤새도록 하고, 공부 잘하는 아이들이랑 어울려 다니기도 했어요. 속은 답답했지만 겉으로는 제가 우등생이고 모범생인 듯 포장을 했습니다. 그게 제가 바라던 모습이었고 …."

"그랬니?"

"그런데 어쩌다가 좋은 고등학교에 배치고사를 5등으로 들어가게 되었습니다. 그때 처음으로 기를 펴고 살았어요. 자신감도 생기고 정말 좋았습니다. 잘한다 잘한다 하는 그 말에 더 잘하고 싶어서 고1 때는 공부만 했습니다. 2학년이 되어서는 공부에도 흥미가 붙고, 학교 생활도 재미가 있었어요. 그래서 중간고사는 더 잘 쳤는데도 선생님은 더 잘하라는 채찍질을 하셨어요. 제가 잘하니까 그래도 될 거라는 생각에 심하게 하셨던 것이겠죠. 그리곤 집에 와서 얼마나 울었는지 몰라요."

"정말 가슴이 아팠나 보구나. 그래서?"

"그런 일들이 저를 미치게 만들기 시작했어요. 집에서는 엄마한테 시달리고, 학교에 가면 아이들이 나를 따돌린다는 스트레스에 시달리면서 성적은 점점 떨어지기 시작했어요. 그리고 요즘 들어서는 눈물만 쏟아지고, 힘이 들어서 미쳐 버릴 것만 같아요. 태어나서 처음으로 담임 선생님께 불려 가고 …."

"선생님께 불려 간 것이 그렇게 상처가 되었니?"

"생각해 보세요. 본래 저는 선생님이 원하시는 만큼 만족할 만한 똑똑한 학생이 아니잖아요. 정말 완벽하게 잘할 수 있어야 하는데, 그게 잘 안 되거든요. 집에 오면 다른 스트레스로 인해 머리가 아파 오고, 기말고사를 준비하려고 공부를 하려니까 수업 시간에 들은 것도 생각이 안 나고 미쳐 버릴 것만 같았어요."

"집에 오면 다른 스트레스가 있니?"

"정말 부모님께 실망시키고 싶지 않거든요. 부모님이 제게 큰 기대를 걸고 계시는데 현실은 못 따라가고 …. 그래서 점점 의욕도 잃고 성적도 떨어지니깐 자꾸만 좌절하게 되고 포기해 버리고 싶어요. 이제는 사람들과 눈 마주치는 것도 너무 힘들어요. 부모님께도 죄송하고 다른 사람들에게 자꾸 미안하다는 생각만 나요. 남에게 피해 주고 싶지도 않고 그냥 죽고 싶다는 생각밖에 안 들어요."

얼마나 많은 청소년들이 지나친 완벽주의 때문에 그 부담감에 짓눌려 스스로 와해되어 결국 목숨을 포기하는 일이 많은지 모른다. 청소년뿐만 아니다. 성인이 되어서도 사람들에게 인정을 받으려고 안간힘을 쓰며 노력하지만 결코 만족하지 못하고 그 밑에 완전히 눌려 스스로 와해되는 경우가 비일비재하다.

신경성적 예민함

또 하나의 손상된 감정으로 신경성적 예민함이 있다. 이것은 지나친 예민감을 말한다. 이런 사람은 항상 더 깊은 상처를 경험하게 되는데, 타인들로부터 사랑과 인정을 받고 싶어하지만 도리어 반대 되는 느낌들을 경험하게 되고, 종종 다른 사람들이 느끼지 못하는 것들을 느끼며 좌절한다.

어떤 때는 민감하지 않은 것처럼 보일 때도 있으나 내면의 세계에는 깊은 상처가 잠재하고 있기 때문에 상처를 감추기 위하여 도리어 더 강인한 태도로 가면을 쓰는 것이다. 이러한 경우, 타인이 자신을 인정해 줄 것을 기대하며 긴장하고 노력한다. 하지만 어느 정도로는 만족하지 못할 뿐만 아니라 충분하지 못한 경우가 많다. 그래서 자신들이 의식하지 못하는 가운데 주변 사람들에게 상처를 주게 되거나 지배하면서 살려고 노력하게 되는 것이다. 이들은 사회적인 지위, 권력, 재력, 대화, 연설, 심지어는 성(sex)까지 이용해 주변 사람들을 지배하려고 하거나 무의식중에 상처를 입히게 된다.

신경성적으로 지나치게 민감한 사람들에게는 항상 특별한 관심을 가지고 대해야만 하는 피곤함이 있다. 그렇지 않을 경우, 상황이 어렵게 되거나 대인 관계가 뒤틀리면 타인들이 자신을 보고 비난하는 것처럼 생각하면서 더 깊은 상처 속으로 움츠러들게 된다. 게다가 패배감과 적대감 속에 상대방이 잘못을 지적하면 인격적인 모독을 느끼고,

평범한 대화에서도 쉽게 분노하는 예민한 반응을 보인다.

두려움

상처를 지닌 사람들이 가지는 또 하나의 공통된 감정은 두려움이다. 그것은 거절과 상실로 인한 깊은 내면적 실패의 경험으로 인하여 또 다시 겪게 될 실패에 대한 두려움으로 인생에서 실패할까 봐 마음의 결정을 내리기 어려워하는 감정이다. 그러므로 두려움이 많은 사람들은 지속적인 패배를 경험하게 되며, 점차로 우유부단함과 소심함이 삶 속에 자리하여 많은 손실을 보게 된다.

청춘남녀의 경우 마음에 드는 파트너를 만나게 된다 해도 거절에 대한 두려움 때문에 소심해져서 말 한 마디도 못 하고 애만 태우게 된다. 또 직장이나 소속되어 있는 집단에서도 자기 주장이나 속에 있는 마음을 표현하지 못해서 놓치게 되거나 손해를 보는 경우가 많다. 실직을 당한 경우에도 재취업을 위해 몇 차례 이력서와 지원서를 제출했으나 번번이 실패하게 되는 경우, 마침내는 잠재되어 있는 두려움이 의식 세계까지 지배하게 되어 자신감을 상실하게 된다. 그래서 점차 좌절감의 구렁텅이로 떨어지면서 소심하게 되어 자신의 비참함을 먹이로 삼아 살아가게 되는 경우가 많다.

또 이들은 '차라리 이렇게 되었더라면 좋았을 텐데.' '그때 이렇게 되었더라면 더 나았을 텐데.' 하는 생각 속에 사는 경우가 많다. 그러나 이러한 생각들은 결코 이루어지지 않는 것들로서 좌절감만 심화될 뿐이다. 이렇게 심화된 좌절의 감정은 자신감을 상실하게 만들고, 더 나아가 자기가 원하는 것조차도 결코 성취할 수 없게 해서 결국 패배자의 인생을 살게 된다.

그리고 실패를 두려워한 나머지, 주체적으로 결정을 내리지 못하고 옆자리에 앉아 '그 사람이 마음에 안 들어서.' '직장이 싫어서.' '그 규칙과 제도가 못 마땅해서.' '이건 내 스타일이 아냐.' 라는 말을 하면서 결정을 내리지 못하고 도리어 핑계와 원망의 돌파구를 찾게 된다.

몇 년 전에 군에서 전역한 지 얼마 되지 않은 한 청년을 만났었다. 그는 삶의 의욕을 상실한 듯한 모습으로 어깨가 축 늘어져 있었다.

"그래도 낮에는 괜찮은 편입니다. 그런데 저녁 7시쯤만 되면 너무 두렵고 불안해서 아무것도 못하겠습니다."

군대에 오기 전에 그의 아버지는 술만 마시면 어머니를 바람났다고 몰아세우고 폭행을 했다고 한다. 어릴 때부터 이런 일이 두어 달에 한 번 꼴로 일어났다는 것이다. 그래서 한 번은 아버지에게 충격을 주기 위해 음주 후 어머니를 폭행할 때 "네가 아빠냐! 개××야!" 하면서 욕을 했던 기억이 지워지지 않는다는 것이다. 장남이고 힘을 쓸 수 있는 사람은 본인뿐이기에 이러한 상황을 그냥 지켜만 보고 있을 수 없었단다. 그래서 아버지가 또 그러시면 붙잡고 말려야 하기에 독서실에서 공부를 하다가도 7시만 되면 전화해서 확인하고, 집으로 돌아와 아버지가 돌아오실 때까지 기다렸다는 것이다.

문제는 군을 전역하고 사회생활을 해야 하는데, 오후 7시 이후만 되면 불안해지기 시작해 밖에 나가지를 못하고, 일하다가도 불안해져서 집으로 돌아와야 한다는 것이다. 그리고는 이렇게 말했다.

"만일 그런 일이 우리 집에 없었더라면 저는 행복했을 겁니다. 정말 그런 아버지 밑에서 태어나지만 않았더라면 좋았을 것입니다."

그는 부모님의 생활을 보면서 자신의 결혼 생활도 실패할까 두렵다고 했다. 그래서 마음에 드는 여성이 나타나도 말 한마디 건네지 못한다는 것이다. 뿐만 아니라 모든 일에 자신이 없고 두려움 속에 이러지도 저러지도 못하며 하루하루를 무의미하게 살아가고 있는 자신을 보면서 차라리 죽는 게 나을지도 모른다는 생각을 자주 한다는 것이다.

위의 청년에 대해 어떻게 생각하는가? 모양과 형태만 다를 뿐 깊은 정서적 상처를 가진 사람들은 모두가 실패에 대한 두려움을 가지고 있다. 그것이 삶을 마비시키고 주저하게 하고 불구로 만들며 절망의 수렁에 빠뜨리게 하는데, 이것은 완벽주의자들이 일을 제대로 진행하지 못하게 되는 주된 이유 가운데 하나이기도 하다.

때때로 이러한 감정들은 삶을 더 이상 지속해 나가기 어렵게 만들기도 하는데, '계속해 봤자 이로운 것이 없어.'라고 생각하기 때문이다. 상한 마음은 인생 자체를 발전시키고 풍성하게 만들려는 그 어떤 시도도 하지 못하게 만드는데, 우리는 실패에 대한 두려움 때문에 삶이 지닌 잠재적 가능성조차 잃지 않도록 해야만 할 것이다.

3) 낮은 자아 존중감 [2]

감정을 가진 정상적인 사람이라면 누구든지 인생을 살아가면서 한 번쯤은 마음속에 심각한 부조화 즉 열등의식, 무력감, 죄책감, 허풍, 남을 비판하는 것, 소심함, 자기 비하 등의 경험을 갖게 된다. 이러한 요인들로 인하여 자기 자신에 대해 지나치게 부정적이고 자학적인 견해를 갖는 것을 '낮은 자아 존중감(low self-esteem, 낮은 자존감)'이라고 한다.

낮은 자아 존중감은 우리의 삶에 치명적인 결과를 유발시키는 중요한 요소 중의 하나이다. 그것은 우리로 하여금 실패하게 하고, 철저하게 파괴시킨다. 또한 삶에 영향을 주어 인간관계를 굴절시키고 삶의 순수한 동기를 파괴할 뿐만 아니라 육체적-정신적 질병까지도 초래한다. 그 결과, 무가치감과 우울증 그리고 실패와 패배로 이끌어 가 마침내는 자살 생각과 자살 기도에까지 이르게 되는 것이다.

낮은 자아 존중감을 갖게 하는 요소들

그렇다면 이처럼 치명적인 낮은 자아 존중감을 갖게 되는 원인은 무엇인가? 그것은 자아 개념의 형성기인 어린 시절에 중요한 사람들과의 관계와 가치관 그리고 완벽주의의 영향 등으로 자신을 경멸하고, 자신을 무가치하고 사랑 받을 수 없는 존재로 평가하면서 자신에 대한 가치를 내면화시키면서 일어나게 된다.

중요한 사람들의 영향

우리는 부모, 형제 혹은 선생님이나 친구 등 주변의 사람들과의 상호 작용을 통하여 자아 개념을 형성해 나가는데, 이렇게 자존감에 영향을 주는 사람을 '의미 있는 타인(significant others)' 이라고 부른다. 그러나 자존감의 형성 과정에 가장 중요한 영향을 끼치는 것은 무엇보다도 어린 시절에 어머니와의 사이에 형성되는 애착 관계이다.

어머니의 따뜻한 보호와 사랑으로 만족스러운 정서적 관계를 가진 사람들은 자기 자신을 사랑 받을 가치가 있는 존재라고 느끼게 된다. 이들은 성장해 가면서 모든 대인 관계와 사회 환경에 대해 어린 시절에 형성된 긍정적 감정의 경험을 토대로 모든 사람에 대하여서도 신뢰할 수 있는 존재라는 생각을 갖게 된다.

그러나 어린 시절에 부모의 방치나 거부, 아동 학대, 완벽주의식 양육 등의 경험은 무의식 속에 깊이 기억되어 성인이 되어서도 낮은 자존감을 갖게 하는 주요한 원인이 된다. 특히 역기능 가정에서 자라난 경우, 자녀들의 감정은 무시되거나 그들의 감정은 중요한 것이 아니라고 받아들여져서 결국 존중받지 못함으로써 낮은 자존감이 형성된다. 또 개개인이 독특한 존재로 인정받으며 성장하는 대신, 아이들에게 미리 짜여진 견고한 틀에 맞추려는 부모들의 양육의 태도는 자아 존중감에 큰 상처를 주게 된다.

가치관

자존감 형성에 영향을 미치는 또 하나의 중요한 요인은 '가치관' 이다. 상담학자인 모리스 와그너(Maurice Wagner) 박사는 자존감 형성의

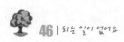

기본적 요소를 소속감, 가치관 그리고 자신감이라고 보았다.

누군가로부터 사랑받고 있다는 느낌과 자신의 주변에 존재하는 공동체가 자신을 인정해 주고 받아들여 주며, 중요한 구성원으로 인정해 준다는 소속감이 없으면 아웃사이더(outsider)가 되어 버림받은 느낌과 함께 자기에 대한 부정적인 자기 인식이 생기게 된다. 이러한 공동체 안에서 자신이 중요한 존재로 받아들여지고 가치가 있는 존재로 여겨지는 느낌을 가치관이라고 한다. 이렇게 형성되는 정상적인 자기 가치관이 없으면 자포자기하거나 자기 학대 속에서 힘들게 삶을 방치하게 된다.

이러한 감정은 성장하면서 지속적으로 영향을 받으며 형성된다. 예를 들어 탁월한 어학 실력은 필수적일 뿐만 아니라 더 큰 성공의 기회를 갖게 한다는 생각을 가지고 있다고 하자. 그러나 남보다 어학 실력이 떨어져서 외국어를 능숙하게 알아듣지 못하는 '언어장애(?)'가 있는 사람은 열등감을 갖게 된다. 또 외모에 대해서도 많은 사람들이 열등감을 갖고 있는데, 이것은 매스컴에 등장하는 배우들과 비교하는데서 오는 결과이다. 이와 같이 자신의 가치에 대한 느낌과 성장해 가면서 사회적 기준이 제시하는 요소들에 의하여 자존감이 형성되는 것이다.

완벽주의

낮은 자존감의 원인 중의 하나는 '완벽주의'이다. 완벽함을 추구하는 이러한 태도는 주로 어린 시절에 형성되는데, 이렇게 형성된 인생관은 항상 자신이 도달할 수 있는 목표 이상의 기준을 제시하기 때문에 절망과 죄책감을 경험하게 되는 것이다. 완벽주의적 자세를 소유한 사람

들에게는 다음과 같은 몇 가지의 정서적 장애 현상이 나타나게 된다.[3]

압박 감정 이것은 '꼭 그렇게 했어야만 했어.' '더 열심히 해야만 해.'라고 하면서 안간힘을 쓰며 한 계단 한 계단 올라가지만, 결코 이룰 수 없는 갈등에 신경과민성 고민을 하게 되는 상태이다. 이러한 사람들은 자신의 완벽한 행적을 통하여 인정을 받거나, 남들보다 완벽하고 철저하게 삶의 규칙들을 수행함으로써 인정받게 된다고 생각하는 경향이 있다.

그래서 항상 해야만 하는 것과 하지 말아야 할 것이 쌓이고 더 많은 사람을 만족시키기 위한 짐은 계속 늘어나 멍에를 진 것처럼 되어 버린다. 이 사람에게도 맞추고 저 사람에게도 맞추기 위해 노심초사하며, 모든 사람들에게 완벽하기 위하여 압박감에 짓눌리게 된다.

자기 비하 하지만 완벽하게 어떤 삶을 수행하지 못해서 인정을 못 받게 되면 자기 자신을 멸시하게 된다. 항상 노력은 하지만 뜻하는 대로 되지 않고 미달된 느낌이 들기 시작하며, 원하는 수준에 이르기 위하여 더 많은 노력을 하게 된다. 이처럼 완벽주의가 일상생활에 부정적인 영향을 주는 것은 사실상 어린 시절에 받은 상처에 대한 방어기제라고도 볼 수 있다. 정당한 정서적 요구가 계속적으로 좌절된 사람은 자신의 마음을 상처로부터 보호하기 위하여 적당한 방어기제를 사용하게 되는데, 이 과정에서 비합리적인 사고의 왜곡을 불러오게 되어 모든 사건을 부정적으로 해석하면서 강박적으로 일상생활을 하게 된다. 그래서 남들보다 더 열심히 하거나 노력하지만, '나는 아직도 부족해.' 라는 생각을 갖게 되어 악순환을 반복하게 된다.

죄책감 반드시 해야 하지만 이루지 못하기 때문에 발생하는 자기 비하 감정은 정죄와 비난이라는 예민한 감정의 화살이 되어 날아와 양심에 박하고 과민한 양심의 가책과 철저한 죄책감에 젖어들게 만든다. 그리고는 다른 사람들이 자신에 대하여 어떻게 생각하는가에 대하여 매우 민감해지고, 다른 사람들의 인정과 비판에 의해 크게 좌우되기 시작한다. 이때, 어떤 사람들은 다른 사람들을 신랄하게 비난하며 정죄하고 판단하기도 한다.

적개심 완벽주의적인 태도의 결국은 적개심이라는 분노 감정을 형성하는 것이다. 반드시 해야만 하는 것에 대한 적개심, 수준에 도달하지 못하는 자신에 대한 적개심, 타인에 대한 비난의 감정과 함께 쌓이는 분노, 절대 주권자인 창조주에 대한 적개심을 가지게 되어 반발하기까지 이르게 된다.

와해 완벽주의로 인한 적개심은 한 겨울의 시냇물처럼 냉랭하게 얼어버리거나 아예 무너져 내리고 말게 된다. 신앙인의 경우에는 수없이 노력하고 기도했으나, 그것은 그를 비참하게 만들어 버리고 결국 포기하는 상태까지 이르게 되어, 머리로는 믿지만 마음으로는 믿지 않게 되는 냉랭함에 이르게 된다. 또 다른 경우에는 와해되는 고통의 상태를 겪는다. 지워진 고통의 짐이 너무 무겁기 때문에 무너지고 만 것이다.

만일 당신이 최선을 다했으나 이루어지지 않았고, 반복하여 노력하고 기도하며 끝까지 진력하였음에도 허사로 돌아가는 일이 일어난다면 어떤 감정이 되겠는가? 어떻게 이런 일이 있을 수 있는가? 그러나 나에게도 이러한 일은 일어났다. 냉랭함에 이르렀다가는 그것마저 견디지 못하고 무너져 내리는 와해를 겪었다. 그때 내 신음은 이러했다.

'나에게는 믿음이 있었고 은혜의 하나님을 신뢰하고 가르치기도 했었다. 그러나 하나님에 대한 진정한 속 느낌은 내가 설교해 왔던 것과 정반대였다. 나의 하나님은 도와주시는 분도, 기도를 들어주시는 분도 아니었다.'

이처럼 상한 마음을 가지고 있는 신실한 사람들이 더 이상 견디지 못하여 완전히 무너져 내리는 와해를 이해하고 공감할 수 있겠는가? 나는 나를 포함한 수많은 사람들이 궁극적인 포기 상태로 냉랭함과 지워진 짐이 너무 무거워 마침내는 더 이상 추스릴 수조차 없을 정도로 와해되어 버린 상태에 대해 안타까움을 금할 수 없다.

낮은 자존감으로 인한 문제

낮은 자존감의 가장 큰 문제는 자신의 가치를 무가치하게 여긴다는 점이다. 결국 자기 자신을 신뢰하지 못하기 때문에 스스로에게 자신감을 불어 넣어 줄 대상을 찾게 된다. 그래서 친구나 형제, 남편이나 아내 또는 연인, 선생님 등 주변 사람들을 의존하게 되고 그들에게 집착하게 된다. 그러나 그들에게도 너무 힘든 요구가 되어 결국 자신을 만족시키지 못하고 다시 절망에 빠지며, 마침내는 그들을 향한 적대감을 품게

되는 것이다. 다시 말해 낮은 자존감은 모든 대인 관계를 파괴시켜 어렵게 만들 뿐만 아니라 자신의 꿈과 이상 그리고 잠재력까지도 마비시키는 결과를 가져오게 되어 생활을 패배와 실패로 이끌어 가게 된다.

만일, 당신이 스스로를 가치 없는 사람으로 여긴다면 아마도 당신은 자연스럽게 자신을 버림받은 인생이라고 생각하게 될 것이다. 이러한 생각들은 자신을 다른 사람들로부터 고립되도록 만들며, 자신을 스스로 위축시키고 가능한 한 다른 사람들과의 접촉을 회피하게 만든다.

가장 절망적이고 함께 지내기 힘든 사람은 어떠한 사람인가? 자기 혐오의 사람이다. 자기 자신을 싫어하는 사람은 그 누구도 좋아할 수 없다. 자신을 온전히 사랑할 수 있는 사람이 타인도 사랑할 수 있다. '하늘은 스스로 돕는 자를 돕는다' 라는 속담을 아는가? 스스로 돕는 자가 아니라면, 즉 자존감의 사람이 되지 않으면 운명도 그를 돕지 않을 수 있다는 의미이다.

오래 전에 경상도 풍기를 방문한 적이 있었다. 그곳에서 한 모텔을 경영하는 40대의 여인을 만났는데, 그녀의 남편은 결혼 일 년 만에 다른 여자를 알게 되어 자신을 버리고 나가 살고 있다고 했다. 남편은 자신에게 계속 이혼해 줄 것을 요구하고 있으나, 자신의 아버지가 교직에 34년 이상 몸 담고 살아온 교직자 집안이기에 그러한 것은 결코 용납할 수 없다고 했다.

"남들은 힘들지 않게 정상적으로 결혼하고 잘 살아가는데, 저는 인생도, 결혼도 모두 실패하여 뒷걸음질하는 것 같습니다. 어릴 때는 무남독녀로 자라나 형제가 없어 너무 외로웠습니다. 학교 선생님이신 부모님으로부터는 사사건건 질책과 잔소리만 듣고 살았습니다."

"외동딸이라고 부모님이 귀여워하지 않으셨나요?"

"저희 집안은 매우 보수적이었습니다. 제가 저지르지 않은 일도 잘못 되는 날에는 저에게 야단을 쳤습니다. 그리고 부모님끼리 사소한 말다툼이 있었을 때도 방문을 꽝 닫아 버리면서 제가 사용하는 물건을 쓰레기통에 내던지며 화풀이를 저에게 하실 때도 있었습니다. 저는 한번도 내가 소중한 사람이라고 느껴 본 적이 없습니다."

"어린 시절이 너무 힘들고 아프게 느껴지네요. 부모님께서 왜 그렇게 하셨다고 생각하세요?"

"아마, 제가 딸이라서 그런 것 같아요. 아들을 원했는데, 어머니는 저만 낳고 더 이상 낳지 못하게 되었다고 해요. 그렇게 저는 태어날 때부터 운명적이었고 어쩔 수 없나 봅니다. 부모님에게나 남편에게나, 안에서나 밖에서나 아무 가치없이 하루하루 살아가는 저 자신이 너무 밉고 힘들어서 자살하려고 생각했고, 실제로 시도를 했었습니다. 그런데 죽음도 저를 버렸나 봐요. 죽는 것도 쉽게 되지 않았습니다. 저는 그냥 남들처럼 평범한 삶을 살고 싶은데 왜 이렇게 힘든가요? 저를 더 비참하고 무력하게 만드는 것은 제 마음속에서 '너는 쓸모 없는 존재야!' 라고 옭아매고 있는 저 자신입니다."

이른 가을에 탐스럽게 잘 익은 대추를 먹기 위해 깨물어 본 적이 있는가? 빨갛게 잘 익은 것일수록 그 속은 십중팔구 벌레먹은 '벌레통'이기 십상이다. 아무리 맛있게 보일지라도 결국에는 다 뱉어 버리게 될 것이다.

잘 익은 벌레통 대추들을 잘 살펴보라! 벌레가 뚫고 들어간 흔적이 없을 것이다. 어찌 된 것인가? 그것은 열매가 생기기 전, 꽃이 피었을 때 유충의 알이 씨방에 자리하면서 대추 열매의 성장과 함께 속에서 자라나기 시작한 것이다. 이처럼 낮은 자존감도 어린 시절부터 우리의 성장과 함께 우리의 내면 깊은 속에서 형성되어 우리의 삶의 모든 것들을 망가뜨리는 피해를 입히고 마는 것이다.

이제, 우리를 불행하게 만들어 우울 감정과 자살 생각을 일으키는 내면 세계의 상한 감정들을 어떻게 치유할 수 있는지 알아보자.

원하는 것을 소유하는 것은 부(富)이고, 없이도 살 수 있는 것은 힘(力)이다.

– George MacDonald

2 . 맺힌 마음을 자유케 하라

당신이 이럴 줄은 몰랐어요

몹시 힘들고 가난했던 젊은 시절, 늘 한 조각의 빵도 나누어 먹었던 부부가 모든 어려움을 사랑과 이해로 극복한 뒤 안정된 생활을 할 수 있게 되었고, 이제 결혼 50주년 금혼식을 올리게 되었다. 많은 사람들의 축하 속에 행복함을 느꼈으며, 손님들이 돌아간 늦은 저녁에 식사를 하기 위해 식탁에 마주 앉았다. 종일 손님을 맞이하느라 지쳐 간단하게 구운 빵 한 조각에 잼을 발라 나누어 먹기로 했다.

"빵 한 조각을 앞에 두고 마주 앉으니 가난했던 시절이 생각나는구려."

할아버지의 말에 할머니는 고개를 끄덕이며 지난날의 기억을 떠올리는 듯 잔잔한 미소를 지어 보였다. 할아버지는 지난 50년 동안 늘 그래왔듯이 할머니에게 빵의 끝 부분을 잘라 내밀었다. 그때 할머니가 갑자기 얼굴을 붉히며 몹시 화를 내는 것이다.

"역시 당신은 오늘 같은 날에도 내게 두꺼운 빵 껍질을 주는군요. 50년을 함께 살아오는 동안 나는 날마다 당신이 내미는 빵 부스러기를 먹어 왔어요. 늘 그것이 불만이었지만 섭섭한 마음을 애써 참아 왔는데, 오늘같이 특별한 날에도 당신이 이럴 줄은 몰랐어요."

할머니는 분에 못 이겨 마침내 눈물을 흘리고 말았다. 할머니의 갑작스러운 태도에 할아버지는 몹시 놀라 어쩔 줄 몰라했다. 그리고 더듬더듬 이렇게 말했다.

"당신이 진작 이야기해 주었으면 좋았을 텐데 …. 나는 몰랐소. 하지만 여보! 바삭바삭한 빵 끄트머리는 내가 가장 좋아하는 부분이었소."

그렇다! 우리가 좋아하고, 또 상대방도 그러할 것이라고 생각하여 행하는 일련의 행동들이 때로는 의식하지 못하는 사이에 의도하지 않았을지라도 상대방에게 상처를 입히고, 또 그것이 쌓여 분노의 감정이 되어 정서적인 장애로 나타나는 경우가 너무나 많다.

실제로 많은 경우에 우울증이나 자살 생각 또는 낮은 자존심의 배후에는 용서되지 않은 상처의 응어리가 존재하는 경우를 많이 보았다. 세상을 살아가다 보면 자신의 실수로 인하여 상처를 입기도 하고, 때로는 가장 가까운 사람들로부터, 또는 주변의 중요한 사람들로부터 상처를 입어 고통 가운데 세월을 보내기도 한다. 심지어는 행복하고 아름다워야 할 가정에서조차 서로 충돌하여 상처를 주고받는 고통과 추악함의 온실이 될 수 있음을 보게 된다.

고통으로부터 풀어 주기

정서적인 상처들의 뿌리는 대부분 어린 시절에 관계를 맺었던 사람들로부터 기인되는 경우가 많다. 자아 형성기인 어린 시절에 비쳐진 유리창을 통하여 인생과 모든 관계들을 바라보게 된다. 그러므로 이러한 과정에서의 거부, 상실, 학대, 실패, 친밀하지 못함, 군림 등의 상처들은 분노와 상함으로 자리잡게 된다.

이 세상에 존재하는 모든 가정들은 불완전하다. 그래서 모든 사람들은 크든지 작든지 자신만의 상처를 가지고 살아간다. 그러나 일단 당신 자신이 지나온 과정과 가정에서 얼마나 깊은 상처를 받았는지를 인식하기만 한다면 그들이 부모, 형제, 친척, 배우자 또는 주변 사람들일지라도 그들을 용서하는 일은 결코 쉽지가 않다. 그렇지만 자신을 포함한 모든 사람들을 용서하고 맺힌 것을 풀어 주는 일은 상함으로 인한 고통으로부터 자유를 주는 열쇠이며, 정서적인 건강에 반드시 필요하다.

억압된 분노와 응어리들을 풀어 주기 위해선 어떻게 해야 할까? 상처와 분노와 용서는 어떤 관계가 있는가? 우리는 어떻게 지속적으로 삶을 실패와 파괴로 이끌어 가는 쓴 뿌리들과 한(恨)스러운 고통들로부터 자유하게 될 수 있을까?

1) 분노

당신 안에 숨어 있는 분노는 없는가? 누군가가 건드리기만 하면 터질 것 같은 그 무엇인가가 당신에게는 없는가?

'우울증은 응고된 분노다.' 라는 말을 들어 본 적이 있는가? 사람들은 대부분 자신의 욕구가 무시되거나 좌절당할 때 화가 나게 마련이다. 때로는 이러한 분노가 극도로 발전하여 대인 관계에 상처를 주기도 하고, 자신에게도 유익이 되지 않는 방향으로 행동하도록 만들기도 한다. 사회의 구성원으로 더불어 살아가는 데 있어서 분노는 위협적인 정서일 수 있다. 때문에 분노에 대하여 금기시하는 가치 기준을 갖게 되면서부터 분노 감정이 왜곡되기 쉽고, 그 자체를 다루는 것도 어려워지는 경우가 많다.

한(恨)

이처럼 분노 감정이 해결되지 못하고 누적되어 나타나는 것이 '홧병' 이다. 홧병은 오래 전부터 일반인들 사이에 회자되어 온 질환으로, 남편이나 시부모와의 갈등 같은 가정적 요인이나 가난이나 실패, 좌절 같은 사회적 요인이 만성적인 스트레스로 작용하게 된다. 이때 생기는 억울함이나 분노가 적절히 표출되지 못하고 차곡차곡 응어리로 남아서 생기게 되는 것이다. 대부분 화나 원통함이나 증오감은 마음속 깊은 곳에 감추어지기 마련이다.

권위적이고 지배적인 성장 배경의 영향으로 자신의 생각을 표현하지 못하고, 상사나 어른들을 어려워해서 자신의 의견을 말하지 못하고 지인(知人)이나 가족에게조차 자신의 생각을 직접적으로 표현하지 못하고 간접적으로 표현하게 되는 경우가 있다. 그렇게 할수록 자신의 뜻대로 되는 것이 없고, 화가 나도 불만을 표현하지 못하여 감정이 억압되고 누적되어 한이 된다.

이렇게 분노를 억압하는 감정인 '한'은 가슴이 답답하고 덩어리가 뭉치는 느낌이나 속에서 치밀어오르는 느낌, 소화 불량, 식욕 부진, 죽을지도 모른다는 두려움 등의 증상이 수반된다. 심한 경우에는 고혈압이나 중풍 등 심혈 관계의 신체적 장애로까지 나타나게 된다.

아버지가 첩을 얻어 이중 살림을 하던 가정에서 첩의 자녀로 태어난 은순(가명, 47세)이라는 여인을 만난 적이 있다. 다행스럽게도 목회자를 남편으로 만나 성직자 가정을 이루어 두 자녀와 자상한 남편의 배려로 행복한 생활을 하고 있었다. 그런데 문제는 종종 자신이 무가치하게 느껴지고 불결하다는 느낌이 가라앉은 찌꺼기가 소용돌이치듯 자신을 휘감는 감정을 자주 겪는다는 것이다. 그녀는 자신의 상태를 비유하여 '시궁창'이라고 표현했다.

평상시에는 좋은 엄마와 훌륭한 아내요, 남편의 둘도 없는 내조자였다. 하지만 자신이 첩의 자식이라는 생각과 성장 과정에서 받은 거부와 학대로 인하여 억압되어 마음속 밑바닥에 가라앉은 '한'의 감정이 다시 휘저어질 때에는 자신도 모르게 욕조에 들어가 피가 날 정도로 몸을 문질러대고, 자녀들에게도 심한 폭언과 짜증을 낸다는 것이다.

분노의 노출

우리의 마음 깊은 곳에 감추어져서 응어리진 분노라는 감정은 수줍음과 온유함의 밑바닥에 깔려 잘 숨겨져 있고 또 쉽게 부인될 수 있다. 그러나 분노의 감정은 결코 없어지지 않고 그대로 남아 후에 불행한 정서장애를 초래하게 된다.

치유 과정에는 억압되어 밑바닥에 숨어 있는 이 분노와 화를 노출시킬 수 있는 용기가 필요하다. 그것을 드러내어 시인하고, 직면하고, 풀어 주기 전까지는 결코 고침받을 수 없기 때문이다.

분노는 자신이 받은 상처에 대해 일어나는 정상적인 인간의 반응으로서, 반사적 분노와 반응적 분노의 두 가지 반응이 있다. 반사(reaction)는 어떤 자극에 대해 '본능적으로' 응답하여 자동적으로 일어나는 것이다.[4] 분노는 자신을 보호하기 위하여 감정적으로 자연스럽게 일어난다. 이러한 반사적 분노는 '내가 상처를 받아 아프다.'는 신호이다.

반면에 반응(response)은 어떤 자극에 응답하여 어떻게 행동하기로 결정하는 것이다.[5] 이것은 적어도 어느 정도 의식적이며 의도적인 부분인데, 무의식적이지만 잠재되어 있는 상처로 인해 반응되며 우리가 선택하는 것이다. 즉 이미 깊숙한 곳에 상처가 숨겨져 있다면 일상적이지만 자극적인 말에도 민감한 반응의 분노를 보일 수가 있다. 이렇게 잠재된 상처의 자극으로 반응되는 분노는 공격적이거나 파괴적인 것이 될 수도 있다.

그러므로 이러한 반응적 분노를 노출하여 처리하는 것은 용서에 있어 매우 중요한 일부분이다. 진정한 용서는 거의 언제나 분노를 수반하기 때문이다.

또, 때로는 같은 자극이 반사와 반응을 함께 불러일으킬 수도 있다. 누군가가 나에게 상처를 주게 되면 즉각적인 반사 작용에 의해 나도 공격하게 된다. 그리고 후에는 발생한 일에 대해 깊이 생각하게 된다. 만일 누가 우리에게 자극적인 말을 할 때마다 지나치게 반응한다면, 그것은 아마 당신의 마음속에 깊이 감추어진 상처를 건드리기 때문인지도 모른다.

최근에 담임 목회자가 부적절한 관계로 인해 사임한 어느 교회에서 설교를 하기 위하여 다녀온 적이 있다. 그 교회 장로님 중 한 분은 담임 목회자를 사임시키는 데 앞장섰던 분으로, 아주 민감하게 반응하는 사람이었다. 문제가 되는 일에 대해서는 참지 못하고 지적하였고, 자신은 그것을 두고 의분(義憤)이요 당연한 것이라고 생각하고 있었다. 그러나 자신의 이러한 행동이 주변 사람들에게 얼마나 상처를 입히고 힘들게 하는지를 전혀 깨닫지 못하고 있었다.

예배를 마치고 밤늦게 숙소로 찾아온 그분은 "만일 누가 우리에게 자극적인 말을 할 때마다 지나치게 반응하고 분노한다면, 마음속에 깊이 감추어진 상처를 건드리기 때문인지도 모른다는 것이 정말입니까?"라고 진지하게 물었다. 밤 늦게까지 이야기를 하는 가운데 마음을 나누게 되면서 그 장로님은 자신의 고통스러웠던 과거 이야기를 들려주었다.

그는 아홉 살 때 아버지가 지병으로 돌아가시면서 홀어머니 밑에서 자라났다. 그의 학비와 어려운 생계를 위하여 어머니는 여러 가지 일을 해야만 했다. 그는 학교에서 아이들을 만나는 것을 회피했다. 간혹, 함께 어울릴 때면 '애비 없는 후레자식' '쟤 엄마는 과부라서 남자들에게

꼬리치는 여우'라고 놀림받고 조롱 당할 때는 죽기보다 싫었고 너무 괴로웠기 때문이다. 그 후, 성인으로 성장하고 나서 그 기억들은 사라졌으며, 자신도 잊혀진 과거일 뿐이라고 생각했다.

그러나 자신이 왜 민감하게 반응하고 분노하는지에 대해, 그리고 마음속 밑바닥에 깔려 있는 과거의 상처를 회상하도록 요구하는 순간, 자신의 눈시울을 적시며 그는 스스로에게 놀라고 있었다. 그리고는 "저를 위해서 기도해 주시겠습니까?" 하고 기도해 줄 것을 요청했다.

"기도해 드리겠습니다만, 어린 시절 그 친구들을 용서해 주실 수 있겠습니까?"

"다 잊은 줄 알았는데 …. 그때는 너무 괴롭고 힘들었습니다. 다 용서했다고 생각했는데, 지워지지가 않네요."

신앙과 기도로도 해결되지 않는 그의 상처가 다시 건드려지는 순간, 그는 더 이상 참지 못하는 정의의 사도가 되어 칼을 휘두르는 지도자가 될 수밖에 없었다. 또한 자신이 의식하지 못하는 사이에 얼마나 많은 사람들에게 상처를 주고 힘들게 하는지조차도 깨닫지 못하고 있었던 것이다.

당신의 주변에도 너무 힘들고 고통스럽게 상처를 주는 사람이 있는가? 그것은 잠재된 상처에 대한 반응이다. 그의 마음을 괴롭고 아프게 하고 상한 분노의 기억들이 노출되어 치유될 수 있도록 따뜻하게 품어 주고, 같이 반응하기보다는 공감하고 체휼해 줄 수 있도록 하자!

직면하기

우리는 이 책을 시작하는 첫 부분에서 본 것처럼 부모의 이혼과 아버지의 자살, 버림받은 자신의 생애에 대한 좌절감, 그리고 여동생의 성적 파멸에 대한 상처로 인하여 치사량의 수면제를 먹고 자살을 기도했던 동환 군에 대해 알고 있다. 절망적인 인생의 실패와 헤어날 수 없는 좌절감이라는 상처의 배후에는 이혼한 부모님에 대한 상처가 있었다. 동환이와의 깊은 만남을 통하여 자신과 동생들을 버리고 떠난 어머니와 자신의 목숨을 끊는 것으로 자신만의 길을 택한 아버지에 대한 증오심을 읽을 수 있었다. 그리고 그것을 인식하는 순간부터 응어리진 증오의 감정과 상처 감정들을 직면하도록 했다. 영혼의 깊숙한 곳에 자리했던 부모에 대한 적개심을 풀어 버리는 일을 위하여 아픔을 나누고 용서하는 작업들을 함께 해 나가기 시작했다.

용서의 경험이 그를 짓눌러 온 과거의 고통으로부터 풀려나게 하는 열쇠가 되었다. 뿐만 아니라 남은 군 생활에서도 동환은 부대 다른 장병들에게 오히려 영향을 끼치는 치유자의 삶이 되었다. 그 후 몇 달 뒤에 다시 만났을 때 나를 꺼안으며 고백했던 인사를 지금도 기억한다.

"저 너무 행복해요. 이제 행복이 뭔지 정말 알겠어요."

당신이 모든 고통들로부터 자유하기를 원한다면 무엇보다 먼저 정직한 마음으로 상한 감정들을 직시해야 한다. 그것은 기억하기조차 싫은 어린 시절의 경험을 대면해야 할 수도 있고, 회피하고 싶은 부모와의 관계일 수도 있다. 혹 그것이 심연의 바닥 아주 깊은 곳에 깔려 있다 해도 좋다. 조용한 곳을 찾아 심호흡을 하고 눈을 감자. 그리고 몇

십 분이 걸리더라도 마음속 깊게 숨겨져 있는 아픈 감정들을 느껴 보라. 과거로 퇴행하는 회상을 해도 좋다.

그리고 지워지지 않는 아픔의 기억들에 대하여 당신 자신이 먼저 그것을 시인하기를 부탁한다. 또한 신뢰하고 공감해 줄 수 있는 사람을 찾아 아픈 기억들을 나누어 볼 것을 제안한다. 어떤 문제들은 다른 사람들에게 말하고 나누기 전까지는 해결되지 않는 것들도 있기 때문이다. 많은 경우, 자신의 지위와 자존심으로 인해 체면의 가면을 벗지 못하고 자신의 문제를 다른 사람과 깊이 나누지 못해서 결국 깊은 마음의 치유를 경험하지 못한다는 것을 명심해야 할 것이다.

상처를 입힌 분노의 대상과 그 감정을 직면하기 위하여 다음의 몇 가지 시도를 제안한다.

먼저, 지금까지 마음속에 원통함을 품고 있는 대상이 있는지 떠올려 보라. 부모, 형제, 친구, 동료, 애인, 배우자, 학창 시절의 선생님 혹은 성적인 상처를 입힌 사람이나 어린 시절에 당신을 조롱하고 따돌렸던 사람 중 어떤 사람에 대해 원망하고 싶은 마음이 있는가?

그 다음에는 '내가 이렇게 된 것은 그 사람 때문이야!' '만일 그 사람이 그렇게 하지 않았더라면 지금처럼 엉망이 되지는 않았을 텐데!' 라는 생각을 하면서 그 대상에 포함될 만한 사람이 있는지 질문해 보라. 그 대상으로 당신의 부모가 될 수도 있고, 배우자, 친구, 형제 그리고 신앙 생활을 하는 사람의 경우에는 하나님이 될 수도 있다.

그 다음에는 당신이 분노하거나 화를 낼 때 상대방이 과거의 어떤 사람을 연상시켜 주고 있지는 않은지 질문해 보라. 만일 당신이 당신 주변의 사람을 싫어하거나 분노하고 있다면 과거에 용서하지 못한 사람이 연상되어 나타날 수도 있다. 어쩌면 어린 시절에 당신에게 그러한 모습으로 상처를 입힌 경우인지도 모른다. 당신의 배우자로 인하여 당신을 대하는 어떤 모습이 당신의 아버지나 어머니를 연상케 하지는 않는가? 어쩌면 당신의 배우자가 자녀들을 야단치는 모습이 당신을 심하게 질책했던 당신의 부모를 연상시키기 때문인지도 모른다.

앞에서도 이미 언급했듯이, 누가 우리에게 어떤 말이나 태도로 다가올 때 지나치게 반응하고 분노한다면 그것은 당신의 마음속에 깊이 감추어진 아픈 상처를 건드렸기 때문이다. 다시 말해 과거의 그 사람을 아직 진정으로 용서하지 못했기 때문이다.

특히 분노와 상처를 입힌 대상이 자신의 부모라면 혹시 당신은 밝은 면만 기억하려고 애쓰지 않는가? 어떤 경우에는 자신의 부모를 이상화하려는 경향도 있다. 그렇지만 상처는 여전히 상처인 것이다!

이제, 깊은 상처의 기억들을 떠올려서 당신에게 상처를 입힌 대상들을 분노의 감정으로 직면해 보았는가? 그렇다면 한 가지 더 제안하고 싶다. 화가 난 감정으로 그 대상의 이름을 부르며, "그때 왜 그랬어요?"라고 질문해 보라! 그리고 생각 속에서 진행되는 대화를 적어 보라. 그 다음에는 그 내용을 신뢰할 수 있는 사람과 나누어 보라. 어느 정도 상처는 다루어지고 변화가 생길 것이다.

하지만 비록 상처를 입힌 분노의 대상과 감정을 다루었다 할지라도 어딘가 불완전한 것같이 느껴지는 찌꺼기의 마음은 남아 있을 것이다. 앞의 목회자의 부인인 은순 씨의 고백처럼 마치 휘저어졌던 시궁창 물의 오물들이 가라앉고 난 후의 정화된 모습과도 같다. 그런데 가라앉은 상한 감정은 치유된 것처럼 느껴질지라도 어느 정도 시간이 지나고

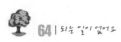

다시금 휘저어지게 되면 또다시 소용돌이칠 수밖에 없다.

그러므로 이상적으로 여겨졌던 거품이 제거되고 상처의 찌꺼기가 가라앉아 안정감을 되찾았다 해도 반드시 한 단계가 더 필요하다. 바로 용서의 과정이다.

때로는 그 대상이 세상을 떠나 더 이상 존재하지 않는 사람일 수도 있다. 그래서 용서하거나 받을 수도 없는 상황이라 용서가 의미없는 환경일 수 있다. 하지만 그럴지라도 용서가 없다면 진정한 치유는 경험하지 못하게 된다.

이 책을 읽고 있는 당신이 직면하고 있는 문제는 어쩌면 훨씬 더 고통스럽고 깊은 상처를 남긴 것일지도 모른다. 그래서 '용서'라는 한마디에 의욕이 상실될 수도 있다. 도저히 용서해서는 안 되는 사람일 수도 있기에 ….

비록 힘들고 어렵겠지만 용서라는 좁은 이 길을 선택할 때 당신에게도 좌절과 상처와 고통들로부터 자유롭게 풀려나는 놀라운 경험을 하게 될 것임을 나는 믿는다. 용서하는 일은 우리에게 상처를 입힌 사람들과는 아무런 상관없이 바로 당신 자신을 위한 일이다.

2) 용서하기

우리는 다른 사람들에게 우리의 약점을 보이지 않기 위하여 자신을 포장하며 살아간다. 그래서 누군가가 지나가는 인사치레로, "안녕하세요? 잘 지내십니까?"라고 물으면 우리는 미소를 지으며 대답한다.

"네, 잘 지냅니다. 고맙습니다!"

하지만 웃고 있는 우리의 미소 뒤에는 아무도 알지 못하는 찢어질 듯 아픈 속세계가 존재하고 있다. 이처럼 깊이 숨겨진 고통은 충동적인 행동의 싹을 틔우고 삶의 혼란과 관계에 대한 어려움이라는 줄기로 자라가기 시작하며, 암울한 빛을 띤 큰 이파리들로 뒤덮이게 만든다.

만일 당신이 마음속에 고통이 없는 것처럼 가장하거나 그것으로 인해 더 이상 어려움을 겪고 있지 않는 것처럼 말하고 행동한다면, 당신의 문제는 더 이상 해결될 수 없다. 많은 사람들이 '시간이 약이겠지.' 하면서 참고 인내하면서 살아간다. 그러나 참아 내는 것만이 해결책은 아니다.

그냥 용서하라는 말인가?

나와 내 아내가 함께 진행했던 자살심리 치유 그룹에 참여했던 한 청년이 기억난다. 그는 프로그램 중간에 "저는 도저히 어머니를 용서할 수 없습니다!"라고 소리치며 울었다. 내용인즉슨 어릴 때 자기를 버려 두고 도망간 어머니가 최근에서야 찾아왔다는 것이다. 그는 어린 시절을 할머니 밑에서 자라며 너무나 외롭고 힘들었었다. 어머니가 없어서 가장 가슴에 못 박힌 때가 학교에서 소풍 갈 때였다고 했다. 다른 친구들은 모두 엄마가 함께 따라왔지만, 그는 늘 혼자였다. 성장기의 전부를 우울하게 보내는 가운데 자신이 얼마나 소심해졌는지, 그리고 얼마나 자신의 인생에 상처와 손실을 입었는지 하소연하듯 쏟아 놓았다. 그는 이제서야 찾아온 어머니를 향해 "왜 나를 버리고 도망갔느냐?"고 따졌더니, "아버지의 방탕한 생활과 구타를 이기지 못해서 견

디다 못해 그렇게 할 수밖에 없었다."고 하면서 "용서해 달라."고 했단
다. 하지만 이미 그의 가슴에는 너무나도 감당하기 벅찰 정도의 한이
맺혀 있고, 어린 시절을 외로움 속에 떨게 만든 배신감에 도저히 용서
할 수가 없었다고 한다.

　종종 우리들은 용서라는 대목에서 뒷걸음질한다. 중요한 타인이 자
신에게 끼친 해와 상처를 분명하게 인식하게 된다면 왜 그처럼 쉽게
용서하지 못하는지를 알 수 있다. 지울 수 없는 상처로 얼룩진 사람은
용서라는 말에 이렇게 소리치게 된다.

> "그 사람을 그냥 용서하라구요? 그 사람이 내게 이 엄청난 고통과 상처를
> 저에게 안겨 주었는데도요? 나는 절대로 그냥 용서할 수 없습니다!"

　누구에게든 자신에게 치명적인 상처를 입힌 사람을 그냥 용서하는
것은 제일 하고 싶지 않은 일일 것이다. 특히, 상처와 분노로 치를 떨
고 있는 사람이라면 용서하기란 더더욱 어렵다.

　진정한 용서는 시간과 노력이 요구된다. 그것은 지름길이 없는 과정
과도 같다. 그러나 힘이 들더라도 과거의 영향에서 벗어나 자유롭게
해방되는 길은 용서라는 다리뿐이다.

　때로는 고통을 무시하고 자기에게 일어난 일을 쉽게 잊어버리거나
그냥 용서하는 길을 택하는 사람도 있다. 그래서 마지못해 받아들이고
는 모든 일이 잘 해결되고 진행되어 갈 것처럼 행동한다. 그게 정말 그
렇게 될까?

　아니다! 과거에 일어난 일과 그것으로 인한 상처 감정에 대하여 적
절한 치유 작업도 없이 너무 쉽게, 그리고 너무 빨리 용서하게 된다면

그 용서는 불완전할 수가 있다. 즉 표면적인 용서가 될 수도 있다는 것이다.

표면적인 용서 [6]

진정한 용서는 거의 언제나 분노가 수반된다. 분노의 과정을 경험하지 않고 쉽게 이루어지는 용서는 있을 수 없다. 그것은 도리어 우리 마음속 더 깊은 곳에 상처를 묻어 두는 것밖에 되지 않는다.

대부분 우리들은 분노의 감정을 해소하는 데 시간과 노력을 투자하기보다는 인공적인 웃음을 띠며 '다 잊었노라!' 고 하면서 애써 기억을 지워 버리려는 경향이 있다. 과연 우리는 얼마나 오해하고 있었던가! 용서는 잊어버리는 것이라고 ….

그러나 이것은 표면적인 용서일 뿐, 진정한 용서가 아니다. 우리는 하기 쉬운 표면적인 용서를 함으로써 자신에게 일어났던 일을 지울 수도 있다. 하지만 결국에는 적개심으로 종지부를 찍게 될 것이다.

몇 년 전, 군인 가정의 자녀를 위한 치유 프로그램을 진행한 적이 있다. 20세 이상의 청년과 대학생들로 구성된 80여 명의 큰 그룹이었는데, 그 중의 한 여자 청년이 "저는 계속해서 용서하는 기도를 해 왔고 또 용서했다고 생각하는데, 도저히 그 일을 잊을 수 없어요. 그리고 용서해야 한다는 생각은 하지만 실제로는 용서가 되질 않아요. 제가 믿음이 없는 것인가요?" 하며 소리내어 울었다.

그녀는 여중생 시절에 가까운 친척 오빠로부터 성추행을 당한, 생각하기도 싫은 끔찍한 상처의 기억을 가지고 있었다. 그 일 이후로 늘 자신이 불결하다는 생각과 순결을 짓밟혔다는 피해의식에서 헤어나지를 못하고 무가치함과 자기 비하라는 절망감 속에서 지내고 있었다. 여러 차례 상담을 받기도 했고 용서하기 위한 기도도 했지만, 잊혀지지 않고 자주 떠오르는 기억 때문에 오히려 용서하지 못하는 죄책감마저 들어 그녀를 더욱 좌절시키고 있었다.

그 상황에서 내가 해 줄 수 있는 말은 이것이었다.

"흔히 용서하고 잊으라고 하지만, 과거의 상처를 잊어버린다고 해서 용서하는 것이 아닙니다. 오히려 더욱 선명하게 인지하기 위해 애써야 합니다. 흔히들 잊으라고 하지만, 그래서는 진정한 용서가 안 되는 거예요."

"만일 어린아이가 난로 위에 있는 뜨거운 주전자를 만져서 손을 데었는데 얼마나 뜨거웠는지를 잊어버린다면 어떻게 될까요?"

"또 만지게 되겠지요."

"그렇죠? 과거의 뼈아픈 역사를 잊어버린다면 또다시 반복하게 되듯이, 반복하지 않기 위하여 잊지 말아야 하는 것입니다. 그것이 역사를 공부하는 이유이기도 하지요. 친척 오빠가 당신에게 저지른 일을 잊지 마세요."

우리는 고통의 기억을 지우기 위하여 잊어버리려고 한다. 그러나 그것이 가능하던가? 용서의 열쇠는 잊어버리는 것이 아니라 기억하여 직면하는 것이다. 직면한다고 모든 것이 바뀌지는 않는다. 그러나 선명히 기억하여 직면하는 작업 과정을 거치지 않으면 변화될 수 없다.

용서는 많은 과정으로 엮어지는 긴 여정이다. 이 과정에는 분노를 다루는 필수 불가결한 요소가 있어야 한다. 용서에는 분노를 처리하는 작업으로 비탄의 과정이 수반되어야만 한다. 분노에 대한 감정적 애통의 과정은 지금까지의 고통의 고리를 깨뜨리고 새로운 관계를 만들어

내는 것이다.

기독교 신앙의 핵심인 용서에 대한 선언도 바로 이것이다. 하나님께서 인류의 죄악을 용서하시는 데 있어 표면적 용서를 택하신 것이 아니다. 도리어 그의 아들 예수 그리스도를 처절하게 버리시고, 십자가라는 저주에 대한 분노의 과정을 통하여 인간의 죄를 영원히 기억하지 않겠다고 약속하는 것이 바로 진정한 용서의 원리이다.

왜 용서해야 하는가?

분노할 때 가장 상처받는 사람은 놀랍게도 바로 당신 자신이라는 사실을 아는가? 그러므로 우리에게 상처 입힌 사람을 용서하는 것은 바로 자신을 위한 것이다. 용서는 당신이 분노에서 완전히 자유로워지도록 함으로써 모든 관계들이 긍정적으로 바뀌도록 만들어 주는 것이다.

어린 시절 두 사람이 서로 마주 보고 노끈 당기기를 해 본 경험이 있는가? 양쪽에서 서로 줄을 잡아당기고 있는 동안에는 갈등이 존재한다. 그러나 어느 한 쪽에서든지 먼저 놓게 되면 게임은 끝나게 된다. 이처럼 우리가 용서한다는 것은 줄의 한 쪽을 놓아 주는 것이다. 그 어떠한 사람이 반대쪽에서 아무리 줄을 힘껏 잡아당길지라도 당신이 놓아 버린다면 더 이상 상처가 당신을 힘들게 하지 못할 것이다.

많은 경우에 있어서 모든 관계에 고통을 가져오는 정서적 문제의 원인은 용서하지 못하는 데서 기인한다. 용서는 자신에게 향하는 축복의 다리이다. 용서하지 못하는 자신의 마음 때문에 밑바닥에 숨겨져 있는 상처를 치유하고 자신의 모든 관계에 진정한 자유를 가져오는 행복의 통로인 다리를 끊는 일이 없어야 한다. 결국 용서는 자신을 위한 일이다. 용서는 나 자신을 과거의 고통과 깊은 상처로부터 자유롭게 하는 일이다.

다른 사람을 용서하기

당신의 마음속 깊은 곳에는 응어리진 분노가 남아 있지 않은가? 부모들을 향하여, 가족들을 향하여, 또는 배우자를 향한 분노의 감정이 없는가? 또 어린 시절에 친구들의 조롱이나 거부에 의한 상한 마음은 없는가? 주변 사람들로 인한 성적 학대, 신체적 학대, 가혹한 처벌 등에 의한 증오감이 여전히 남아 있지 않는가? 만일 당신이 신앙인이라면 하나님을 원망하고 있지는 않는가?

주변의 중요한 타인이 비록 당신이 원하는 것을 채워 주지 못하고 불만족스럽다 해도 용서하는 것은 매우 중요하다. 모든 관계에 있어서 자신들이 원하는 대로 이루어지지 않을 때 우리는 좌절하며 심각한 우울증에 걸리게 될 수도 있다.

우리 모두는 완전하지 않은 부모 밑에서 자라났다. 그러므로 가장 지워지지 않는 상처의 주범은 우리의 부모일 수도 있다. 또 배우자와의 관계에 있어서도 남편(아내) 때문에 내가 이렇게 되었다는 상한 마음과 배신감 등을 가지게 된다면, 당신은 우울함의 어둠 속으로 추락하게 될 것이다. 그것은 직장 상사나 주변의 모든 사람들과도 마찬가지이다.

용서란 자신에게 상처 준 사람에 대한 일체의 것을 포기하는 것이다. 상처가 남긴 감정도 풀어야 하고 문화를 거스리는 일이기도 하다. 문화는 용서를 나약한 것으로 여기고 복수를 선호하기 때문이다.

다른 사람을 용서하는 것은 의지의 행위에서 시작되는 '결단의 선택' 이다. 용서한다는 것(forgive)은 사랑을 주는 것(for-give)이요, 사랑한다는 것은 곧 상처 받기로 작정하는 것이어야 한다. 자전거를 탈 일이 없으면 자전거 타기를 평생 배울 필요가 없듯이 상처 받지 않으려면 사랑하지 않아도 되는 것이다. 치유란 사랑의 열매이며, 사랑의 기능이다. 그러므로 사랑이 없는 곳에는 치유가 존재할 수 없는 것이다.

이미 지어진 구조물을 헐고 재건축하는 것은 시간이 더 걸릴 수 있다. 마찬가지로 우리의 고통과 분노의 감정들을 헐어내고 재형성하는 데는 시간과 노력이 필요하다. 비록 우리 안에 자리한 감정들이 즉각적으로 사라지지 않고 고통을 준다 해도 우리는 의지적으로 용서하고 사랑할 수 있어야 한다.

이처럼 우리에게 고통을 입힌 사람들을 용서함으로써 속에 있는 분노를 내려 놓고 자유함을 얻게 된다. 이것은 나 자신만이 아니라 상대방도 풀어 주는 것이고, 나아가 모든 관계가 풀리는 치유의 신비를 경험하게 되는 것이다.

자신을 용서하기 [7]

용서에 있어서 가장 용서하기 어려운 존재가 바로 자신이다. 상한 감정의 소유자들은 대부분 자기 무가치감이나 자기 비하, 자기 학대의 감정을 갖고 있어서 자기 자신을 용서하지 못하고 죄책감 가운데 자신을 증오하게 된다. 그래서 해를 입는 일을 당하거나 그러한 일이 일어나게 되면 자기 자신에게 탓을 돌리게 되는 것이다.

"나는 그런 취급을 받아 마땅해!"

"나는 용서받을 가치가 없는 실패한 사람이야!"

"그것은 다 내 잘못이야!"

이처럼 자신을 용서하지 못하는 사람들의 자신을 향한 비난은 결국 죄책감으로 자신에게 족쇄를 채우고 자신의 비참함을 먹이삼아 살아가게 만든다. 아! 자신을 용서하지 못하는 사람은 얼마나 불행한 사람인가! 안타깝게도 우리는 자기 자신보다 다른 사람들에게 훨씬 더 많은 연민을 느끼고 있다.

하지만 자신이 어찌할 수 없었고 예측할 수 없었던 일이 일어난 것에 대해서는 책임질 수 없는 노릇이다. 온 세상의 책임을 자신이 짊어지려고 하지 말아야 한다. 때때로 우리는 자신에 대하여 다음과 같이 변명할 수 있어야 한다.

"맞아! 그것은 실수였어. 그러나 그것은 내 잘못이 아냐. 그 방법 외에는 다른 길이 없었어!"

이렇게 변명하는 것은 자신을 향한 용서의 한 방편일 수 있다. 그러나 만일, 변명할 수 없는 것이라면 그때는 정말로 용서가 더 필요한 것이다. 이렇게 자신을 용서하지 못하게 된다면 다음과 같은 자기 파괴 행동을 하도록 자극하게 될 것이다.

· 식욕 감퇴를 겪게 되거나 폭식하게 된다.
· 알코올이나 불건전한 성적 행동에 심취하게 된다.

· 다른 사람들과의 대인 관계가 어려워진다.

　자신을 용서하지 못해 일어나는 이러한 행동들은 더욱 심한 자기 혐오에 빠지게 하고, 치명적인 정서적 장애를 가져올 수도 있다. 그래서 자신을 용서한다는 것은 아주 중요한 문제이다.

　유치원 교사로 일하고 있는 은주(가명, 24세) 씨를 만났다. 예쁘장하면서도 약간은 통통하게 생긴 그녀는 콜레스테롤이 높아 고지혈증이라는 진단을 받았다고 한다.

　"저 자신에게 너무 화가 나서 저를 마구 때려 주고 싶습니다. 너무 어리석고 나약한 제 모습이 싫습니다. 병원에서 콜레스테롤이 매우 높아 식이요법과 운동요법 그리고 약물요법을 병행하라고 진단을 받았습니다. 병원에서는 제 나이가 젊어 노력하면 좋아진다고 했고, 또 저 자신은 아주 강하다고 생각을 했습니다. 왕새우, 게, 달걀 노른자, 오징어 볶음, 산낙지, 아이스크림, 초콜릿 등 콜레스테롤이 높은 음식을 매우 좋아하지만, 여러 차례 참고 또 참고 …. 그러다가 더 이상 참지 못할 때가 되면 저도 모르게 음식에 손이 가고 맙니다. 먹고 난 후에 후회하면서도 다시는 그러지 않으리라고 굳게 다짐해 보지만 그때뿐입니다."

　그녀는 이렇게 3년이나 반복해 왔다고 한다. 스물한 살 되던 해에 콜레스테롤이 높다는 진단을 받고, 그때부터 과식증이 나타나기 시작했다. 자다가도 새벽에 냉장고를 열어 보이는 대로 먹고, 또 자고, 그 다음 날이 되면 속이 좋지 않아 고생을 해야 했다.

"남의 얘기인 줄만 알았던 과식증이 제게도 있다는 사실이 너무나 무섭습니다. 자포자기하면 안 되는데, 점차 자신감도 없어집니다. 더욱 저를 슬프게 하는 것은 다시 건강 검진을 했는데, 고지혈증에 합병증까지 온 것입니다. 폐결핵 경증 …. 꾸준히 약을 복용하면 완쾌된다고는 하지만, 자꾸 친구들을 만나기가 싫고 사람 만나는 것을 꺼려하고 피하게 됩니다. 우선 운동도 하고 집에서 쉴 생각으로 사직서를 제출했습니다."

그녀는 낙오자가 된 것 같다는 생각이 들기 시작하면서 술에 취하는 일이 많아졌다고 한다. 다른 일에 심취하면 잊어버릴 수 있을까 싶어 인라인 스케이트 동호회에도 가입을 했다.

"다른 일에 신경을 쓰면 걱정이 사라질 줄 알았는데, 인라인 스케이트를 타고 집으로 돌아오는 어깨와 발걸음은 오히려 더욱 무겁기만 합니다. 어떻게 해야 하나요? 제 자신을 사랑해야겠죠? 저 자신도 사랑하지 않는데, 누가 절 사랑하겠어요? 그런데 그게 말처럼 마음먹은 대로 잘 안 됩니다. 몸 따로 마음 따로입니다. 저처럼 바보 같은 사람이 또 있을까요? 정말 울고 싶습니다."

무엇이 문제인가? 먼저 자기 자신에 대해서도 용서의 과정을 거쳐야 한다는 것을 유념해야 한다. 만일, 자신을 용서하지 못하고 계속 비난한다면 피해와 자기 학대는 계속될 수밖에 없다. 지금까지 자신에게 지웠던 죄책감과 위축감이라는 짐에서 자신을 풀어 주어라! 자신을 용서하는 것은 스스로가 불완전하고 실수할 수 있는 인간임을 시인하고 풀어 주는 것이다.

3) 받아들이기

언젠가 TV에서 제2차 세계대전 당시 일본군에 위안부로 끌려가 철저하게 유린당했던 할머니들의 피맺힌 절규를 방송한 적이 있다. 그 TV 프로그램은 당시에 그분들이 얼마나 무력하게 끌려가서 참담하게 당했는지를 설명했다. 한 할머니는 처참했던 그 당시를 회상하면서 주름살로 찌든 얼굴을 눈물로 적시며 이렇게 말했다.

"우리들은 일본 사람들을 용서합니다. 그러나 그들이 우리에게 저지른 일은 절대로 잊을 수 없습니다!"

TV를 보며 나는 아내에게 이렇게 말했다.

"저 할머니는 용서가 무엇인지 정말로 아는 사람이다!"

진실로 그렇다! 용서는 잊어버리는 것과 상관이 없다. 만일 정말로 그 기억조차 잊어버린다면 용서할 수 없을 것이다. 기억하지도 못하는 일을 어떻게 용서할 수 있겠는가? 그러므로 용서하고 맺힌 마음을 풀어 주는 것은 용납이라는 중요한 과정을 거칠 때에만 가능한 것이다. 용서는 받아들이는 용납의 토양에서만 생장과 결실이 가능하다. 용납 없이는 진정한 용서도 없는 것이다.

또한 타인뿐만 아니라 자신을 받아들이는 것은 너무나 중요하다. 자신을 용납하지 못하는 사람은 다른 사람도 용납하지 못하게 되는 악순환의 고리에서 벗어나지 못하기 때문이다. 자신의 한계와 실패, 약점

등을 그대로를 받아들이게 될 때 자신이 살아 있음에 감사하고 자축하게 되는 것이다.

받아들임의 고통

받아들임, 즉 용납은 과거를 현재 속으로 받아들이고 미래를 위하여 과거를 온전하게 다시 세우는 작업이다. 그러나 '일어났던 그 일'을 받아들이는 것은 고통스러운 일이다. 일반적으로 우리는 고통을 회피하고 묻어 버리는 일에 익숙해 있기에 과거의 아픔이 얼마나 깊었는지를 다시 회상하여 느끼기로 선택하는 것은 참으로 괴로운 일이다. 하지만 치유되려면 먼저 느껴야 한다.

우리는 상처 입어 고통당하고 있다는 사실을 받아들여야 한다. 그러나 더 고통스러운 것은 우리에게 그 고통을 입힌 사람들이 경우에 따라서는 거리가 먼 사람들일 경우도 있지만, 치명적인 상처의 경우에는 대부분 우리와 가장 가깝고 끊을 수 없는 사람들이라는 사실이다. 그러나 선택은 해야 한다. 받아들이고 용납할 것인가? 아니면 부인할 것인가? 용납하지 못하게 될 경우에는 그것은 적개심만 더 일으키게 되고 치유의 과정을 차단하게 될 것이다.

이제 받아들고 용납하기 위해서는 지나온 시절에 대한 아픔의 나눔과 성격 형성에 영향을 준 사건과 사람들에 대한 노출이 필요하다. 이 과정에서 자신이 정상적인 성장 과정을 영위하지 못하고 누군가에 의해 강탈되고 빼앗겼다는 것을 깨닫게 되면 그 시절에 대하여 애통할 사람은 너무나 많은 것이다.

애통은 치유를 위한 기초 치료제이다. 애통은 상한 감정을 씻어내고, 우리가 붙들고 있는 정서적인 문제들을 풀어내며 청산하게 한다. 우리에게 상처를 입힌 사람들과 기억하기도 싫은 그 기억들이 더 이상 우리를 지배하지 못하도록 말이다.

과거에 일어난 사건들을 우리는 결코 바꾸거나 되돌려 놓을 수는 없다. 하지만 그 일에 대한 반응은 우리가 바꾸어 선택할 수 있다. 이것이 우리가 기억하고 충분히 아파하고 애통해야 하는 이유인 것이다.

이미 일어난 과거의 사건들을 더 이상 우리가 바꿀 수 없다면, 이제 우리가 할 수 있는 일은 그것을 받아들이고 풀어서 보내 버리는 것이다.

상처의 재해석

인간은 편견이나 인생에 대한 두려움 없이 태어난다. 어린아이 시절에는 중요한 절대 타자(특히, 엄마)에 대한 역기능적인 면을 경험하게 될 때 그것이 자신의 탓으로 해석하게 된다.

'엄마는 무조건 옳아! 그것은 내가 잘못했기 때문이야!'

이것은 어린 시절부터 일찍 발달하는 방어기제인 '분열(splitting)'을 갖게 하여 같은 사람에게서 선한 모습과 나쁜 모습이 동시에 존재할 수 있음을 보는 능력이 결핍되게 된다. 그러나 성숙하게 되면 우리의 인생이란 그렇게 쉽게 이해할 수 있는 것이 아님을 깨닫게 되고 모순되어 보이는 경험들을 재해석하면서 통합할 수 있게 된다.[8]

이러한 일련의 해석과 통합은 용납에 매우 중요한 요소이다. 정상적으로 재해석과 통합을 경험하지 못하게 되면 실패와 약점을 받아들이

지 못하게 되어 영원히 타인을 용서하지 못하고, 또한 결코 자기 자신
도 수용하지 못하게 된다.

내가 군대에서 만난 용현(가명, 21세)은 군에 입대한 지 얼마 되지 않
은 이등병이었다. 그는 늘 속에 한을 품고 있어 칼로 배를 열어 가슴속
에 있는 답답한 모든 것들을 꺼내 놓고 싶은 심각한 충동 속에서 고통
의 나날을 보내고 있었다.

그의 아버지는 서울 장안평에서 중고차 매매를 하는 중개상인이다.
신혼 초기에 아내에게서 정신 장애 증세가 나타나자 속아서 결혼했다
는 생각에 처가에 많은 횡포를 행했다고 한다. 게다가 아내를 수없이
폭행하는 잔혹한 모습을 보여 왔다.

치료 그룹에 그가 왔을 때 그는 눈물조차 메마른 듯 보였다. 마치 사
팔뜨기인 것처럼 눈동자가 서로 맞지 않는 장애인 같은 모습이었다.

"어릴 때부터 아버지가 어머니를 폭행할 때 아버지를 말리다가 분노한 아
버지로부터 저도 많이 맞았습니다. 어떤 때는 주위에 있는 물건들을 저에게
던져 박살나기도 했습니다. 지금까지의 가정에 대한 제 기억은 아버지로부터
어머니와 제가 매 맞는 형장이라는 생각뿐입니다."

군 입대 당시에는 어머니의 정신병이 더욱 심해져 사람을 몰라볼 정
도가 되었다고 한다. 그의 마지막 소원은 아버지를 살해하고 자신도
할복자살하는 것이었다. 변하지 않는 아버지와 가정 환경은 오직 죽음
밖에 해결 방안이 없다는 절망적인 좌절감에 빠져 있었다.

나와 나의 아내(당시, 어머니로 인한 정서적 장애자를 돕기 위하여 치유 그룹

을 나의 아내와 함께 진행했었다)는 그에게 아버지에 대한 재해석과 통합의 경험을 갖게 하도록 하기 위하여 빈 의자 기법을 제공했다.

"아버지—! 왜 그랬어요? 당신이 정말 사람이에요?"

그는 단발마 같은 굉음을 질러대며, 분노에 이글거리는 모습으로 벌떡 일어났다. 그리고 가상으로 아버지가 앉아 있는 의자로 달려와 얼마나 짓밟았는지 의자는 부서지고 말았다. 그리고는 가슴을 치며 주저앉아 통곡하기 시작했다. 나와 나의 아내는 함께 그를 부둥켜안고 통곡하며 울었다.

그는 아버지 입장에서의 경험과 자신의 입장에서 공박하는 경험을 통하여 항상 나쁜 사람이자 죽일 대상으로만 생각해 오던 아버지에 대한 새로운 이해가 제공되었고, 또 재해석하기 시작했다.

그리고 잊지 못할 감격의 고백을 했다.

"나쁜 아버지를 죽이지 못하고, 불쌍한 어머니를 돕지 못하는 병신 같은 내 모습이 절망적이어서 항상 죽을 생각만 하고 살았는데, 너무 신기합니다. 세상이 달라 보입니다. 가슴에 박하사탕을 삼킨 것 같은 느낌입니다. 오늘 아버지께 전화할 것입니다. 아버지를 용서한다고 …."

상처를 입힌 대상과 자신 그리고 그 사건에 대한 새로운 각도에서의 재해석이 이루어지면 용납은 자연스럽게 이루어진다. 즉 통합의 경험을 통하여 새로운 힘을 얻게 된다.

6개월이 지난 후, 모 기관의 월간지에 치유 그룹에 대한 기사를 신겠다는 제의가 있어 담당 기자와 함께 몇 명을 선정하여 치료 후의 삶을 조사하는 기회가 있었다.

선정 대상에 용현을 포함시켜 다시 만날 기회를 가졌다. 일병이 된 그는 몰라보게 달라져 있었다. 나에게 인상적으로 새겨져 있던 그의 사팔뜨기 모습은 전혀 찾아볼 수 없었고, 그의 눈은 정상적인 생기 발랄한 모습이었다.

"휴가 가서 아버지를 만났을 때 많이 변해 있었습니다. 치유에 참가한 후 전화를 걸어, '지금까지 아버지를 죽이고 싶은 한에 사무쳐 살아왔는데, 이제 아버지를 용서하고 싶으며, 그런 마음을 품고 살아온 나를 용서해 달라.'는 말을 하면서 많이 울었습니다. 그 말에 충격을 받으셨던 것 같습니다. 우리 집이 바뀌기 시작했습니다."

어떤 사람이나 일, 사건들은 모두가 그것의 좋은 점과 나쁜 양면을 지니고 있다. 앞서 언급했듯이 아이가 어릴 때에는 엄마에 대하여 전적으로 옳다고 느낀다. 그러나 어느 정도 지나면 엄마에게서도 틀린 점들을 발견하게 된다. 이때 재해석과 통합의 정상적인 과정을 갖지 못한다면 엄마는 무조건 옳고 내가 잘못해서 그런 것이라고 자신에게 그 탓을 돌려 해석하게 된다. 그러나 성장하면서 엄마도 사람이며 좋고 나쁜 두 가지의 특성을 다 가지고 있는 존재라고 재해석하게 된다.[9] 어떻게 엄마가 나쁠 수 있는가의 문제가 재해석으로 통합되게 되면 여기에서 수용과 받아들이는 용납이 존재하게 되는 것이다.

앞의 사례에서도 아버지도 한 명의 남자이자 실망과 좌절을 겪고 있는 약한 사람임을 재해석하도록 한 것이다. 평생을 정신 장애인과 함께 살아야 하는 고통, 잘해 보려고 하지만 쌓이는 불만, 정상적이지 못한 아내로부터 얻지 못하는 행복 등 재해석으로 '아! 그럴 수밖에 없었구나!' 하는 인식을 갖게 된다. 동시에 아버지가 나쁠 때도 있지만 지금까지 정신 장애 여인을 버리지 않고 함께 살고 있는, 즉 모순된 양면을 가지고 있음에 대한 통합이 있도록 한 것이다.

자신에 대한 받아들임도 마찬가지이다. '우유부단함' 때문에 당신이 고통을 받고 있다고 하자. 이제 새로운 재해석이 필요하다. '우유부단함' 은 '신중하다' 는 이면을 가지고 있다.

처음에는 피상적으로 이해하는 수준에서 동의만 할 것이다. 여기에 우유부단함으로 얻어지는 단점과 장점들을 하나씩 찾아 가는 작업을 해 보라. 그리고 새로운 해석을 가지고 '아하!' 하는 인식이 있게 될 때까지 지적하라.

즉, '우유부단함' 때문에 어떤 일이든 '신중하게' 생각하고 처리하는 점이라든지, 덤벙대는 실수를 줄일 수 있다는 것, 과격하거나 무리하지 않도록 잡아 주는 면, 비록 늦지만 한 번 더 생각해서 손실을 덜 보게 하는 점 등 반대 국면을 부각시켜 부정적인 면보다 가지고 있는 긍정적 요소를 인식하게 해야 한다. 이러한 재해석이 있을 때 힘 있게 상처를 입힌 타인과 자신에 대한 용납과 용서를 할 수 있다.

4) 빚 청산하기

비정한 아버지

2003년 12월 19일, 인간으로서는 상상할 수도 없는 사건이 일어났다. 어린 두 자녀를 한강에 내던져 살해한 한 아버지의 행동은 매스컴을 떠들썩하게 했고, 소식을 접한 모든 사람들은 경악을 금치 못했다.

언론과 경찰은 단순히 정신 장애와 인격 장애를 앓고 있는 한 아버지의 정신병적 행위로 동기를 발표했고, 일부에서는 경마와 도박에 의한 카드 빚으로 그 원인을 돌렸다. 그러나 우울증적 정신 장애를 앓고 있는 사람에게는 죽음만이 모든 것을 해결하는 길이라는 돌덩이 같은 치명적인 짐을 지고 있는 것을 아무도 이해하지 못한다.

사건 당일인 오후 1시, 이씨(24세)는 부인(23세)에게 "아이들에게 줄 크리스마스 선물을 바꾼 뒤 놀이공원에서 놀다오겠다." 하며, 인천에서 서울로 오는 동안 두 아이에게 수면제를 먹여 아이들이 저항하지 못하도록 했다. 그는 동작대교에 도착하여 잠들어 있는 딸과 아들을 차례로 차가운 겨울 강물 속으로 던져 버렸다.

그는 고등학교 2학년 때 이웃 학교의 여고생과 동거 생활로 임신을 하게 되었다. 결혼식을 올리고 아들과 딸을 낳았으나 생활 능력이 없어 부모로부터 매달 생활비를 받아 살아오고 있었다. 결혼 초기부터 정신 장애 증세가 나타났으며, 1999년부터는 정신과 치료를 받기 시작했다.

정서 장애를 가진 그는 신용카드를 이용하여 경마와 도박으로

3,500만 원의 빚을 갚지 못해 신용불량자가 되었고, 그로 인한 경제적 문제로 아내와의 다툼이 잦아지면서 커 가는 아들(6세)과 딸(5세)의 양육이 부담스러워졌다. 빚더미에 앉은 부모와 함께 불행하게 살 바에는 아이들이 저 세상으로 가서 편하게 살도록 해 주고, 부인과 이혼하기 위해 살해 계획을 치밀하게 세우기 시작했다. 사전에 현장을 답사하여 강물의 깊이를 살피고 인터넷에 '한강에 빠지면 죽게 되는지'까지 검색하기도 했다.

이러한 반인륜적인 일을 저지른 이 씨에 대하여 세간의 모든 사람들은 더 이상 존재해서는 안 될 비정한 아버지로 정죄했다. 전문가들은 어린 시절의 동거와 결혼, 경마와 도박 등 정신 장애를 앓고 있는 사람의 비정상적인 행동이라는 단순 해석을 언론에 제시했다.

그러나 정서 장애라는 고통을 겪고 있는 사람들에게는 견딜 수 없을 만큼 짓누르는 짐이 지워져 있기 때문에 이러한 일은 일어날 수도 있는 결론적 행동이다. 또 남들이 이해해 줄 수 없고 설명할 수도 없는 절망을 겪고 있을 때에는 자녀도 자신의 일부로 해석하기도 하고 죽음 외에는 탈출구가 없다고 판단할 수 있다는 사실을 당신은 이해할 수 있겠는가?

견딜 수 없는 짐, 빚!

어느 주간지에 실린 4단짜리 시사풍자 만화의 내용이다. 카드 빚으로 신용불량자가 된 한 젊은이에게 악마가 찾아왔다. 악마는 젊은이에게 온 천하의 영광을 그에게 보여 주면서 자신을 숭배하고 함께 손잡

을 것을 요구했다.

그러나 젊은이는 "사탄아 물러가라!" 하고 외친다.

악마는 다시 그에게 "네 카드 빚을 다 갚아 주겠노라!"고 제시하자, 젊은이는 엎드리며 "뜻대로 하소서!"라고 고백하는 내용이었다.

카드 빚으로 인격과 정서가 붕괴되고 있는 현대인들의 좌절감을 그대로 묘사했다는 느낌을 지울 수가 없었다. 카드 빚의 채무처럼 정서적인 문제로 인한 빚 역시 인격이 파괴되고 정서적 장애의 고통을 겪게 하며 모든 대인 관계에 치명적인 손실을 가져오게 하기 때문이다.

대부분의 정서 장애를 겪는 사람들을 견딜 수 없게 짓누르는 고통의 정체는 '죄책감과 좌절감'이다. 이것은 '용서받지 못함'과 '용서하지 못함'에서 기인한다.

인간은 구조적으로 용납되고 용서와 은혜를 나누어 주는 인간 관계를 가질 때 행복함을 경험하도록 태어났다. 즉, 용서받음으로 인한 용납과 용서의 선택 그리고 은혜와 용서를 나누어 주는 행위는 정서적인 해방과 자유를 가져오게 하는 중요한 요소이다. 그러나 용서를 경험하지 못한 사람은 다른 사람을 용서하지 못하게 된다는 사실도 알아야만 한다. 이러한 원리를 성서에서는 빚에 대한 탕감의 비유로 설명하고 있다.

어떤 임금이 그의 종들과 결산하려고 했을 때, 1억 달러의 빚을 진 한 사람을 서류에서 발견하게 되어 데려왔다. 하지만 그는 갚을 것이 없었으므로 그 몸과 처자식들과 모든 재산을 다 팔아 갚게 하라고 명령하였다. 그 사람은 엎드려 절하며 "조금만 참아 주시면 다 갚겠나이다." 하고 간절히 시간을 연장하여 줄 것을 호소하였고, 왕은 그를 불쌍히 여겨 그 빚을 완전히 탕감하여 놓아 보냈다.

그런데 그 사람은 나가다가 자기에게 100달러 빚진 한 동관을 만나게 되어, 그를 붙들어 목을 잡고 "내게 진 빚을 갚으라!" 하며 독촉하였다. 그 동관 역시 간청하였다.

"조금만 참아 주시면 반드시 갚겠습니다." 하지만 그 사람이 갚지 못했을 때 그를 잡아다가 가두어 버렸다. 이것을 본 동관의 동료들이 왕에게 탄원하게 되어 왕은 다시 그를 불러들였고, "네가 빌기에 내가 네 빚을 전부 탕감하여 주었거늘, 내가 너를 불쌍히 여김과 같이 너도 네게 빚진 자를 불쌍히 여김이 마땅치 아니하냐!" 하고 그 빚을 다 갚도록 그를 투옥시켜 버렸다.

이 이야기에는 두 가지의 내용이 담겨 있다. 첫째는 시간의 연장을 요청했으나 완전히 채무를 탕감해 주는 용서를 받았다는 것과, 둘째는 용서를 받은 것처럼 다른 사람에게 용서를 베풀지 않고 거두어들이려고 했다는 것이다.

바로 이 문제가 대부분의 정서 장애를 겪는 사람들의 원인인 것이다. 자신이 완전히 용서받았다는 것, 즉 용납된다는 것을 받아들이지 못함으로 죄책감에 빠지고, 용서를 경험하지 못했기에 다른 사람을 용서하지 못할 뿐만 아니라, 용납하지 못하는 악화를 겪게 된다.

빚(debt)을 '진다(owe)'는 말에서 '해야만 한다(ought)'는 단어가 파생되었다. 단어의 의미에서 보여 주듯이, 대부분의 경우 잘못된 것에 대한 빚을 위하여 무엇인가를 '해야만 한다'는 의무적인 감정이 인격 구조 속에 뿌리깊이 박혀 있는 것을 경험하게 되고, 또 자신에게 상처를 입힌 사람들에 대하여 '빚진 것'을 갚으라고 요구하며 그 대가를 거두어들이려는 행동을 하게 되어, 빚의 짐으로부터 자신을 견딜 수 없게 짓누르게 되는 것이다.

용서를 경험하지 못하여 '해야만 하는' 빚의 짐을 진 정서적 문제를 겪는 대부분의 경우, 스스로 문제를 만들어 무거운 짐을 짊어지고 견딜 수 없게 되면 죄책감을 가지고 양심의 고통을 느끼게 되는 완벽주의의 성향이 그대로 나타나게 된다. 그래서 용서받을 수 없는 죄를 범했다는 두려움에 사로잡혀 살기도 하고, 어떤 사람들은 아무 근거도 없이 계속 자기 자신을 정죄하기도 한다.

또 어떤 사람들은 철저한 양심이라는 미명하에 그들에게 요구하지 않은 것을 자기들이 해야만 하는 책임으로 생각하고 강박적인 신경 과민 증세에 시달리기도 하며, 그 누군가로부터 잃어버린 빚들에 대한 것을 거두어들여야만 자신이 자유로워진다는 생각에 젖어 있는 것을 볼 수 있다.

채무 청산하기

이처럼 자기 파괴를 경험하게 만들고 모든 대인 관계에 어려움을 겪게 하는 채무의 짐을 어떻게 청산할 수 있을까? 어떻게 죄책감과 좌절감으로부터 자유해질 수 있는가?

앞에 언급한 성서의 '탕감 받은' 이야기를 다시 생각해 보자. 왜 임금은 채무를 완전히 탕감했던 사람을 다시 투옥시켰는가? 대답은 간단하다. 탕감 받은 사람의 태도에 관한 문제이다. 여기에서 우리는 질문을 해야 한다. 왜 엄청난 액수를 탕감 받은 사람이 자신에게 소액을 빚진 사람을 용서해 주지 못했는가 하는 것이다.

이것은 바로 오늘날 정서적 짐을 겪고 있는 우리의 문제와 동일한 것이다. 여기에는 두 가지의 정서적인 문제가 존재하고 있음을 우리는 발견할 수가 있다.[10]

첫째는 용서를 받아들이지 못하는 것에 대한 문제이다.

그 사람은 갚아야 할 채무에 대하여 임금께 시간을 연장하여 줄 것을 간청하였다. 그러나 임금의 반응은 어떠했는가? 그가 원한 것보다 훨씬 더 베풀어 주었다. 그것은 그가 전혀 기대하지 못했던 것이다. 그래서 그는 자신을 풀어 준 의미를 깨닫지 못하고 다만 자신이 요청한 대로 시간을 연장해 준 것으로만 이해한 것이다.

생각해 보라! 그 엄청난 금액을 어떻게 그냥 탕감해 주겠는가? 그러므로 몸은 풀려났으나 마음에는 아직 빚을 갚아야만 한다는 생각이 그를 괴롭히고 있던 것이다. 그 결과, 자신에게 빚을 진 다른 동료를 만나는 순간 빚을 거두어 들여야만 하는 것은 당연한 순서가 아니겠는가?

우리들은 대부분이 다 그러하다. 머리로는 이해하나 실제의 관계에 있어서는 깨닫고 적용하지 못하는 경우가 다반사이다. 그래서 죄책감을 없애려고 종교적인 의미의 노력까지 해 보지만 마음은 개운치가 않은 것이다.

만일, 당신이 신앙인이라면 더욱 그럴 수 있다. 자격 없는 당신에게 베풀어진 은혜를 인정하나, 하나님의 용서를 온전히 받아들이지 못함으로 죄책감을 처리하기 위하여 빚을 갚기 위한 행동을 하는 경우가 얼마나 많은지 모른다.

이제, 자신의 생각에 매여 있지 마라! 자신의 관념에 매여 마음의 감옥에 당신 자신을 또다시 가두지 마라! 죄책감에 시달리는 대부분의 사람들은 자신의 관념에 매여 있기 때문이다. 잘못된 당신의 문제에 대하여 용서받았음을 깨닫지 못하는 것은 바로 당신의 생각 때문이다.

둘째로, 용서를 하지 못하는 것에 대한 문제이다.

천문학적인 액수의 채무를 탕감 받았다는 사실을 깨달았다면 그 사람의 눈에는 세상이 달라 보이기 시작했을 것이다. 틀림없이 자신에게 소액의 빚진 사람을 만났을 때 용서와 은혜를 베풀었을 것이다. 그러나 용서를 경험하지 못한 사람은 다른 사람을 용서하지 못하게 되는 것이다.

이러한 사실은 우리의 대인 관계에도 그대로 적용된다. 상처를 준 부모와 당신을 괴롭혔던 친구들, 당신을 거절한 애인이나 당신을 비난하고 상처를 입히는 배우자 등 얼마든지 빚을 진 사람들이 있을 수 있다. 그러나 만일 그 빚을 청산하지 않고 원망에 쌓여 있다면 다른 사람을 용서하지 못하고 또 용납하지 못하게 될 것이다.

자신이 고통을 당하고 있는 사람은 반드시 다른 사람에게 똑같이 고통을 준다는 사실을 당신은 알고 있는가? 당신의 채무를 청산하는 용서는 '선택'이다. 당신 자신을 위하여 선택하라! 빚의 짐으로부터 자유롭게 될 것이다.

상처를 입은 사람들이 채무를 청산하지 못하는 이유가 있다. '처벌' 없는 용서란 없다고 생각하기 때문이다. 그러나, 이것은 보복심과 분노의 발로인 것이다. 상처나 학대를 당한 만큼 복수할 것을 원하지만, 복수는 과거에 맛본 상처를 되풀이하는 길이며, 가해자와 피해자 모두를 끝없는 보복의 상승 작용에 묶어 버리게 하는 것이다.

　용서하는 데 실패하는 이유가 또 하나 있다. 용서는 했으나 화해하지 못하는 경우이다. 이 경우, 용서를 했어도 감정은 아직 자유를 경험하지 못하게 된다. 무엇이 문제인가?

치유를 위한 기도

- 정유찬

당신의 병은
당신의 것이 아닙니다
누려 왔던 아픔도, 방황도, 괴로움도
당신의 것이 아니죠
그 모든 고통은
세상 모두를 진심으로 이해하고
치유하기 위해
기꺼이 맞이한 삶의 성스러운 자락들 …
더 이상
아프거나 괴로워 마십시오
이제 일어설 거예요
세상의 아픔과 고통을
어루만지기 위하여
사랑으로
세상을 다시
만날 것입니다

용서와 화해는 별개의 과정이다. 용서는 나 자신의 결정으로 일어날 수 있는 것이지만, 화해는 상대방의 참여가 있어야 하는 것이다.

그러므로 우리는 화해 없이도 얼마든지 용서할 수 있는 것이다. 화해는 언제나 가능한 것은 아니라는 것을 알아야 한다. 많은 사람이 용서에 실패하는 이유는 용서와 화해를 하나의 것으로 이해하기 때문이다. 용서만 하면 화해가 자동적으로 뒤따르는 것이 아니다. 우리는 항상 화해의 마음을 품어야 하나, 온전한 화해에 이르기까지는 시간을 기다려야만 하는 것이다.

5) 자아 보호 경계 정하기

배반의 상처

이 책을 쓰고 있는 기간에 북한산 기슭에 위치한 군부대 군종참모인 K목사님을 만나게 되었다. 그와 교제를 갖는 동안 부대 인근에 위치해 있는 한 목회자 가정이 당한 아픈 상처 이야기를 듣게 되었다.

군부대 인근에 위치해 있는 어려운 송추교회(가칭)를 15년 동안 헌신적으로 섬겨온 분은 L목사(47세)이다. 그는 그의 아내와 함께 부유하지 못한 주변 사람들과 교회에 출석하는 교인들을 성심으로 돌보았다. 심지어는 매 주일마다 경제적으로 어려운 청소년들을 자신의 숙소로 불러들여 식사를 먹이는 일도 마다하지 않고 정성을 쏟아부었다.

15년 전 식사를 먹이며 돌아보았던 그 청소년들이 교회의 중심적인 역할을 하는 인물들로 성장했다. 그러나 몇 개월 전부터 그들이 중심이 되어 L목사를 교회에서 몰아내기 위한 기운이 돌기 시작했고, 그 일을 주도적으로 진행하고 있는 인물들이 그들이라는 사실을 알게 되었다.

이 사실을 알게 되자 L목사 부인은 헌신적으로 돌본 자신의 일에 대한 배신감의 충격을 받았고, 마침내는 심혈 관계 신체적 장애가 발병하게 되었다. 치료를 위하여 세브란스병원에 입원을 하였으나, 끝내 회복되지 못하고 며칠 전에 세상을 떠나고 만 것이다.

만일 이러한 일이 당신에게 일어난다면 어떻겠는가?

경계 재형성하기

나는 가슴 에는 듯한 이 이야기를 들으면서 적잖은 충격을 받았고, 아무 말도 하지 못했다. 그러나, 군종참모인 K목사님은 내게 이렇게 말했다.

> "이러한 상처로 병드는 사람들이 주변에 너무 많습니다. 상처를 받는 일이 발생한다고 해도 풀어 버리고 회복할 수 있도록 '자아 보호 경계'를 정하는 것은 너무 중요합니다."

자기 자신을 보호하기 위한 자아 보호 경계를 정하는 것은 상처로부터 자유하게 되기 위한 중요한 작업이다. 그러나, 자아 보호 경계를 정하는 것에 대하여 쉽게 생각하여 오해할 수도 있다. 상처 입을 것을 대비하여 적당한 거리를 두고 대인 관계를 형성하거나, 헌신적인 모습이 아닌 어느 정도 마음의 간격을 유지하는 이기적인 행위로 잘못 이해될 수 있다. 오해하지 마라! 여기에서의 자아 보호 경계란 정서적 건강을 위한 영역의 한계를 말하는 것이다.

성장 과정에서 가족 구성원들이 서로에게 너무 매여 있어 각자의 정체성이 '밀착' 되거나, 반대로 서로 거의 상관하지 않는 '이탈' 의 과정을 겪은 사람은 타인 및 자신과의 관계에서 적절한 경계를 정하지 못하게 되어 상처를 입게 되는 경우, 민감하게 상처를 입어 심각한 갈등하거나 용서할 힘을 잃어버리게 될 수 있는 것이다.

정서적인 장애를 겪는 사람들은 대부분의 경우 어린 시절에 자신의 보호 경계가 무시되거나 자주 침해를 받는 경우가 많다. 신체적인 학대나 성적인 학대는 명백하고 심각한 침해이며, 부모가 자녀의 허락을 받지 않고 행하는 모든 일들에 의하여 무시당할 수도 있다.[11]

성장기에 자아 보호 경계를 침해당하지 않는, 즉 사랑의 환경 속에서 자신의 위치를 찾고 고유한 개개인으로 성장하는 것은 건강한 성인으로서 다른 사람과 관계하는 능력인 유연성에 매우 중요한 영향을 끼치는 것이다.

유아 때에는 자아 경계가 전혀 없다. 부모와 자기를 구분하지 못하며 하나인 것처럼 느낀다. 그러나 점차 자라면서 자신이 분리된 독자적 존재임을 느끼며, 비로소 '나' 라는 경계가 생기기 시작한다. 2~3세쯤 되면 자기 힘의 한계와 외부 환경과의 관계에 타협하면서 자아 경계가 발전하게 된다. 아이는 자신의 무력함을 알게 되지만, 몇 년간은 전능한 환상의 세계, 즉 수퍼맨과 요술공주의 세계로 도피한다. 그러나 청소년으로 성장하면서 수퍼맨의 환상을 버리고, 자연스럽게 자신의 제한된 능력을 인정하게 되며, 자신의 한계성 때문에 타인들로부터 고립되어 있음을 느껴 외로움을 느끼게 되는 것이다.[12]

그러다가 사랑하게 되면 자아 경계를 과감하게 무너뜨리고, 연인의 자아 영역과 하나가 되는 일체감을 느끼며, 사랑하는 사람과 자신은 '하나'라고 하여 더 이상 고독하지 않게 되는 것이다. 뿐만 아니라, 사랑하는 사람과 함께라면 모든 장애를 극복할 것이라고 믿는다.[13]

그러나 서로의 자아 경계에 충돌을 경험하면서 비현실적인 환상에서 깨어 가고, 다시 서로 떨어진 두 개의 개체가 되며 갈등을 겪게 되는 것이다.

이러한 자아 경계의 충돌은 부부 관계에서도 지속적으로 일어나 끊임없이 갈등하게 만드는 것이다. 부부간의 밀착은 한 쪽이 갈등을 겪게 될 경우 상대방에게 그대로 전염되어 상처를 주고 입히게 되어 있다. 행복한 생활을 위하여 각자의 자아 보호 경계를 정하는 것은 매우 중요한 것이다.

우리가 상처를 입고 고통을 겪게 되는 무의식적 행동인, 자아 보호 경계를 무너뜨리고 상대방과 하나가 되려는 시도는 우리의 외로움과 고독을 없애 주고 행복감을 느끼게 하는 요소이지만, 그것은 아기가 자신을 어머니와 하나로 느꼈던 시절로 돌아가는 것이다.

주변의 사람들과의 친밀함을 위하여 자신의 자아 보호 경계를 무너뜨리는 미성숙으로의 퇴행은 도리어 모든 대인 관계에서 장애와 갈등을 가져오게 하고 마침내 돌이킬 수 없는 상처를 받게 만드는 시발점이 되는 것이다.

당신은 헌신적으로 당신의 주변 사람을 섬기고 밀착된 관계를 갖으려고 노력하다가 좌절감을 겪고 있지 않은가?

실제로는 "아니오."라고 말하고 싶으면서도 다른 사람들에게 "예."

라고 말하는 경우가 정기적으로 있지 않는가? 당신은 다른 사람들이 그들의 문제를 가져올 수 있는 사람으로 나를 바라보기 때문에 부담을 느끼고 적개심을 갖게 되는 경우가 있지 않은가? 종종 다른 사람들의 감정이 마치 내 것인 것처럼 느껴지는가? 당신은 객관적인 입장으로 물러나 있을 수 없는가?

만일 그렇다면 당신은 자아 보호 경계를 재형성할 필요가 있다. 건강한 자신을 위하여 자아 보호 경계를 정하라!

나는 신의 손에 쥐어진 몽당연필입니다. 그분이 모든 일을 그려 나갑니다. 그러나 그것은 참으로 어려운 일입니다. 당신도 그분이 언제 어디서라도 당신을 사용할 수 있도록 그분 손에 쥐어진 작은 도구가 되십시오. 내 외모를 생각해 보면 형편없어 보이는 몽당연필입니다. 그러나 그분은 당신 자신의 화폭에 어떤 명화를 그릴지 아무도 모르는 일입니다.

– 마더 테레사 수녀

3 . 왜곡된 신념을 바꾸어야 산다

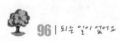
생각을 바꾸면

구미에 소재한 폴리에스테르 필라멘트 원사를 생산하는 섬유 공장을 견학한 적이 있다. 정문을 들어서면 한눈에 들어오는 본관 현관 위에 이렇게 쓰여진 문구가 있다.

"생각을 바꾸면 비전이 보인다!"

이 말은 이렇게도 바꿀 수가 있다.

"생각을 바꾸면 희망이 보인다!"
"생각을 바꾸면 해결이 보인다!"

이것은 생각이 정서를 좌우할 수 있다는 말과도 같은 의미를 가진다. 사람의 정신 작용 중에서 중요한 두 가지는 생각과 감정이다. 우리가 힘들다고 느끼거나 전문적인 도움을 찾게 되는 이유는 주로 감정이 고통을 느낄 때이다. 그러나 이러한 정서의 문제는 생각하기에 따라 다르게 받아들여져 감정도 이에 따라 달라질 수 있는 것이다.

우리가 경험하는 부정적인 일이나 갈등을 어떻게 해석하고, 또 그것에 대하여 어떻게 반응할 것인가?

우리의 감정과 행동은 경험을 해석하는 방식에 따라 달라질 수 있다. 정서적인 고통과 대인 관계에 대한 갈등, 좌절감, 자살 생각 등 불건전한 삶의 태도를 가져오게 하는 왜곡된 사고를 바로잡고 감정에 대한 통제력을 회복하는 것은 사고 방법을 전환함으로써 가능하다.

과거의 상황은 변화시킬 수 없다. 그러나 그것을 해석하는 사고의 방법은 얼마든지 새롭게 할 수 있다. 우리는 '해야 한다'고 느낄 때마다 잠시 멈추고, 왜 그래야 하는지 묻는 습관을 길러야 한다. 비평적인 사고 습관이 우리의 삶을 건강하게 하기 때문이다.

얼마 전, 학창 시절에 왕따를 겪었던 한 청년을 만났다. 몇 번의 자살 기도가 있었으나 실패하고 스스로를 '사이코(psycho)'라고 소개하는 인호(가명, 24세)이다.

"그냥 죽고 싶습니다. 어릴 때부터 부모에게 맞고 자랐고, 학교 다닐 때는 집단 따돌림으로 이어졌습니다. 지금도 계속 사람들과 제대로 관계가 이루어지지 않고 있습니다. 지금까지 나를 보호하는 길은 아무도 믿지 않고 사는 길뿐입니다."

"정말 너무 힘들었겠군요."

"네, 늘 가슴이 터질 듯하고, 혼자 이기기 어려운 우울함과 좌절감, 고통

이 밀려오면 언제나 술을 마십니다. 술이 유일한 나의 쉼터입니다. 술 없이
는 견디지 못합니다."

"가슴이 아프네요. 술 없이는 못 견디나요?"

"술이 나의 유일한 친구입니다. 아무도 내 얘기를 들어주지 않는 이 가혹
한 세상에 나는 너무 지쳤습니다. 나를 짓누르는 것은 죽고 싶은 마음뿐입
니다. 몇 번 자살하려다가 실패해서 바보 같은 짓이라는 것을 알기에 한번
더 나를 자제시키고 술로 잠시나마 괴로움과 싸워 보려는 것입니다."

"그렇군요. 그런데 왜 그렇게 괴롭다는 생각이 드나요?"

"모든 일에, 모든 사람에게 능력있게 잘해야만 하는데 내가 병신 같다는
생각을 합니다. 그래서 이렇게 언제까지 살 수 있을까 하는 막연한 생각만
하며 비참하게 삽니다."

"완벽하게 잘해야만 한다는 것인가요? 왜 그래야 하죠?"

"내가 잘못을 하고 실수해서 엄마로부터 매를 많이 맞았고, 학교 생활도
잘 해내지 못해 왕따를 당했습니다. 지금도 모든 일을 잘 해내야만 하는데,
저는 그렇지를 못해요. 나는 모든 것을 잃었습니다. 육체만 살아 있지 정신
은 이미 죽은 상태나 마찬가지입니다. 나를 잡아 주는 무언가가 이 현실 속
에는 아무것도 없습니다."

"지금 잡아 주는 것이 없다는 것은 무슨 뜻이죠?"

"모든 사람이 다 나를 피하는 것 같아요. 아무도 내 얘기를 들어주는 사
람이 없구요."

자신에 대한 다른 사람들의 행동을 과거의 상처 경험에 의해 부정적
으로 왜곡된 해석을 함으로써 감정에 대한 통제력을 상실한 전형적인

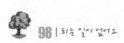

정서적 장애를 겪는 경우이다.

1) 인식의 전환

비합리적 사고

바로 앞에서 만난 '인호' 군의 경우처럼 우리가 겪는 심리적 갈등이나 정서적인 문제는 그 사건을 해석하고 받아들일 때 갖는 비합리적 생각이나 신념에 있기 때문에 이것을 바꾸어 주어야 한다.

만일 당신이 길을 가다가 안면이 있는 어떤 사람을 만났으나, 인사를 해도 그 사람이 아는 척을 하지 않았다면 어떻게 반응하겠는가? 대부분의 건강한 정서적 사람들은 '그 사람이 매우 바빴을 것이다.' 또는 '나를 못 보았나 보다.' '어떤 사정을 있을 것이다.' 라고 생각하게 될 것이다.

그러나 정서적인 장애를 겪고 있는 사람들은 '내가 뭘 잘못해서 그 사람이 피하고 있나?' '나를 무시하는 것 같다.' '나에게 무엇인가 해를 끼치려는 것이 있어 나를 피하는 것이다.' 라는 반응하게 된다.

이것은 단순히 상대방이 답례하지 않은 것을 자기 나름대로 생각하면서 기분도 전혀 다르게 느끼고 있다는 잘 보여 주고 있다. 생각에 의해서 좌우되는 것은 감정뿐 아니라 행동과 신체의 생리적인 반응도 있다. 위의 사례에서 만일 나를 상대방이 싫어한다고 생각하게 되면 그 사람을 피하게 되고(행동), 가슴이 답답하게 막히거나 잠이 오지 않는 신체적인 반응이 생기기도 하는 것이다.

이처럼 어떤 일에 대한 인식의 방법은 정서 문제의 핵심적인 요소로 작용하며, 비합리적인 역기능적 사고는 정서 장애의 중요한 요인이 되는 것이다.

일상생활에서 우리는 여러 종류의 부정적인 자동적 사고를 하고 있다. 이러한 부정적인 자동적 사고 과정은 무의식적으로 습관화되어 있어 순간적으로 진행되기 때문에 쉽게 인식하지 못할 수 있다. 그래서 부정적인 사건 때문에 우울해지고 고통스럽다고 생각하나, 실제로는 비합리적인 부정적 자동 사고에 의해 우울하게 되는 것임을 기억해야 한다.

새로운 관점으로의 변화

우리가 세상을 보는 방식은 개개인의 관념, 지각, 시각에 의하여 인식한 사실을 자신이 가지고 있는 합리적, 또는 비합리적인 준거틀에 비추어 해석하고 감정과 행동에 영향을 미치게 된다. 새로운 인식으로의 전환은 인식의 비합리적인 제약을 받는 정도가 큰 사람일수록 더욱 강렬한 '아하' 의 경험을 한다. 이것은 마치 캄캄한 밤에 전등이 갑자기 켜지는 것과 같은 것이다. 이러한 인식의 전환은 태도와 행동의 원천이 되고 궁극적으로는 대인 관계의 근원이 된다.

스티븐 코비(Stephen R. Covey)는 그의 책, 『성공하는 사람들의 7가지 습관』에서 다음과 같은 예를 제시하고 있다.

뉴욕의 지하철에서 어느 일요일 아침, 지하철을 탄 사람들은 조용히 앉아서 신문을 읽거나 생각에 잠겨 있거나 또는 눈을 감고 쉬고 있는 상황이

었다. 전체적으로 매우 조용하고 또 평화스러운 장면이었다. 그런데 다음 정거장에서 한 중년 남자와 그의 애들이 탑승한 순간, 아이들은 매우 큰 소리로 떠들고 제멋대로여서 전체 분위기가 금방 바뀌었다. 아이들과 함께 탑승한 그 남자는 두 눈을 감고 이러한 상황에 전혀 신경을 쓰지 않는 듯이 보였다. 아이들은 앞뒤로 왔다갔다 하면서 큰 소리로 말하고, 물건을 팽개치고 심지어는 어떤 사람이 읽는 신문을 움켜잡기까지 하였다. 매우 소란스런 분위기였다. 거의 모든 승객들은 짜증을 내고 있음을 쉽게 알 수 있었다.

마침내 옆의 한 사람이 이 남자에게 이렇게 말했다. "선생님! 아이들이 저렇게 많은 손님들에게 폐를 끼치고 있습니다. 이 아이들을 어떻게 좀 조용하게 할 수는 없겠습니까?" 그때야 그 남자는 마치 상황을 처음으로 인식한 것처럼 눈을 약간 뜨면서 다음과 같이 힘없이 말했다. "당신 말이 맞군요. 저도 뭔가 어떻게 해 봐야겠다고 생각합니다. 그런데 사실 지금 막 병원에서 오는 길인데, 한 시간 전에 저 아이들의 엄마가 죽었습니다. 저는 앞이 캄캄해서 무엇을 어떻게 해야 할지 모르겠고, 아이들 역시 이 일을 어떻게 해야 될지 막막한 것 같습니다." 함께 이 말을 들은 승객들은 갑자기 상황을 다르게 보기 시작하였고, 다르게 느끼게 되었다.

모든 사람들의 마음은 온통 이 사람이 가진 고통으로 가득 채워졌고, 짜증은 사라지고 도리어 동정심과 측은한 느낌이 자연스럽게 넘쳐 나오게 되었다.[14]

어떤 변화가 일어났는가? 상황이 바뀌었는가? 아니다. 환경은 아무 것도 바뀌지 않았다. 다만, 사건을 바라보는 시각만 바뀌었을 뿐이다. 그 결과 정서와 행동에도 그 영향은 새롭게 나타나게 되는 것이다. 우리가 고통받는 것은 사건 그 자체 때문이 아니라, 사건에 대해 지니는 인식 때문이라는 사실을 우리는 분명히 알 수 있다.

이처럼 생활의 사건을 잘못 해석하는 인지적 오류는 대부분의 경우 사실을 현저하게 왜곡하고 과장하여 정서적인 장애를 일으키기에 새로운 관점으로의 변화를 시도하는 것은 매우 중요하다.

비교인식

비합리적 사고의 변화를 위한 인식의 전환은 사건을 어떻게 바라보는가에 대한 문제이다. 사람은 대부분이 '나'를 비로소 의식하게 되는 어린 시절의 자아의식 형성기 때부터 다른 사람과 비교하여 받아들이는 상대적 성향을 지니게 된다. 점차로 성장해 가면서 이 상대적 성향은 비교의식으로 무의식 속에 자리하게 된다.

이렇게 형성된 비교인식은 모든 일과 경험에 대하여 타인과 끊임없이 비교하여 해석하게 되는데, 상대적으로 덜 가졌거나 또는 상대와 비교하여 떨어지거나 못한 경우 자기비하와 열등의식을 갖게 되어 자신에 대하여 부정적인 신념을 갖게 하고 낮은 자존감 형성의 원인이 되는 것이다.

예를 들어, 상대방과 비교하여 자신의 신체에 결함이 있거나 경쟁에 뒤지게 된다면 당신은 자기비하의 감정을 경험하게 될 것이다. 외모적으로 타인과 비교하여 잘생기지 못했거나 성격이 다른 사람보다 모가 난다는 인식이 느껴지는 순간 외모와 성격에 대한 열등감을 느끼게 되고 부정적이 되어 자기 파괴적이 된다.

이처럼 비합리적 신념은 상대적 비교인식에서 기인하며, 무서운 고통으로 자신을 몰아가게 된다. 이러한 예로 성서에 흥미 있는 이야기가 소개된다.

이스라엘 민족이 이집트에서 400년의 종살이를 마치고 모세의 영도 하에, 그들의 마음속에 가지고 있는 아름다움 이상의 젖과 꿀이 흐르는 땅 가나안을 향한 여정을 떠나게 된다. 그들은 마침내 약속의 땅에 근접하게 도착하게 되어 열두 명의 첩보대를 조직하여 그 땅을 탐지하도록 했다. 정탐의 임무를 마치고 돌아온 열두 명 중에 여호수아와 갈렙이라는 사람을 제외한 대부분의 사람들인 열 명은 이렇게 결과보고를 한다.

"거기에서 우리는 강대한 아낙 자손 대장부들을 보았다. 그들에 비하면 우리는 스스로 보기에도 메뚜기 떼와 같다. 아마도 그들이 보기에도 틀림없이 그와 같았을 것이다."

그들은 탐지한 경험을 비교인식에 의하여 해석하므로 자신들을 메뚜기 떼로 여겼고, 그들은 두려움에 가득 차 있었다. 결국, 탐지대원들로부터 이 이야기를 들은 백성들은 좌절감에 빠져 통곡하기 시작했고, 지도자를 비방하며 상처를 입히기 시작했다. 이스라엘 백성들은 약속의 가나안을 정복하지 못하게 되고, 40년간 사막에서의 광야 생활을 시작하며 고통을 겪게 된다.

이 성서의 이야기는 무엇을 시사하는가? 성취의 약속이 되어 있는 일일지라도 비교인식에 의하여 부정적이고 비합리적인 해석을 경험하게 되면, 자기 이상은 파괴되고 파멸로 이끌어 가는 고통을 겪게 된다는 것이다.

당신이 의식하지 못할지라도 마음속에 내재되어 있는 비교의식을 살펴보라. 다른 사람과 비교하는 인식을 통하여 생겨난 원망, 열등감, 자기 비하감, 피해의식, 잘못된 가치관과 신념 등 정서 장애의 고통을 가져오게 하는 부정적인 사고를 새로운 관념으로 바꾸어야 한다.

창조적 사고

비합리적인 사고로 모든 관계에 갈등과 고통을 겪게 만드는 비교인식을 어떻게 새로운 인식으로 바꿀 수 있을까? 사람은 대부분이 왜곡되게 생각하려는 생리적, 문화적 경향을 갖고 있어서 자신이 스스로를 방해하며, 왜곡된 신념을 만들어 계속 방해받도록 만드는 경향을 갖고 있다. 그러므로 근본적인 인식 구조의 변화가 필요하다.

새로운 인식은 철저하게 객관화된 관념이어야 한다. 모든 경험과 해석을 객관화시키는 인식이란 어떠한 것을 새로 만든다는 의미의 '창조적 사고'가 바로 그것인 것이다.

창조적 인식! 이것은 앞에서 언급한 비교인식과 정반대의 것이다. 예를 들어, 만일 당신이 외모의 문제로 다른 사람과 비교하여 못생겼다는 인식을 했다고 하자, 비교인식은 당신으로 하여금 열등감에 빠지게 할 것이다. 그러나 창조적 인식은, '이 세상에는 나같이 생긴 사람은 나 하나밖에 없다!' '나는 미인은 아닐지라도 나만의 개성을 가진 독특한 창조물이다!' 라고 해석하는 것이다. 또 상처 입히는 사건이 일어났다고 하자, 비교 인식은 '왜 나에게만 이런 일이 일어났는가?' '하필이면 왜 나인가? 왜 나만 당해야 하는가?' 라고 받아들여 불행 감정을 갖게 하고 피해의식에 젖어 고통당하게 될 것이다. 그러나 창조

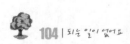

적 인식은 '다른 사람에게는 그의 길이 있고, 내게는 나만의 길이 있다. 이 일은 나의 길에 필요한 아픔이 될 것이다. 그리고 마침내는 선을 이루는 지름길이 될 것이다.' 라고 해석하여, 고통을 직면하고 좌절감을 이겨내게 하는 원동력이 될 것이다.

창조적 사고는 모든 것을 새롭게 인식하고 새롭게 해석하도록 만든다. 부정적으로 인식하는 것이 습관화되어 자동적 사고 과정이 일어난다 할지라도 의식적으로 창조적 사고를 선택하고 창조적으로 해석하는 것은 당신의 자유이다.

'생각이 행동을, 행동은 습관을, 습관은 인격을, 인격은 우리의 운명을 좌우한다' 라고 언급한 사무엘 스마일스의 말처럼, 일생의 행복한 삶을 위하여 행동과 습관을 좌우하는 창조적인 생각으로 바꾸어 모든 것에 새롭게 해석하도록 해야 할 것이다.

2) 인지 재구조화하기

인지삼제

우울증이나 자살 생각을 가져오는 부정적인 습관과 태도는 왜곡된 사고에서 출발하므로 이 장에서는 인지 치료적 관점에서 인지 구조의 재구성을 시도해 보자.

인지 치료의 주창자인 베크(Aaron T. Beck)는 인지적 구성 요소에 대하여, 부정적인 사고가 자아와 미래 그리고 주변 환경의 독특한 세 가지의 사고 패턴을 가지게 한다고 보았는데, 이것을 인지삼제(cognitive triad)라고 한다. 이러한 인지적 구성 요소가 정서에 미치는 영향은 아래의 그림과 같다.[15] 아무리 강렬한 고통과 좌절의 감정일지라도 부정적인 인지의 구조를 바꾸면 다스릴 수 있는 것이다.

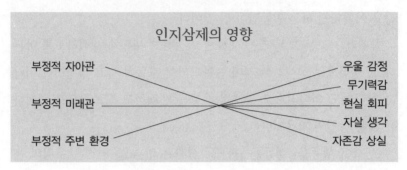

인지삼제의 영향

부정적 자아관 ─── 우울 감정
무기력감
부정적 미래관 ─── 현실 회피
자살 생각
부정적 주변 환경 ─── 자존감 상실

A-B-C 이론

혼란된 정서적 결과를 직접적으로 일으키는 부정적이고 비합리적인 신념들을 변화시킬 수 있도록 하기 위하여, 논박과 대안을 제공하여 합리적인 신념에 도달하도록 도와주는 것이다. 인지 치료에서는 이것을 A-B-C 이론이라 부른다.

성격의 A-B-C 이론[16]

A(감정 사건 유발) → B(사고, 신념) → C(정서, 행동 결과)
                        ↑
D(논박) → E(효과) → F(새로운 감정)

여기에서 A는 선행 사건(antecedent events)이고, B는 선행 사건에 대한 사고 내용 또는 신념(beliefs)이며, C는 결과적인 감정(consequent

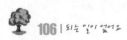

emotion)을 말한다.

일상생활에서 우리에게 우울하고 괴로운 감정이 느껴질 때, 생활 사건과 우울한 감정 사이에 개입된 생각이 어떠한 것인지 먼저 살펴보자.

예를 들어, 당신이 실직을 당했다고 가정해 보자. 이제 몇 번이고 다시 새로운 직장에 지원하였는데, 지속적으로 거절을 당하고 있다면 아마도 당신은 심한 우울감과 무력감에 빠져 '다들 잘 되는데 왜 나만 안 되는 것일까?' '역시 나는 무능한가 보다.' '나를 아는 주변 사람들이 비웃을 것이다.' '나는 폐인이다.' 하는 생각에서 헤어나기 힘들 것이다.

그러나 분석해 보자. 선행 사건(A)은 실직하여 지속적인 취업 지원에 대한 실패이다. 여기에 대한 사고 내용(B)이 바로 위에 제시한 생각들이다. 그 결과적인 감정(C)은 우울 감정이나 행동 위축, 두려움, 좌절감 등으로 나타날 것이다.

이러한 부정적인 사고 내용에 적극적으로 논박을 해 보자. 이제, 다음과 같은 질문으로 스스로에게 논박해 보라! 만일 누군가 옆에 제삼자가 있다면 더욱 좋을 것이다. 그가 심리학이나 상담학 전공한 사람일 필요는 없다. 그저 경청하는 자세만 있으면 된다. 그에게 객관적인 입장을 견지하며 논박으로 중재해 달라고 부탁해 보라.

"그것이 정말 그렇게 절망적인가?"

"그것이 정말로 화낼 만한 일인가?"

"그것이 누구의 생각이냐? 당신의 느낌인가 아니면 정말 사실이 그런가?"

"어떻게 원하는 대로만 되는가!"

"네가 생각하는 악조건의 상황이 실제로 일어난다고 해도 정말로 그것이 절망적인 것인가?"

당신의 비합리적인 인지 구조가 재형성되도록 이상과 같은 객관적인 논박의 질문을 던져 부정적인 사고 체계에 대한 도전을 해 보라!

긍정적인 사고로 전환하기

세상의 모든 것들은 실체와 그림자가 함께 공존하듯 동전의 양면처럼 상반된 모습을 같이 지니고 있다. 그러나 우리가 상처와 충격을 입게 되는 경우, 긍정적인 모습보다는 부정적인 면이 확대되어 보이게 되는 것이다. 그래서 마침내는 자신과 세상의 모든 관계에 대하여 비관적인 생각을 하게 되는 것이다.[17]

만일 당신이 앞에서 제시한 객관적인 논박을 거쳤다면 생각이 편협했다는 것을 느끼게 될 것이다. 다음은 부정적인 사고에 대한 긍정적인 대안을 찾아보는 것이다. 그러나 정서적인 장애 상태에 있다면 긍정적인 생각을 찾아내기가 어려울 것이다. 만일 그렇다면 당신을 도울 수 있는 상담가나 우울 감정에 젖어 있지 않은 동료를 찾으라.

여기에서 말하는 긍정적인 사고란 현실적이고 합리적인 생각을 말한다. 이것은 현실 상황의 긍정적 측면과 부정적 측면을 균형 있게 고려한 객관적으로 해석하는 생각이다.

이때 주의할 것은 무조건 긍정적으로 생각해서는 안 된다는 것이다. 긍정적 사고는 개개인이 처한 상황에서 '발견'하는 것으로 상황에 따

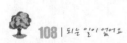

라 얼마든지 달라질 수 있으며 정답이 정해져 있는 것이 아니다.[18]

앞에서 제시한 실직의 경우를 예를 들어 대안을 발견해 보자. '계속 취업이 안 되면 실직자가 되어 폐인이 되는 것은 아닐까?' 하는 생각으로 인하여 위축되어 있을 것이다. 이러한 생각에 대한 긍정적 사고는, '설령 계속 취업이 안 된다고 해도 인생이 끝나는 것은 아니다!' '힘들고 어렵더라도 아주 작은 규모의 직업을 갖는다고 패배자가 되는 것은 아니다!' '그것은 내 자격지심에 그렇게 느껴지고 생각하는 것일 뿐이다!' '비웃으면 어떤가! 최선을 다했다면 그것이 중요한 것 아닌가!'

수긍할 수 있는 긍정적 사고를 찾아냈다면 대체하려는 계속적인 노력이 필요하다. 이것은 한두 번 한다고 되는 것이 아니다. 넘어져도 계속 일어나는 오뚜기처럼 반복적인 노력을 기울여야 한다.

이러한 반복적인 노력은 당신의 인지 구조를 재구성하게 하여 당신의 자아에 대한 관념과 미래 그리고 주변 환경에 대하여 새로운 희망의 빛을 제시할 것이다.

3) 완벽주의의 신념 깨뜨리기

절망적인 상황에 처하여 정서적인 문제를 겪는 경우, 또는 우울증의 고통을 겪는 경우에는 부정적인 생각이 신념화되어 자신이 처한 상황에서는 어느 누구라도 자신과 같은 생각을 할 수밖에 없으며 다른 생각은 고려할 여지가 없다고 확신한다. 그러므로 자신의 부정적 사고에 대하여 아무리 논박을 가해도 자신의 생각이 정당하다는 생각을 하게 된다. 이렇게 견고하게 신념화된 경우에는 부정적 신념을 어떻게 깨뜨릴 수 있겠는가?

당위적인 신념

모든 사람들은 누구든지 여러 가지 기대를 가지고 살아가고 있다. 그러나 기대 조건이 충족되지 않으면 불행하게 느끼게 되고 불만족 가운데 살아가게 된다.

정서적인 문제를 겪는 사람은 현실 속에서 충족되기 어려운 기대와 당위적 신념을 가지고, '나는 … 해야만 한다!' 라고 생각한다. 대표적인 예로, '나는 실수해서는 안 된다!' '나는 남보다 더 우월해야만 한다!' 라는 당위적인 기대의 신념을 가지고 있다.

이러한 당위적인 신념은 실생활에서 이루어지지 않는 것이 대부분이다. 그러므로 실현되지 않기 때문에 현실 속에서 좌절을 경험하게 된다. 이처럼 좌절감으로 고통을 일으키는 당위적 신념의 실체를 찾아보면, 그것은 '완벽주의' 임을 알게 되어진다.

완벽주의 신념은 '반드시' '완벽하게' '해야만 한다' '해서는 안 된다' 라는 절대적인 형태를 가지고 있다. 그러나 우리의 현실은 그렇게 해낼 수 없기 때문에 성취하지 못할 때는 자괴감이나 죄책감, 절망감에 잡히게 되는 것이다. 그러므로 우울증과 자살 생각을 치유하기 원한다면 '반드시' '꼭' '완벽하게' '해야만 한다' 라는 경직된 완벽주의 용어 사용하는 것을 금해야 한다.

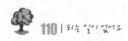

유연하게

이러한 완벽주의 신념을 깨뜨리는 것은 매우 어렵다. 그러나 계속되는 물방울이 바위를 뚫듯이 지속적으로 깨뜨리는 노력을 시도해야한다. 그것이 깨뜨려져 유연하고 융통성 있는 신념으로 변화된다면 성공인 것이다.

완벽주의 신념을 유연하게 깨뜨리기 위하여 지속적으로 다음과 같은 질문을 반복하여 계속 던져라.

"과연 그런가?"
"정말 그게 사실인가?"
"정말 그렇게 해야만 하는가!"

이렇게 반복되는 질문과 함께 그것이 실현 가능한 것인지, 합리적인 것인지 살펴보아야 한다. 정당성을 살피며 진지하게 반복하는 질문은 자신의 신념 체계를 돌아보게 하고, 유연하게 변화하도록 권유하는 신호가 될 수 있다.

반격하기

정서적인 장애의 상태는 병적인 영향력이 지나치게 강력해진 상태이다. 그러므로 정서적 고통을 겪는 경우 자기비하의 부정적인 말을 많이 하게 된다. 이때 부정적 소리에 대하여 효과적으로 대처해야 할 필요가 있다.

이 방법은 가능한 한 큰 소리를 내는 것이 좋다. 제삼자의 참여는 매우 유익할 수 있다. 경청하는 법을 알고 건강한 대안을 제시할 수 있는 동료가 있다면 더 좋은 효과를 얻을 수 있다.

반격하는 방법은 간결하고 짧고 분명한 말로 강하게 감정을 담아서 공격해야 효과적이다. 일 예로, '바보같이 또 실수했어, 나는 늘 실수만 해.' 라는 부정적인 말에 '나도 사람이야! 실수 할 수도 있지!' 라고 강하게 반격한다.

반격은 가능한 한 다양한 내용으로 가해야 효과적이다. 예를 들어, '나는 부족한 사람이야.' 라는 부정적 완벽주의 사고 내용에 대하여 '아냐! 괜찮은 점도 많아!' 라고 하는 것보다 더 다양한 내용을 찾아 반격하는 것이 효과적이다. '너무 완벽하면 피곤해!' 라는 설득력 있는 다양한 표현이 더 파괴력이 있다.

이 방법은 집단을 구성하여 진행할 경우 더 강력한 효과를 발휘할 수 있다. 집단을 구성하는 경우에는 먼저 치유 대상자를 함께 분석하도록 한다. 그룹에 참여한 모든 사람과 함께 대상자의 정서적 문제들을 증상과 함께 자세히 의견들을 나눈 후, 원형으로 그를 중심으로 앉게 한다. 이때 치유 대상자 본인이 자신을 객관화시킬 수 있도록 자신 앞에 빈 의자를 놓고, 자신이 그곳에 앉아 있다고 가정하고 공격을 가하는 것이다. 이미 부정적인 사고 내용의 문제들이 충분히 논의되었다면 이제 그것들에 대해서 집중으로 반격을 가하는 것이다.

정서적인 고통을 겪고 있는 사람이나 우울증, 자살 생각 등을 갖고 있는 사람들은 자기 자신에게 '너는 안돼!' '너는 무가치한 사람이야!' '노력해도 소용없어 차라리 이 세상에서 사라지는 게 나아!' 라고 끊임없이 자신에게 부정적인 속말을 계속하고 있다. 이러한 속말에 대하여 강력하게 반격하지 않고 방치한다면 점점 더 심한 우울의 상태로 진행된다.

이처럼 우울증이나 자살 기도로 우리를 몰아갈 수 있는 견고한 완벽주의 신념이나 부정적이고 비합리적인 속말들에 대하여 강력하게 반격하는 것이 긍정적인 자아의 힘을 길러 주는 유용한 치유의 방법이 될 수 있다.

목적을 이룰 수 있도록 힘을 구하였지만,
겸손히 순종하기를 배울 수 있도록 약하게 만드셨습니다.

더 큰 일을 행할 수 있도록 건강을 구하였지만,
더 좋은 일을 행할 수 있도록 질병을 주셨습니다.

행복해질 수 있도록 부를 구하였지만,
현명해질 수 있도록 가난을 주셨습니다.

사람들의 칭찬을 받을 수 있도록 능력을 구하였지만,
하나님이 필요함을 느낄 수 있도록 연약함을 주셨습니다.

삶을 즐길 수 있도록 모든 것을 구하였지만,
모든 것을 즐길 수 있도록 생명을 주셨습니다.

제가 구한 것은 아무것도 얻지 못하였지만,
제가 소원했던 모든 것을 얻었습니다.

저의 부족함에도 불구하고 저의 무언의 기도를 응답해 주셨습니다.
저는 모든 사람 중에 가장 큰 축복을 받은 사람입니다.

— 어느 남부군 병사의 기도

제2장

치유의 실제와 성장

4. 자가 치유

   1) 깨어나기

   2) 슬픔의 치유

   3) 관상기도

5. 치유와 성장

   1) 성장하기

   2) 돌보고 지원하기

4. 자가 치유

치유될 수 있다

절망적으로 고통을 겪게 만드는 우울증이나, 자살 생각, 정서적 장애의 문제는 분명히 치유될 수 있는 심리적 문제이다. 치유는 자기 자신에 속한 자신만의 고유의 것이다.

정서적인 고통을 겪는 사람들은 적극적인 치료의 노력을 기울이지 않으려는 경향이 있다. 그것은 자신에 대한 자신감을 상실하고 미래에 대해서도 비관적으로 생각하기 때문이다. 그러나 그럴지라도 치유는 자신의 손에 달려 있음을 기억하라. 치유될 수 있다! 아팠던 만큼 성장하게 된다는 것을 잊지 말자.

자신이 가지고 있는 자유!

좌절감과 절망 가운데서 더 이상 자기 자신을 비난하고 자기 파괴적인 행동을 하는 것을 이제 그만 하자.

사람은 자신이 허락하지 않는 한 아무도 자신에게 절망적인 마음이 들게 할 수 없다. 어떤 사람들이 그렇게 함으로써가 아니라 자기 자신이 부정적으로 해석하기 때문에 정서적인 고통을 겪게 된다는 것을 잊지 마라.

"자신이 허락하지 않고는 아무도 자신을 비참하다고 느끼게 만들 수 없다!"는 루스벨트의 말은 얼마나 공감을 주는지 모른다. 어떤 일이 일어났는가 하는 것이 중요한 것이 아니다. 이미 일어난 그 사건에 대하여 어떻게 반응하는가 하는 것이 문제인 것이다.

『죽음의 수용소』라는 책이 있다. 제2차 세계 대전 당시, 참혹했던 아우슈비츠 강제수용소에 격리되는 절망적인 인생의 밤을 겪었던 사람의 고백이다. 그는 그곳에서의 굶주림과 추위, 중노동과 질병, 죽음의 공포의 처참한 상황에서 견디어 나가는 사람들은 고난의 의미를 깨닫고 살아야 할 이유를 선택한 사람들이었다는 것을 깨달았다.

그 사람이 바로, 의미치료법(logotherapy)을 창시한 빅터 프랭클 박사이다. 그가 모든 것을 다 잃었어도 빼앗기지 않은 것이 있었다. 그것은 고난에 대한 삶의 의미를 부여하고 그것을 선택하는 자유였다. 그것은 우리 모두가 갖고 있는 자유인 것이다.

우리는 신이 아니기에 사건 발생에 대한 선택은 할 수 없지만, 어떻게 반응하느냐는 선택할 수 있는 자유가 있다.

좌절감과 비관적인 생각에 의하여 이겨내기 위한 노력을 포기한 채 절망 상태에서 삶을 포기하려는 생각에서 일어서자. 그리고 스스로를 치유하는 여행부터 시작해 보자.

1) 깨어나기

예전처럼 지낼 수 있을까요?

항공기를 조종하는 파일럿(pilot)의 젊은 아내인 현숙(가명, 26씨) 씨가 찾아왔다. 그녀는 결혼한 지 3년이 지났으며, 출산한 지 몇 개월이 안 된 젊은 전업주부였다. 그러나, 그녀는 심각할 정도로 우울함으로 고통받고 있었고 남편과 이혼을 고려하고 있는 중이었다.

"저는 요즘 왜 사는지를 모르겠습니다. 짜증만 나고 밖에 나가는 것도 귀찮게 느껴지고 있습니다. 임신을 했을 때는 많이 울었고 답답해서 잠을 못 잘 때도 많았습니다. 그리고 밤새도록 눈물만 흘리기도 했었습니다. 아기를 낳고 나면 괜찮아지겠지라고 생각했는데, 아기를 낳고 나서는 짜증이 더 늘었습니다. 요즘은 남편과 성 관계도 잘 안 되고, 심지어 옆에 와 있는 것도 싫습니다."

"많이 힘들었겠습니다. 언제부터 그렇게 느꼈습니까?"

"결혼 초기에는 성격도 활발하고 그랬었는데, 지금은 무슨 일만 있으면 혼자서 '꿍' 하고 있습니다. 시댁이 가까워 시어머니께서 자주 저희 집에 오시는 편입니다. 그런데 시어머니께서 저를 무시하는 경향이 있습니다. 부부인데도 당신의 아들 편만 들고 모든 일에 저는 무시하는 것이 느껴집니다. 남편이 가끔 널어 놓은 빨래를 거두어 주는데, 한번은 늦게까지 빨래가 널려 있었습니다. 그 때, '너는 혼자서 그런 것도 못 하는 병신이냐?' 하며 심하게 저를 대했습니다."

"그랬어요? 정말 충격이 컸겠군요."

"그 이후로 계속 제가 이상해지고 있는 것 같습니다. 제 주변에 있는 사람들은 다 내 편이 아닌 것만 같고, 너무 외롭고 힘듭니다. 어떻게 해야 예전처럼 지낼 수 있을까요? 요즘은 정말 어디론가 멀리 떠나고 싶고, 다른 남자와 결혼해서 새롭게 살고 싶다는 생각이 들어 미칠 정도입니다."

"지금 이 순간은 무엇을 느끼고 있습니까?"

"정말 화가 납니다."

"저와의 만남이 그렇게 화가 납니까?"

"아뇨. 제 이야기를 하니 시어머니 생각이 떠올라서요."

"그러면 저와 만난 지금의 느낌은 어때요?"

"조금은 속이 후련합니다."

"그렇다면 실제로는 후련한데, 시어머니 생각에 지배당하고 있는 것이네요?"

그녀의 삶은 시어머니로부터 받은 상처의 충격이 모든 생활에 영향을 주고 있다. 인간의 감정은 일단 유발되면 우리의 지성이나 이성을 능가하여 행동에 영향을 미친다. 그러므로 머리에서는 '이래서는 안 되는데' 하는 논리적이고 이성적인 생각은 들지만, 실생활에서는 상처의 감정이 반복하여 떠올라 방해를 하게 되는 것이다.

위의 경우처럼 시어머니에게 말하고 싶었으나 말하지 못한 것이 해결되지 않고 남아 있는 경우, 그 문제들은 일상생활의 적응에 방해를 주고 마침내는 신체적, 심리적 장애를 일으키게 되는 것이다.

미해결 과제

앞의 현숙 씨는 "지금 이 순간에 느끼는 것은 무엇이냐?"고 묻는 나의 질문에 "화가 난다."고 대답을 하였지만, 그녀의 말은 실제로 그 순간에 신체적으로 느끼고 있는 감정과는 다른 모순된 것임을 우리는 보았다.

이처럼 우리는 어떤 대상을 인식할 때 우리에게 관심 있는 부분은 지각의 중심 부분으로 떠올리지만 나머지는 배경으로 보내고 있다. 이것은 마치 아침에 아내와 싸우고 출근한 남편에게 계속 아내와 싸우고 나온 일이 떠올라 회사 일에 집중할 수 없게 되는 것과 같은 것이다.

그러나 전경(前景)으로 떠올렸던 해결되지 못한 문제가 해소되고 나면 이것은 배경으로 사라지게 되지만, 해결되지 못했을 때는 사라지지 못하고 중간층에 남아 있게 된다. 이렇게 해결되지 않은 문제를 '미해결 과제'라고 부른다.

이러한 미해결 과제들은 계속 해결을 요구하며 전경으로 떠오르려 하기 때문에 다른 일상생활에 대한 감정들이 선명하게 되는 것을 방해하게 되는 것이다. 그러므로 해결되지 않은 과제들이 많아지게 되면 이것들은 누적이 되어 심각한 정서적 장애를 유발하게 된다.

미해결 과제는 하고 싶어도 할 수 없었던 것이나, 말하고 싶었어도 말할 수 없었던 것이 언제까지나 마음에 걸려 있는 것이어서 원망, 분노, 고통, 불안, 슬픔, 죄책감, 자포자기 등의 억압 감정으로 나타난다.

이것을 해결하는 훈련을 위해서는 과거의 사건을 '지금 여기(here and now)'로 끌어와 현재에서 경험하는 것처럼 그 대상에게 말하고 싶었던 것을 폭발적으로 감정을 실어 쏟아 버리는 것이 필요하다.

앞에서 만났던 현숙 씨의 경우, 시어머니에 대한 미해결 감정의 해결을 위하여 그녀 앞에 의자를 갖다 놓고, 그곳에 지금 시어머니가 앉아 있다고 가정하여 하고 싶었던 말을 감정을 실어 하도록 했다. 그녀는 처음에는 머뭇거렸으나, 이내 한에 맺힌 감정을 쏟아 놓기 시작하였다. 그리고 나서 다시 바꾸어 앉게 한 후, 시어머니가 되어 자신에게 하고 싶었을 속마음을 연상하여 말하도록 유도하였다.

그 결과, 해결되지 않았던 시어머니에 대한 상처의 감정이 해소되고 고통스럽게 했던 문제들로부터 자유롭게 되는 과정을 지켜볼 수 있었다.

이러한 과정은 스스로 얼마든지 실험할 수 있다. 만일 의자가 없는 경우라면 방석을 이용하는 것이 더 좋은 효과를 가져올 수 있다. 자기 자신 앞에 방석을 펼쳐 놓고 그 방석에 상처를 입힌 대상자가 '지금 여기에' 앉아 있다고 가정하고 실험해 보라.

분노가 풀리지 않는 경우에는 그 방석을 집어 상대를 때린다는 심정으로 앉아 있는 그곳을 두들겨 패라! 이때, 감정을 쏟아 붓는 표현이 중요하다. 표현은 과거의 그때가 아니라 지금 현재라고 연상해야 한다. 다음과 같이 시작해 보라.

"당신!(또는 ○○야!), 도대체 왜 그래요!"

가능한 한 분노가 섞인 큰소리로 하는 것이 효과적이다. 산에 올라가서 소리쳐도 좋다. 만일 마음을 나누고 경청해 줄 수 있는 동료가 있다면 그에게 함께 있어 줄 것을 부탁하고 그 앞에서 시행하라. 감정 표

현을 받아 줄 제 삼자가 있는 경우 훨씬 더 효과적인 경우가 많다.

치명적인 상처를 입어 우울증과 정서적 장애를 일으키고, 심각한 경우 신체적인 질병까지 생기며 도저히 용서가 안 되는 경우가 있다. 예를 들어, 성적인 상처를 입은 경우가 그런 예이다. 최근에는 역기능적 가정이 많아지고 있어 친부모나 의붓아버지 또는 가까운 친척 등에 의한 성폭행이 날로 증가하고 있는 실정이다.

이때는 더욱 격렬하게 상한 감정을 분출하는 표현이 필요하다. 빈 의자나 방석 또는 큰 인형을 앞에 가져다 놓고 상처를 입힌 분노의 대상자라고 심리적인 설정을 하라. 그리고 쌓인 상처의 감정을 지금 여기에서 살려내 느껴 보라. 이제 그 격한 감정을 그대로 표현하라. 욕을 퍼붓는 편이 좋겠다면 욕을 해야 좋을 수도 있다. 필요하다면 몽둥이를 준비했다가 분노의 대상자가 앉아 있다고 가정한 방석(의자를 사용할 경우에는 다칠 위험이 있으므로 유의해야 한다)이나 인형을 두들겨 패라. 이때, 함께 공감해 줄 수 있는 동료가 옆에 있다면 동참하여 공감해 줄 필요가 있다. 함께 참여하여 분노를 표현하는 사람은 동정하는 입장이 되어서는 안 된다. 실제로 자신이 당한 것처럼 그 사람 입장에서 표현해야 한다.

알아차림(awareness)

사람은 현재의 시간을 살아갈 때, 과거는 기억의 회상을 통하여 살아가고 미래는 희망 속에 기대하거나 염려하면서 현재 속에서 동시에 살아가고 있다.

성 어거스틴은 『고백록』에서 시간에 관하여 과거는 이미 지나갔기 때문에 지금에 없고, 미래는 아직 도래하지 않아서 역시 지금에 없으며, 있는 것은 오직 현재뿐인 것으로, 과거와 미래의 존재 근거는 의식에 있다고 보았다.

즉, 과거의 사실이 이야기될 때 그것은 기억으로부터 이끌어 내어지는 것이다. 기억은 지나가 없어진 과거의 사실 자체를 낳는 것이 아니라, 사실들이 감각을 거쳐 가면서 흔적으로 마음에 찍어 놓은 영상들을 현재 시간에서 보면서 이야기하는 것이다. 그것은 아직도 기억 속에 있기 때문이다.

그러므로 지나간 과거에 대해서는 더 이상 생각하지 않으며, 아직 오지 않은 미래에 대하여는 걱정하지 않고, 현재를 선물로 받아들이는 것이 치유의 기본적인 태도가 될 수 있는 것이다. 과거나 미래에 집착하는 것은 현재를 직면하지 않으려는 데서 비롯되기 때문이다.

모든 살아 있는 것들은 현재에 완전히 실존하고 있지만, 현재 눈 앞에 벌어지고 있는 현상들을 불완전하다고 보기 때문에 '지금-여기'를 떠나 관념적인 세계를 헤매 다니게 되고, 그 결과 실존을 상실하게 되는 것이다.

그래서 우리는 돌이킬 수 없는 과거의 일로 고통받거나 가까운 사람에게 상처를 주고 있는 것이다. 또한 아직 다가오지 않은 미래의 일을 염려하여 불안함을 느끼며 '행복한 현재'를 희생하며 살고 있는 것이다. 그러하기에 지금 여기에 있는 사랑하는 사람들과 함께 행복을 나누지 못하고 정서적인 장애를 겪으며 고통 속에 지내게 되는 것이다.

이러한 근거에 기인하여, 1950년에 독일의 정신과 의사인 프릿츠

퍼얼스(Fritz Perls)는 '지금-여기(here & now)'라는 단어를 사용하여 실제의 감정을 재생시켜 치유와 성장을 가져올 수 있도록 '알아차림(awareness)'이라는 이론을 제시하였다.

알아차림이란 현재 자신의 안과 밖에서 무슨 일이 일어나고 있는지를 아는 것이다. 알아차림이 깊어지면 그것이 일어남과 유지됨과 사라짐을 그대로 볼 수 있게 되며, 과거의 상처로부터 유발되는 고통의 집착으로부터 벗어나게 된다. 그러므로 언제 어디서 무엇을 하든 자신이 하고 있는 일에 대해 진실로 깨어 있어야 한다.

이제 이 원리를 적용해 보자.

먼저, 편안하게 눈을 감은 자세로 명상의 시간을 가져라. 그리고 자신의 현재의 욕구와 감정이 무엇인지를 느낄 수 있도록 집중해 보라. 오직 지금 이 순간에 대하여 집중하도록 해야 한다. 과거나 미래가 아닌 바로 지금 이 순간 나는 여기에 있다. 그리고 자신이 하고 있는 일에 마음을 모아 과거의 상념과 온갖 환상에 속지 않고 진실과 만날 수 있도록 지금-여기에 있어야 한다.

그리고, 과거에의 슬픔과 고통으로 인한 감정이 떠오르면 그것을 지금-여기로 가져와 느끼도록 하라. 이때, 현재의 순간에 깨어 있도록 하기 위해서 '왜(why)'라는 질문을 피하고 '무엇(what)' '어떻게(how)'라는 질문을 사용하라. '왜'라는 질문은 끊임없이 과거에 대해 머리로 생각하게 만들기 때문에 현재로 경험하지 못하도록 하기 때문이다.

그 다음에는 과거는 지나간 것이고 미래는 아직 오지 않았으므로 의미가 있는 것은 현재뿐이다. 그러므로 결정할 힘은 현재에 있는 것이다. 이제 현재의 이 순간을 선택해야 한다. 선택의 책임은 자신에게 있는 것이다. 현재의 것이 아닌 과거의 감정과 집착에 매여 있을 것인가?
아직 오지 않아 실존하지도 않는 미래를 계속 염려할 것인가?

　우리는 어떠한 일이 일어나는가 하는 것을 항상 선택할 수는 없다.
그러나 우리는 현재에서 그것에 어떻게 반응하는가는 선택할 수 있는
것이다. 어떠한 상황에서 부정적으로 반응하는 것은 '진짜의 나'가 아
니다. 대부분의 사람들이 '자동적으로 반응' 하는 습관을 가지고 있을
뿐이다. 이제, 오래된 그러한 습관을 버리고 지금−여기에 사는 새로운
습관을 선택하도록 노력하라. 노력에는 대가가 있다.

　어떤 주어진 환경 속에서 자신의 태도를 선택하는 것과 자신 스스로
의 길을 선택하는 것은 당신의 자유이다.

　이 과정의 핵심은 지금 우리가 경험하는 것과 행하고 있는 것은 무
엇이든 그에 대한 선택의 책임이 자신에게 있다는 것을 인식하도록 돕
는 데 있다. 이것은 또한 그 어느 누구도 우리로 하여금 어떤 방식으로
느끼거나 어떤 특정한 행동을 취하도록 만들 수는 없다는 것을 인식하
게 하는 것이기도 하다.

2) 슬픔의 치유

저도 제가 어떤지를 모르겠어요

　몇 년 전에 근무하다가 떠나온 곳으로부터, 40대 중반의 한 부인이
전화를 걸어 왔다. 이미 친숙하게 잘 알고 있는 사이인데, 전화 속의
목소리는 거의 울음에 차 있었다.

"저 좀 도와주세요. 저도 제가 어떤지를 모르겠어요. 얼마 전부터 집에 혼자 있으면 멍하니 있다가 눈물이 저절로 흐르고 잠자기까지 눈물이 너무 나서 멈출 수가 없어요. 또 걱정 안 해도 될 문제를 항상 걱정하고, 밥을 먹어도 소화가 제대로 안 되어 잘 먹지도 못하고 있습니다. 다른 사람들이 만나자고 해도 별로 만나고 싶지 않고 …. 도대체 왜 이런 것인지 모르겠습니다."

"무슨 일이 있었나요?"

"글쎄요. 특별한 일은 없어요."

"혹시 누군가가 견디기 힘든 상처를 주었다든지 …."

"그런 일도 없습니다. 도대체 왜 이런지 모르겠어요."

위와 같은 내용의 전화를 당신이 받았다면 어떻게 도울 수 있겠는가? 아니, 만일 전화를 한 그 사람의 증상이 당신과 동일한 것이라면 어찌하면 좋겠는가?

처음에는 약만 먹으면 낫는 심인성 질환이라 생각할 정도로 아무 징조도 없이 찾아왔다가 장시간 무력감과 절망의 고통에 빠지게 하고, 마침내는 죽고 싶은 충동에 시달리게 하다가 죽음에까지 이르게 하는 이러한 증상들은, 아무런 조치 없이 의식적인 방치 속에 더 깊어 갈 수 있다.

정서적인 고통과 장애는 감정과 생각의 심리학적인 상함과 생물학적인 조건의 불균형에 의해서 생기는 것이다. 지금까지 우리는 감정과 생각의 문제를 다루어 왔다. 여기에서는 생물학적인 불균형의 문제를 다루게 될 것이다.

인간의 몸은 수많은 신경 조직에 의해 통제되고 있는데, 모든 신경 조직은 두뇌로 집결되며, 두뇌에서 중추적인 역할을 하게 되어 있다. 이 신경 조직에 소통을 담당하는 생화학 물질을 신경 전달 물질이라고 하는데, 이 물질이 적정한 균형을 이루는 수준에 있을 때 우리는 좋은 것을 느끼고 안정감과 자신감을 느끼게 되는 것이다.

이러한 문제는 1988년 신경 물질의 하나인 '세로토닌'을 활성화할 목적으로 개발된 '프로작(prozac)'이 시판되면서 탁월한 치료의 효과를 보여 더욱 관심을 끌게 되었다.

정서에 영향을 끼치는 생화학 물질들

서로 다른 수십 가지의 신경 전달 물질이 존재하지만, 현대 의학은 어떤 신경 전달 물질의 부적당한 불균형이 정서적 장애의 한 원인일 것으로 지적하고 있는데, 그것이 바로 '세로토닌'이다. 이것은 뇌에서 분비되는 생화학 물질로서 기분을 고양시키는 역할을 담당한다.

의학 연구자들은 사람이 스트레스를 받게 되는 경우, 세로토닌이 급속하게 소진되며, 뇌 세포는 이를 보충하기 위하여 생성을 촉진하는 것을 밝혀내었다. 그러므로 장기적인 스트레스에 노출되는 경우 대부분 사람들은 침체에 빠져 정서적 장애에 무방비 상태가 되는 것이다.

그 외에도 사람의 정서에 영향을 미치는 호르몬이 몇 가지가 있는데, 첫째로는 '에스트로겐'이다. 이것은 흥분을 일으키는 주원인 호르몬으로, 발정기(estrus)라는 뜻의 이름을 붙인 것이다. 에스트로겐 호르몬은 뇌로 유입되는 혈류량을 증가시켜 기억력이 향상되게 만들며, 성행위나 음식을 먹는 원초적인 활동을 할 때 분비되는 '도파민'이라는

생화학 물질의 생성을 증가시켜 흥분을 일으키고, 세로토닌의 생성을 촉진하는 호르몬이다. 여성의 경우 이 호르몬은 생리와 배란 기간에 급격하게 감소하여 침울해지거나 짜증을 내거나, 불면증과 과식 및 폭식을 일으키는 주범이 되기도 한다.

또 다른 호르몬으로는 에스트로겐에 대항적인 작용을 하는 '프로게스테론' 호르몬이다. 이 호르몬이 증가하면 세로토닌이 감소되고 뇌혈류 속도도 감소된다. 그러나 이것의 증가는 잠을 잘 이룰 수 있도록 하는 숙면의 기능과 불안을 진정시켜 주는 진정제의 역할을 한다.

정서에 영향을 끼치는 또 다른 호르몬은 '테스토스테론' 이다. 이 호르몬은 성적인 욕구를 고조시켜 쾌감을 강화시키고 성행위 시 애액을 분비시키는 역할을 한다. 또, 기분을 고양시켜 피곤을 풀어 주고 불안을 진정시키는 역할을 담당한다. 다른 사람보다 상대적으로 이 호르몬의 수치가 높은 사람은 성적인 생각을 더 많이 하게 되고, 성적인 욕구가 강해서 자위행위나 이성의 접근에 적극적이 되기도 한다. 낮은 경우에는 배우자의 접근을 거부하기도 하며, 성행위에 흥미를 거의 보이지 않기도 한다. 그러므로 테스토스테론의 감소는 성욕의 감퇴, 기억력 장애, 피로감, 불면증, 체중 증가 증상을 겪게 한다.

그러나, 이러한 신경 전달 물질이나 호르몬의 증감과 상관없이 실생활에서 비극적인 생활 사건을 당하게 되면 고통과 슬픔은 찾아오고 정서적인 장애를 갖게 될 수 있는 것이다. 반대로 불균형 상태일지라도 실생활 속에서의 극적인 기쁨의 사건은 신체적 저하 증상을 건너뛰게도 할 수 있는 것이다.

약물 치료

이러한 생화학적, 생리학적 치료를 위하여 개발된 치료제들을 '선택적 세로토닌 재흡수 억제제(SSRI)'라고 부르는데, 최근에 개발되어 시판되고 있는 이 계열의 치료제들은 부작용이 거의 없고 우울증 치료에 탁월한 효과가 있어, 많은 사람들의 증상을 경감시켜 주는 데 도움이 되고 있다.

약물 치료는 생화학적인 불균형으로 인한 정서적 장애뿐만 아니라, 삶을 위협하는 형태의 심각한 정서적 장애의 사람들에게는 필수적이다. 약물 치료를 하는 사람들의 경우, 입이 마르는 등의 부작용 증세도 나타날 수가 있다. 그러나 전문의의 허락 없이 임의대로 약물을 바꾸거나 용량을 변화시켜서는 안 된다.

증상 완화와 치료를 위한 자연적인 방법들

생물학적인 원인으로 인하여 정서적 고통과 장애를 겪는 이들에게 현대 의학의 혁신적인 발전과 제약회사들의 연구 결과는 매우 반가운 일이다. 그러나 아직 심각한 고통을 겪고 있지 않은 많은 사람들의 경우, 약물을 복용하는 것을 꺼리고 있는 편이다. 특히 여성들의 경우 더욱 그러하다.

또 어떤 경우에는 비만 등 부작용을 우려하여 약물보다는 자연적인 해결책을 찾는 경우가 많이 있다.

이러한 저항감으로 최근 미국에서는 워싱턴대학교 간호대학 교수이자 전문 간호사인 마리아넷 브라운 박사에 의해서 펼쳐지고 있는 LEVITY 프로그램이 좋은 반응을 얻고 있는데, 밝은 빛과 빠른 걸음

의 운동, 비타민과 미네랄의 복용의 이니셜을 따라 명칭을 붙인 것이다.[19]

햇빛에 노출하기

밝은 빛이 치료 효과를 가져온다는 증거는 계절성 정동 장애를 겪는 사람들을 상대로 한 연구에서 나온 것이다. 현대 의학의 빛에 대한 몇 몇의 연구 발표는 10,000룩스('룩스'는 조도의 단위임) 정도의 빛을 발하는 인공 조명으로 계절성 우울증 환자들을 통하여 실험되었다.

광선 치료 후 치료 전과 치료 후의 세로토닌 수치 변화 측정을 위하여 혈액 샘플을 채취한 결과 항우울제를 투여한 환자들의 경우보다 약 2~3배 정도의 치료 효능이 나타났으며, 뇌 속의 세로토닌 분비도 상당히 증가하여 며칠 사이 기분이 훨씬 나아진 것으로 밝혀졌다. 뉴욕 사람들이 일광의 시간이 짧아지는 겨울에 마이애미로 놀러 가는 것을 오랜 전통으로 하고 있는 것도 이러한 연유이다.

현대인들은 속칭 '동굴인간'이라고 불릴 정도로 빛과 차단된 환경에서 지내고 있다. 아침에 집을 나서 승용차나 지하철, 버스로 옮겨 타고 직장의 건물로 들어가 하루 종일 일하기 바쁘다. 퇴근한 뒤에는 또다시 차량이나 지하철을 이용하여 집안의 동굴(?) 속으로 들어간다. 햇빛을 피하여 사는 현대인들의 생활 환경은 우울해질 수밖에 없도록 여건이 형성되어 있다.[20]

일반적으로 맑은 날에는 기분이 좋아지고, 흐리거나 비오는 날에는 슬퍼지거나 우울해지는 경향이 있다. 이것은 햇빛이 잠을 유발하는 호르몬인 멜라토닌 분비를 차단시키고, 대신에 기분을 고양시키는 세로토닌과 여러 가지 호르몬 분비를 촉진시켜 신진대사가 증가하게 만들기 때문이다.

보통 날씨가 맑은 대낮의 빛의 밝기는 약 100,000룩스 정도이고, 구름이 조금 낀 날은 약 30,000~70,000룩스, 구름 많은 흐린 날도 약 10,000룩스 정도이다. 날씨가 좋은 날의 응달은 약 10,000~20,000룩스 정도이다. 그러나 실내로 들어서게 되면 채광이 좋은 곳은 400룩스 가량이다. 대부분의 가정은 50~100룩스 정도이고, 전등을 다 켜도 200룩스 미만이다. 실내를 아무리 밝게 한다 할지라도 실외의 밝기와는 비교될 수 없는 것이다.

대낮에 충분한 햇빛을 쬐게 되면 어두운 밤이 되면 멜라토닌 분비가 활성화되어 숙면을 취하게 되며, 충분한 자연광에의 노출은 뇌혈류량을 증가시켜 머리를 맑게 해 주는 것을 양전자 방출 단층촬영(PET SCAN)이라는 첨단 기법을 통해 임상 연구가들은 밝히고 있다.[21]

대낮의 자연광에 대한 노출은 매우 중요하나, 반대로 밤에는 너무 밝은 빛에 노출되는 것은 바람직하지 못하다. 밤에 밝은 빛을 쬐게 되면 멜라토닌 분비의 상승을 방해받게 되어 숙면을 취하기 어렵게 된다. 일반적으로 사람의 몸은 대부분이 오후 9시 정도가 되면 정기적으로 멜라토닌 분비가 시작된다. 그러므로, 밤에 100룩스 정도의(실내 조명의 경우, 중간 정도의 밝기이다) 조명만 되어도 멜라토닌의 분비를 제어하게 되어 잠을 방해하게 되는 것이다.[22]

감사하게도 건강을 위하여 대낮에 햇빛을 쬐는 것은 전혀 비용이 들지 않는다. 무료 광선 치료인 셈이다.

집을 구입하게 되는 경우라면, 자연광에 대한 채광을 꼼꼼하게 따질

필요도 있다. 일하는 직장도 충분한 햇빛이 들어오는 곳에서의 작업
능률은 훨씬 높다.

유해 자외선 문제 햇빛을 찾아서 밖으로 나가고 싶으나 자외선 때문
에 꺼려하는 이들도 있다. 아쉽게도 눈에 유입되는 자외선의 양이
과다하게 되면 피부암이나, 시력 손상, 백내장 등의 피해를 입게 될
경우도 있다.

유해한 자외선 문제를 해결하는 가장 좋은 방법은 자외선이 차단되
는 안경을 착용하거나 선글라스를 착용하는 것이다. 다행스럽게도 최
근의 안경이나 선글라스들은 성공적인 자외선 차단 제품들이 많이 시
판되고 있다.

실내를 최대로 밝게 좀 더 획기적인 계획을 세울 수 있다면, 작은 창
문을 큰 창문으로 바꾸거나 한 쪽의 벽을 헐고 큰 통유리로 바꾸어
보라. 꽉 막혀 있던 한 쪽 벽면이 사철의 밖의 풍경이 다 보인다고
상상해 보라! 기분부터 달라지는 것을 느낄 것이다. 군에서 근무할
때 몇몇 부대의 지휘관 집무실을 그렇게 한 쪽 벽면을 큰 통유리로
교체하도록 건의를 했던 적이 있다. 실제로 교체한 후 부대장의 기
분이 달라짐으로 더 활기 있게 변하는 것을 보았다.

적당한 운동하기

적당한 운동이 정신 건강에 좋다는 것은 이미 모두가 주지하고 있는
사실이다. 그러나 이것을 잘 알고 있으면서도 어떤 운동도 하지 않는 사

람들이 많다. 특히 우울증을 앓고 있는 사람들의 경우는 더욱 그렇다.

임상 실험 결과에 의하면, 우울증이나 정서적 장애의 증상을 완화시키는 데는 숨가쁘게 조깅을 하거나 특수 장비를 구입하여 운동할 필요 없이, 30분 정도의 거리를 조깅과 산책 걸음의 중간 속도 정도의 빠른 걸음으로(이것을 '경보'라고 한다) 걸어갔다가 다시 돌아오는 정도의 운동이면 충분하다고 한다.

힘들게 뛸 필요가 없다. 가벼운 마음으로 30분 정도의 거리를 활보해 보자! 지루하거나 흥미가 상실된다면 코스에 자주 변화를 주어도 좋다. 이렇게 빠른 걸음으로 걷기 시작하여 30분쯤 경과하게 되면 심장 박동이 빨라져 뇌 혈류량이 증가하고, 뇌 속의 혈액 순환이 매우 빨라지게 되어 기분이 날아갈 것처럼 가벼워지게 되는 것이다.

미국에서 각광을 받고 있는 마리 아넷 브라운 박사와 조 로빈슨의 LEVITY 프로그램은 자연광을 받으며 매일 활기차게 걷는 것은 햇빛과 운동의 이중 효과를 본다는 것을 언급하고 있다.[23]

무리하지 않는 하루 30분 정도의 빠른 걸음의 적당한 운동을 한 달 이상 지속적으로 시행해 보라. 연구 보고에 의하면 1년 정도 지속할 경우 지방을 연소시키게 되어, 약 6kg 정도의 체중을 줄일 수 있게 되며, 심장병, 뇌졸증, 당뇨병, 고혈압 등의 발병을 현저히 줄여 줄 수 있다고 한다.

하루 30분 정도의 빠른 걸음걸이 운동이 이처럼 건강에 놀라운 혜택을 제공하고 정서적 우울함의 증상을 완화시키고 치유를 돕는다면 해 볼 만하지 않은가!

자! 이제 문을 열고 나가자! 그리고 매일 30분씩만 계속 걷자! 감사

하게도 돈이 전혀 들어가지 않는 치유법이다.

태양이 존재하는 밖으로 가자!

최근 TV 홈쇼핑 채널을 틀면 심심치 않게 접하게 되는 것 중의 하나가 러닝 머신 광고이다. 그만큼 건강에 대한 관심도가 높아졌다는 이야기이다. 심지어는 현대인에게 '운동은 신이다'라고 할 정도로 관심이 높아지고 있다.

아파트 구입의 조건에도 운동할 수 있는 산책로가 포함되는가의 여부에 따라 가격이 달라지기도 하는 것을 볼 수가 있다. 내가 살고 있는 집 근처에는 월드컵 경기장까지 불광천을 따라 산책로가 한강까지 펼쳐져 있다. 하루 일과를 마치고 저녁 즈음에 나가 보면 밤 늦게까지 뛰거나 빠른 걸음으로 걷는 운동을 하는 사람들이 빼곡하다.

이처럼 러닝 머신을 구입하여 실내에서 운동을 하거나 실내에서의 에어로빅 또는 밤 늦게 운동을 하는 것도 우울증이나 정서적 장애에 대하여 증상 완화에 좋은 효과를 가져올 수 있다. 그러나 햇빛이 기다리고 있는 밖으로 나가 운동하는 것이 더욱 효과적이라는 사실이다. 앞에서 언급한 것과 같이 집 밖으로 나가 운동하는 것은 햇빛과 운동이라는 일거양득의 효과를 가져오기 때문이다.

그러므로 만일 밖에서 운동을 하는 것이 여의치 않는다면 밝은 빛 아래서 실내 운동을 할 것을 권유하고 싶다.

적당한 영양 공급하기

지금까지 살펴본 대로 햇빛과 적당한 운동은 정서적 우울 증세에 매우 유용한 것들이다. 그러나 이것들이 효과적일지라도 두뇌 속의 생화학 물질을 생산하는 데 필요한 필수 요소를 공급하는 것은 빼놓을 수 없는 사항이다.

현대 의학에 의해 밝혀진 신경 전달 물질 생성에 필수적인 영양에는 항 스트레스 비타민으로 알려진 '비타민 B군(群)'과 지용성 '비타민D' 그리고 '미네랄'이 있다.[24]

생화학 물질의 생성을 돕는 비타민 B군은 '티아민(B1)' '리보플라빈 (B2)' '피리독신(B6)' '코발아민(B12)' '엽산'이 그것이다.

비타민 B1은 세로토닌을 활성화시켜 기분을 고양시켜 주며, 뇌의 정보 저장과 재생을 도와주는 생화학 물질인 아세틸콜린의 생성에도 관여하여 말초신경의 정상적 기능에 필수적인 요소이다. 그러므로 B1이 부족하게 되면 순환계 장애, 만성피로증, 정신 장애, 기억 장애, 식욕 부진 등의 증상이 생길 수 있다. 비타민 B1은 돼지고기, 콩, 현미, 보리, 이스트 등에 많이 함유되어 있다.[25]

비타민 B2는 황녹색 형광을 내는 비타민으로 성장과 관계가 밀접하여 '성장 촉진 비타민(growth promoting vitamin)'이라고도 한다. 이것은 세로토닌, 노에피네프린, 도파민 등의 생화학 물질 생성에 필수적이며, 적혈구 생성에 기여하고 신진대사를 돕는 중요한 요소로, 돼지고기, 유제품, 계란 흰자위, 생선, 녹색 야채 등에 많이 함유되어 있다.[26]

비타민 B6는 피리독신(pyridoxine), 피리독살(pyridoxal), 피리독사민 (pyridoxamine)을 통칭하는 명칭인데, 특히 피리독신(pyridoxine)은 세

로토닌과 DHA(생선 기름에 함유되어 있는 오메가-3 지방산)을 생성하는 중요한 필수 비타민이다. DHA가 결핍되는 경우 우울증에 걸릴 확률이 높은 것으로 연구되고 있다. 비타민 B6의 섭취는 뇌 속의 DHA 양을 증가시키고, 멜라토닌의 분비를 촉진시켜 숙면에 도움을 주고, 여성의 경우 월경전증후군의 증상이 완화되어 피로감과 짜증, 우울 증세가 경감되는 것으로 연구 발표되었다.[27]

비타민 B6가 많이 함유된 식품으로는, 돼지고기, 닭고기, 간, 쌀겨, 현미, 효모, 밀, 콩, 달걀 노른자, 감자, 옥수수, 해바라기 씨 등이 있다.

비타민 B12는 '코발아민' 이라고 하는데, 코발트에 시안이나 물과 결합되어 있어 시아노코발아민(cyanocobalamin) 또는 아쿠아코발아민(aquacobalamin)이라고 한다. 이것이 우울증에 효과가 있다고 핀란드의 주카 힌티카 박사가 'BMC 정신병학' 에 발표했다. 그는 우울증 환자 115명을 대상으로 초진 때와 6개월 후 두 차례에 걸쳐 혈중 비타민 B12의 수치를 비교한 결과, 수치가 높은 환자의 증세가 현저히 호전된 것으로 밝혔다. 비타민 B12는 '모노아민' 을 생성하는데, 중추신경계의 모노아민 결핍이 우울증과 관련이 있는 것으로 언급했다.

비타민 B12는 엽산 조효소의 활성화와 신경섬유를 보호하는 수초를 정상적으로 유지하는 데 관여한다. 따라서 적절한 섭취는 정상적인 혈액과 신경 작용에 필수적으로, 기억력, 신경기능 정상화, 정신적 안정감의 효과를 가져오게 한다. 그러나, 결핍되면 혈액과 신경계에 이상이 오게 되어, 악성 빈혈, 피로, 우울, 신경 장애 등의 증상이 발생하게 된다.

비타민 B12는 동물성인 간, 신선한 새우와 굴, 우유, 달걀, 생선, 치즈에 풍부하다.

'엽산'은 's-아데노실메티오닌(SAM-e)'이라는 항 우울 물질 분비를 촉진시키는 역할을 하는데, 's-아데노실메티오닌'은 우울증 치료제로 부작용이 적고 치료 효능이 빨라 비처방 우울증 치료제로 많이 사용되고 있는 생화학 물질이다. 우울증 환자의 약 37~38퍼센트 정도가 엽산의 결핍이라는 연구 조사가 발표되어 있다.

엽산을 많이 함유한 식품으로는 녹색 잎 채소, 오렌지 주스, 굴, 콩팥, 콩, 딸기 등이다.

비타민 D는 지용성 비타민으로, 소장점막세포에 작용하여 칼슘과 인의 흡수, 콩팥에서 칼슘이 재흡수되는 것을 도와주며, 뼈에서 칼슘이 빠져나오는 것을 막아 주는 중요한 영양소이다.

비타민 D는 몸 안에서 비타민 D로 바뀌는 전구체 형태로 흡수되는 경우와 활성형 비타민 D로 흡수되는 경우가 있는데, 보통 전구체 형태로 흡수된다. 활성형 비타민 D는 태양광선의 자외선이 피부에 닿아 '7-디하이드로콜레스트롤' 지방과 반응하여 합성되고 공급되는 영양소로, 일조량이 많은 여름철에 다량 생성되어 잉여량은 비축된다.

뿐만 아니라, 이것은 세로토닌의 생성과 분비를 촉진시켜 기분을 상승시키는 역할을 담당하고 있다. 오스트레일리아 뉴캐슬대학의 알렌 랜스다운 박사는 여름에 비축된 비타민 D가 겨울에 고갈되기 때문에 계절성 정동 장애를 앓는 되는 것이라고 주장하기도 했다.[28]

햇빛에 의하여 합성되는 비타민 D는 햇빛 차단제인 선크림을 사용하는 경우와 야간에 일하는 햇빛을 거의 보지 못하는 사람의 경우 결핍되기 쉬운 비타민이다. 다행스럽게도 최근 식품 매장의 유제품 진열

대를 둘러보면 비타민 D가 함유된 우유가 많이 시판되고 있다. 그 외에도 버섯, 대구, 간유에 비타민 D가 많이 함유되어 있다.

그 외에도 '미네랄' 은 인체의 성장과 유지 및 생식에 비교적 미량이 필요한데, 미네랄은 크게 대량 미네랄과 미량 미네랄로 나누어진다. 대량 미네랄에는 칼슘, 인, 마그네슘, 나트륨, 칼륨, 염소, 황 등이 있으며, 미량 미네랄에는 철, 요오드, 아연, 구리, 셀레늄, 망간, 크롬, 몰리브덴, 불소 등이 있다. 특히, 이 가운데 '셀레늄' 에 대하여 영국의 데이빗 벤턴 박사는 미네랄이 우울 증상과 불안감을 완화시킨다는 것을 연구 발표했고, 미국의학협회는 항암 효과도 있음을 1996년에 발표하였다.

3) 관상기도

지금까지 우리는 심리적인 측면에서의 치유를 위하여 '상한 감정과 생각' 의 부분을 다루어 왔고, 실존-현상학적인 측면의 치유를 위하여 '지금-여기' 의 부분을 다루었다. 그리고, 신체적인 측면에서의 치유를 위하여 '약물' 과 '빛-운동-영양 섭취' 의 부분을 다루었다. 그러나 그러한 것들로도 치유되지 않거나 온전하게 회복되지 않는 우울, 자살 생각, 정서적 장애의 고통이 상당히 많은 부분이 존재하기에 여기에서는 전인적인 치유를 시도하기 위하여 신앙적인 방법을 다루게 될 것이다.

이 단원의 '관상기도' 라는 용어에 독자들은 모두 생소함을 느낄 것이다. 만일, 이 책을 읽고 있는 당신이 기독교인이라면 처음 접하는 용어에 거북함이 있어 거부하고 싶을지도 모르겠다. 혹시 천주교를 가진 독자라면 어쩌면 익숙한 용어일 수도 있다. 그러나 여러분이 사용하는 용어와 다른 뜻으로 이 책에서는 사용하게 될 것이다.

만일, 이 책을 일고 있는 독자가 신앙이 없는 사람이라면 기독교적인 뉘앙스에 거부하고 싶을지도 모른다. 그러나 용서하기 바란다. 저항감을 접어 두고 자신의 성향에 맞게 이해하며 읽어 가기를 부탁하고 싶다.

종교적인 방어기제를 무장 해제하고 기도하는 마음으로 읽어 나가게 된다면 적잖은 도움을 얻게 될 수도 있다는 사실을 염두에 두기를 바란다.

은혜

어떤 사람들은 어느 순간의 '마음 상함'이 유발되거나 누적된 상실과 비탄의 고통이 우울증이나, 자살 생각, 정서적 고통의 상태에 이르러 절망감을 호소하기도 한다.

그러나 어떤 사람들은 아우슈비츠 강제 수용소와 같은 더 심각하고 광포한 상실을 겪고 때로는 처참하리만치 참담한 시련을 경험하고도 우울증이나 정서적인 고통의 상처를 받지 않은 채 인생을 살아가는 경우도 너무나 흔한 것을 종종 볼 수 있다.

또, 어떤 사람은 남보다 더 좋은 여건에서 성장해 왔고, 더 풍요롭고 여유 있는 삶을 영위하면서도 암울한 우울증의 고통을 겪고, 때로는 무가치 감정에 죽고 싶은 절망감에 빠져 자살 기도에 까지 이르게 되는 사람도 있다.

이 문제를 어떻게 해석하고 이해할 수 있겠는가?

심지어는 열악한 환경에 노출되어 치명적인 신체적 질병에 걸릴 확률이 매우 높음에도 불구하고 건강하게 살고 있는 사람이 있는 반면, 친 환경적인 천연의 혜택을 받는 장소에서 건강에 유의하며 첨단의 의료 문화적인 도움을 받는 환경에 살고 있는 사람에게도 암과 같은 불치의 병에 걸리는 사람이 있음을 우리는 알고 있다.

이것은 상식이나 과학적인 이론을 뛰어 넘는 일들이다.

이러한 일들을 이해할 수 있는 것은 오직 '은혜' 라는 용어이다. 우리 모두 은혜를 입으며 살고 있다. 태양으로부터의 빛, 초목들로부터의 산소 제공, 마실 수 있는 물, 공기, 눈과 비 등 우리가 깨닫지 못하는 동안에도 이루 헤아릴 수 없이 많은 은혜를 입으며 살아가고 있다.

견딜 수 없는 상처를 입고도 더 이상 무너져 내리지 않고 견디고 있을 수 있는 이유는 무엇인가? 그것이 은혜이다. 비록 보호받지 못하여 더 이상 일어날 힘이 없이 절망하며, 좌절의 늪에 빠져 고통 가운데 있을지라도 밑바닥에서 간신히 살아 지낼 수 있음도 보이지 않는 그 무엇인가가 그를 붙들고 있는 은혜 때문인 것이다.

그러나 이렇게 보이지 않지만 그 무엇인가를 통하여 붙들고 있는 은혜를 깨달아 알게 될 때, 우리는 경이감에 젖는 경험과 감사함을 고백하는 삶으로 전환되기 시작하며 모든 것들을 능히 이겨내는 초월적인 힘이 생겨나게 되는 것이다. 하지만 깨닫지 못하게 될 때는 비록 그가 신앙인이라 할지라도 절망의 고통에서 벗어나기 힘드는 것이다.

안타까운 사실은 이러한 깨달음은 저절로 일어나지 않는다는 것이다. 은혜를 깨닫는 것은 어떤 사람에게는 마음의 상처가 치유되어야만 가능해진다. 교묘하게 왜곡된 생각이 재조정되지 않는다면 비현실적인 기대감이나 '나는 ~하기 때문에'라는 식의 조건적인 사랑 등 잘못된 생각과 이해로 말미암아 은혜를 느끼지 못하게 되는 것이다.

사람의 내면에는 '진짜의 나'와 홍보용으로 '포장된 나'가 존재하고 있다. 포장되어 있는 가면이 벗겨지고 껍질이 깨어져야만 은혜를 깨달을 수 있게 된다. 아무리 놀라운 은혜가 지속적으로 베풀어지고 있을지라도 자신을 방어하고 있는 틀이 벗겨지기 전에는 결코 깨달을 수 없기 때문이다.

이 틀을 벗기 위해서는 무엇이 필요한가?

그것은 망설여지고 속내를 드러내고 싶지 않을지라도 자기를 노출하려는 노력이다. 환자가 의사에게 치료 받기를 원한다면 환부를 드러내야만 하듯이, 체면과 자존심의 탈을 벗고 자신이 가지고 있는 아픔과 상처, 갈등의 모습을 있는 그대로 노출할 때 치유와 은혜를 경험하게 되는 것이다.

그러면, '은혜'란 무엇인가? 이 말은 그리스어의 '카리스(χαρις)'라는 단어에서 파생되었다. 이것은 본래 '친절' '호의' '기쁨' '선물'이라는 뜻의 단어이다. 즉 '값 없이 선물 받음으로 인한 기쁨의 상태' 또는 '갚을 수 없는 과분한 호의'의 의미이다. 즉, 우리의 가치 있고 없음과는 전혀 상관없이 수여되는 전적인 선물인 것이다.

어린아이에게 최고의 은혜는 무엇인가? 어머니의 사랑일 것이다. 사랑받을 만한 무엇인가를 하거나 기대에 부응하는 어떤 노력의 결과로 주어지는 것이 아닌 무조건적으로 베푸는 부모의 희생적인 사랑이다!

이보다 더 큰 선물은 없다. 인간에게 부어지는 은혜란 바로, '사랑'을 말하는 것이다. 그러므로 사랑을 느끼게 되면 만족하게 되고 행복함을 경험하게 되지만 사랑을 느끼지 못하게 되면 외로움과 두려움과 버림받은 느낌과 무가치감과 불행함을 경험하게 되는 것이다.

이제 이 장에서 언급하려고 하는 문제가 바로 이것이다. 암울한 우울 증세와 무가치감, 외로움, 절망감, 자살 생각 등을 겪게 되는 것이 바로 사랑을 느끼지 못하고 있음이 또 하나의 원인인 것이다.

그러므로, 이러한 경우 '초월자의 함께 하는 사랑'에 대한 자각이 있게 되는 순간 치유의 은혜를 경험하게 되는 것이다. 종종 신앙적인 경험을 통하여 우울증의 고통이나 불면증, 자살 생각 등 절망적인 상태에서 새로운 삶으로의 전환이 있게 되는 경우를 볼 수 있는 이유가 바로 그것이다.

관상기도란?

'은혜'에 대한, 즉 초월적인 사랑에 대한 경험을 위하여 여기에서 사용하고 싶은 용어가 관상기도인 것이다. 영적인 세계는 오감으로 느낄 수 없는 세계이다. 그래서 묵상과 상상을 이용한 신앙적 환상의 상태로 몰입하는 기도로서의 의미를 부여한 것이 '관상(觀想)' 기도이다.

기독교인들에게도 일반적으로 사용되지 않는 용어이고 신앙적인 자세이기에 어느 정도 거북함이 있을 것이다. 그러나 우리에게 부여되어 있는 묵상과 상상의 기능을 사용한다는 것은 매우 유용할 수 있는 것이다.

만일, 당신이 헤어나올 수 없는 절망감에 빠져 있거나 좌절의 고통이나 우울증으로 인한 심각한 고통에 빠져 있을 때, 또는 죽고 싶은 심정 외에는 더 이상 소망이 없을 때, 기도할 수 있는 힘이 남아 있겠는가?

신앙을 가진 사람들의 경우에도 많은 사람들이 소위 '시험에 깊이 들면' 기도할 힘을 잃어버리는 것이 사실이다. 이때는 힘없이 아무 소리도 하지 않고, 아무 말도 없이 그냥 눈 감고 앉아 있는 것만으로도 최대의 행동인 것이다.

암울한 절망과 좌절감으로 인하여 더 이상은 기도할 힘이 남아 있지 않아 아무 힘 없이 주저앉아 있는 상태를 사용하여 치유하려는 기도 방법이 관상기도인 것이다.

아무런 기력이 남아 있지 않아 그냥 앉아 있는 상태에서의 최고의 기도는 묵상이다. 이때 상상을 활용하여 상처와 절망의 상황을 그대로 그려 가며 다시 현재화하여 느껴야 한다. 비탄의 탄식을 신음으로라도 뿜어내야 한다.

구약성서의 '시편'에는 이렇게 비탄의 탄식하는 신음의 표현들이 매우 많다. 심지어는 더 이상 어떻게 할 수 없는 절망의 상황에서 자신의 대적을 향한 저주의 말을 서슴없이 하는 경우도 등장하고, 절대자를 향하여 이해할 수 없는 고통에 대하여 절규에 가까운 분노와 탄식을 하기도 한다.

바로 그러한 원리를 적용하는 것이다. 묵상을 통해 자신의 처지와 고통을 충분히 느껴 보라. 그리고 탄식의 신음과 비탄의 소리들을 뿜어내야 한다.

우리는 고상하게 묵상하고, 경건하게 감정을 제어하는 일에 길들여져 있다. 그것이 아니다. 경건의 모양으로 덮어 버리려고 생각지 마라.

원색적일수록 효과적이다.

그리고 상상을 총동원하여 상처를 입었던 상황을 그려 보아야 한다. 어떤 경우에는 무의식을 이용한 상상이 필요한 경우도 있다. 간혹 어머니 뱃속에 있는 태아의 시절을 상상하며 그 상황을 그려야 할 경우도 있다. 또 과거의 상실과 상처에 대한 생생한 상상의 장면으로 충분하게 비탄이 이루어질 경우, 계속하여 초월적인 분을 향한 질문을 던져야 한다.

"주님! 그때 뭐 하고 계셨어요?"
"주님! 그때 그 상황에서 왜 저를 지켜 주시지 않고, 그냥 당하게 두셨나요? 주님은 어디에서 무엇 하고 계셨나요?"

이러한 질문은 도저히 용납하기 힘든 상실이나 분노와 상처로 인한 한에 서린 질문들이 될 것이다. 그러나 분명히 해결되어야만 하는 상처로 인한 절망감과 고통을 안고 있다면, 가장 실존적인 비탄의 질문이 될 것이다.

먼저 이해되어야 할 신앙적 사안

여기에는 먼저 전 이해되어야 할 조건적 사안이 있다. 첫째로는 '임마누엘'이라는 용어이다. 항상 어느 때 어느 장소이든지 초월자가 함께하신다는 내용이다. 이 점을 인정하고 시작해야 한다. 아무리 절망적으로 상처를 당하고, 또 보호받지 못해서 기억하기도 끔찍한 일을 당했을지라도 함께하시고 사랑하고 있다는 것을 인정하고 임해야 한다. 좀 더 종교적인 용어를 사용하겠다. 성령께서 항상 나와 함께하고 있었고, 또 함께하고 있다는 것을 인정하는 것이다.

둘째로는 '체휼'이라는 용어이다. 당신의 연약함을 이해하고 함께 아파한다는 뜻이다. 간고를 겪었고 멸시와 배척과 상함과 질고를 아시는 초월자이기에 인간의 찢어져 나가는 아픔을 이해하며 함께 아파 우시는 분이라는 뜻이다.

묵상과 상상의 환상

"그 상황에서 막아 주시지 않고, 왜 그냥 당하게 두셨나요? 주님은 어디에 계셨나요?"라고 묻는 비탄의 질문을 한 후에는 계속해서 집중하여 상처를 당하고 있던 장소의 장면을 선명하게 그리며, 상상의 환상 속에 주님이 어디에 계신지, 또 무엇을 하고 계신지를 그리며 느껴야 한다. 그리고 무엇이라 말씀하시는가를 느껴야 한다.

만일 당신이 풍부한 상상력을 가진 사람이라면 훌륭한 영상이 펼쳐질 것이다. 그러나 상상력에 둔감한 편이라면 전혀 어떤 영상도 떠오르지 않을 것이다. 하지만 실망하지 마라! 어린아이가 소꿉장난하며 혼자서 놀 때, 혼자서 일인 삼역이든 오역을 해 가며 혼자 말하고 혼자 답하며 노는 것을 보았을 것이다. 어린아이처럼 가슴을 열고 임하라! 영상은 떠오르지 않을지라도 느낌은 가질 수 있을 것이다. 질문한 것에 대하여 어떤 대답이 있을지를 느껴 보라.

엄마! 나도 같이 가!

진호(가명, 22세)가 나를 찾아왔을 때는 상병 계급을 달고 있을 때였다. 대인기피증이 있어 부대 생활에도 정상적인 적응에 어려움을 겪고 늘 왠지 모를 불안감에 시달리고 가끔 식은땀을 흘리는 증상과 불면증세가 있어서 우울증 약을 처방 받아 복용하고 있는 중이었다.

"사는 게 너무 힘듭니다. 정말 왜 살고 있나 싶은 생각이 들 때가 많습니다. 군에 오기 전에도 그냥 죽자 하면서 자살도 많이 생각했고 시도도 했었습니다. 지금은 그냥 살고 싶지도 않고 죽고 싶지도 않고 그냥 그렇습니다. 아무 생각이 없다는 것이 더 정확한 표현일 겁니다. 하지만 어디서부터 잘 못됐을까 매일 생각하는데도 잘 모르겠습니다. 병원에서 치료도 받고, 약까지 복용하는데 별로 도움도 안 된다는 생각도 들고 있습니다. 그리고 동료들이 저를 알게 될까 봐 이야기하기도 무섭습니다."

그를 만나기 전에 이미 신상카드를 받아 둔 상태인지라, 가족 사항에 어머니가 빠져 있는 것을 볼 수가 있었다.

"어머니는 어떻게 되셨니?"
"저희 집에는 어머니가 안 계십니다. 제가 고 2때 사고로 돌아가셨는데, 그때는 어머니가 돌아가셨다는 게 크게 다가오지 않았습니다. 어쩌면 제가 모르는 척하고 있으면 사실이 안 될 줄로 여겼던 것 같습니다. '설마 진짜로 죽었을까? 언젠가는 현관을 열고 다시 들어오시겠지.' 하면서 바보 같은 생각을 할 때가 많았습니다. 정말 너무너무 어렸다고 생각이 듭니다. 그런데 시간이 지나가면서 그게 조금씩, 아주 조금씩 너무도 크게 다가오기 시작했습니다. 엄마가 없다는 것을 아무리 부정하려고 해도 역시 사실은 사실이었습니다. 가끔 힘들어서 멍하니 앉아 있으면 엄마가 없다는 것이 얼마나 서러운지 모릅니다."

"정말 힘들었겠구나. 그래서 어떤 느낌이 드니?"

"늘 세상에 덩그라니 혼자 남겨진 느낌입니다. 그래서인지 자꾸 외롭고, 사람들을 만나도 결국 가족도 아니고 더더욱 엄마도 아니니까 날 버리겠지. 친해져 봐야 타인이다 하는 생각이 들어서 마음을 못 열게 됩니다. 그래서 늘 불안하고 심할 때는 식은땀이 줄줄 흐를 때도 있습니다."

그의 신상카드의 종교 사항에 기독교로 기재가 되어 있는 것을 보게 되어 숙제를 제시하였다. 관상기도에 대해 설명을 해 주고, 주님이 항상 함께 계셨고 계시다는 사실과 우리의 아픔을 이해하고 함께 아파해 주시는 분이라는 것을 주지시켰다. 그리고 묵상의 시간을 가지면서 고등학교 2학년 시절로 다시 돌아가 어머니가 돌아가시던 그 현장에서 느끼지 못했던 아픔을 다시 느껴보며, 생생하게 상상해 가며, 그 당시에 하지 못했던 말들을 뿜어내 보라고 요청을 했다. 그리고 난 후에는 큰소리로, '주여, 그때 어디 계셨습니까? 왜 사고로부터 지켜 주시지 않았습니까?' 하는 질문을 해 보라고 했다.

그는 나와의 면담을 마친 후, 몇 시간이 지난 후 다시 나에게로 찾아왔다. 그의 눈에는 그렁그렁 눈물이 맺혀 있는 것이 보였다. 어떻게 다시 왔느냐고 물었더니, 십 년 묵은 체증이 사라지는 것처럼 마음이 가벼워지고 날아갈 듯해져서 다시 이야기를 하고 싶어서 왔다고 했다.

그에게 무슨 일이 일어났는지를 물었다. 그는 면담 후, 부대로 복귀

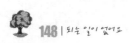

하지 않고 영내에 있는 교회 안으로 들어가 긴 의자 위에 그냥 길게 누워 하염없이 울면서 어머니의 사고 당시를 연상하는 관상의 시간을 갖기 시작했다고 했다. 생생하게 상상 속에서 사고를 당하는 것이 그려지는 순간, 울음과 함께 울부짖기 시작한 것이다.

"엄마—!"

두려움과 외로움에 떨며, 장례식에서 어머니의 시신이 들어 있는 관을 영구차에 싣는 순간이 떠오르기 시작했다. 그 순간 지금까지 참아오던 속에 있던 말들이 터져 나오기 시작한 것이다.

"엄마—! 같이 가! 나도 같이 가!"

한참 동안을 울었다고 했다. 그리고, 다시 집중하여 사고 나던 순간을 상상 속에 그리며, 질문하기 시작했다고 한다.

"주님, 그때 어디 계셨습니까? 왜 성실하게 사는 우리 엄마를 지켜 주시지 않았습니까?"

그러나 아무 답도 없고 느낌도 없는 채 수분을 보냈다고 했다. 한참을 그냥 앉아 있는데, '주님은 항상 함께 계셨고 한 번도 떠난 적이 없다.'고 주지시켜 주던 말이 생각이 들어, 다시 연상하기 시작했다는 것이다. 순간, 사고가 나던 현장에서 어머니를 끌어안으시는 주님의 모습이 그려지기 시작하며, 하염없이 외로움에 떠는 자신을 함께 껴안고 아파하며 울고 계시다는 느낌을 가지게 되었다는 것이다.

그에게 있었던 관상기도의 이야기는 나 역시 감동되기에도 충분했다. 그리고 그와 함께 아파하시며 항상 껴안고 계시는 특별한 사랑의 관계를 기억할 것을 부가적으로 요구했다. 몇 주간이 지난 후, 의무실을 담당하고 있는 간부로부터 진호가 많이 완화되어 우울증 약의 복용도 중단하게 되었다는 소식을 들을 수 있었다.

새로운 결심으로 맞는 오늘
- 밀

세상에 태어나서 한 번도
좋은 생각을 갖지 않는 사람은 없다
다만 그것이 계속되지 않았을 뿐이다
어제 맨 끈은 오늘 허술해지기 쉽고
내일은 풀어지기 쉽다
나날이 다시 끈을 여며야 하듯
사람도 자신이 결심한 일은
나날이 거듭 여며야 변하지 않는다.

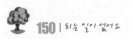

5. 치유와 성장

치유는 시작되었다

어떤 사람은 자신의 우울증이나 정서적 고통의 치유를 위하여 이 책을 보고 있을 수도 있고, 고통을 겪고 있는 주위의 가족이나 친구를 돕기 위하여 읽고 있는 독자도 있을 것이다.

어떠하든간에 이미 이 책을 접하면서 당신은 정서적 고통에 대하여 깊은 이해를 시작하고 또 좋아지겠다는 결정을 한 순간부터 이미 치유는 시작되었다는 사실을 알아야 한다. 인생의 행복은 작은 성공들로 이루어진다. 이 책을 읽어 오며 이해하기 시작한 부분들에 대하여 하나씩 시도하자. 치유를 위한 노력을 당신이 멈추지만 않는다면 아무리 천천히 간다 할지라도 그것은 결코 문제되지 않는다.

1) 성장하기

인내가 필요하다

병원을 방문하게 되어 치료받게 되거나 입원하게 되면 치료받는 모든 사람은 '환자'로 불린다. 환자는 영어에서는 'patient'라고 하는데, 이것은 '인내하고 참아낸다'는 뜻의 이의어(異意語)이기도 하다.

즉, 이 글을 읽고 있는 독자가 우울증이나 절망적인 정서적 고통을 겪는 사람이라면 자기 자신이 잘 참아내는 인내가 필요한 것이다. 이 것은 고통을 당하고 있는 본인뿐만 아니라, 주변의 가족과 친지들도 마찬가지이다. 고통당하고 있는 사람을 방치하거나 포기하지 않고 결코 혼자 내버려 두지 않겠다는 배려와 지속적인 인내심이 필요하다.

어떤 질병이든 치유되는 데에는 시간이 필요하다. 때로는 며칠 내에 현저하게 호전되는 것처럼 보일지라도 완전한 치유의 과정에는 더 많은 시간이 걸릴 수 있다는 것을 기억하고 시간을 충분히 가져야 한다.

다음은, 1980년 2월 《월스트리트 저널》에 실렸던 공익 광고의 내용이다. 만일, 당신이 좌절감에 사로잡혀 있거나 위로와 격려가 필요하다면 이 사람을 생각해 보라!

그는 초등학교를 9개월밖에 다니지 못했다.
그는 잡화점을 경영하다가 파산했는데,
그 빚을 갚는 데
무려 17년의 세월이 걸렸다.

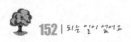

그는 주 의회 의원 선거에서 낙선했고,

상원의원 선거에서도 낙선했으며,

부통령 선거에서도 낙선했다.

그러나, 그는 자기 이름을 항상 A. 링컨이라고 서명했다.[29]

우울증이나, 자살 생각, 정서적인 고통의 문제에 대한 치유는 하루 아침에 이루어지거나, 평탄하게 계속적으로 펼쳐지는 과정이 아니다. 때로는 오르락내리락 하기도 하며, 기분이 저하되는 느낌이 들 때도 있을 수 있다. 그러나 계속 인내하며 치유에 임하고 노력하라. 시간이 지날수록 점차로 완쾌를 향하여 나아가고 있음을 알게 될 것이다.

자신을 돌아보라

기분이 상할 때에는 뒤로 한 걸음 물러서서 객관적으로 다시 한 번 자신의 생각을 돌아보라. 그리고 자신이 어떻게 반응하고 있는지 살펴보라. 뒤로 물러나서 자신을 살피는 것은 자신에게 부정적인 모습이 어디에서 나타나는지를 보게 할 것이다.

자신이 부정적인 형태에 젖어 있다는 것을 알게 된다면, 그 틀을 깨버릴 수 있는 긍정적인 일을 시작하여 시각을 돌리는 것이 필요하다. 무엇인가를 시작하기로 결심하라.

이처럼 자기 자신에 대한 깊은 이해는 다른 사람들에 대해서도 더 많은 이해를 가져오게 된다. 자신에 대하여 더 개방적이 되고 더 현실적이 되고 타인을 더 정확하게 이해하고 수용하게 되면, 거부나 거절

당해 왔던 상처에 대한 자신의 측면들을 재발견하고 수용하게 되어 더 창조적인 행동을 하게 될 것이다. 뿐만 아니라, 스스로의 힘으로 자신의 삶을 선택하고 결정하게 되고, 자신을 가두었던 심리적인 감옥에서 해방되는 것을 경험하게 될 것이다.

　무엇보다도 중요한 것은 자기 자신을 돌보는 것이다. 희생적인 성향의 많은 사람들이 자신은 돌보지 않고 남편이나 아내, 부모나 자식 등 남을 돌보는 데 시간을 소비하는 경향이 있다. 많은 경우, 자신을 스스로 돌보고 가꾸지 못해서 상처를 쉽게 입게 되어 정서적인 고통을 겪게 되는 것이다. 자신이 충분히 치유되었을 때 온전하게 남을 도울 수 있다는 사실을 잊지 말아야 한다.

　감사하라

　정서적인 고통의 특징 가운데 하나는 감사하는 마음이 사라지기 시작하는 것이다. 누구에게든 삶의 고통은 자연스럽게 짜증과 불만을 유발하게 만들고 감사를 빼앗아가기 시작한다. 감사가 없는 상태가 지속되고 있는 동안에는 악순환은 계속되어 그 고리를 끊어 버리고 박차고 나오기가 어려운 경우가 많은 것이다.

　그러므로 정서적인 고통으로부터 탈출하는 좋은 방법 중의 하나는 감사를 표현하고 자주 고맙다는 말을 하는 것이다. "감사합니다!" "당신은 정말 멋있습니다!" "이 일을 해 주신 것에 대하여 정말 감사합니다!"라고 말하라. 반복하는 말이 그 사람의 생각과 삶을 지배하게 되는 것이다. 그리고 자신에 대하여 있는 그대로 받아들이는 연습을 하라. 작은 것에서부터 자신을 칭찬하고 감사하기 시작하라.

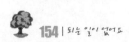

사람은 자동적으로 자신에게 상처를 입히고 고통을 주는 일에 대하여 집중하고 원망하게 되어 있다. 자동적인 집중이 습관이 되지 않도록 해야 한다. 지혜롭고 좋은 습관을 습득하라. 그렇게 할수록 당신은 보다 더 깊고 충만한 감정을 느끼게 될 것이다.

감사를 표현하는 습관은 삶의 고통을 넘어 보다 더 높은 환희의 승리 세계로 당신을 인도할 것이다. 고통의 연단 후에 정금같이 나오게 되는 법이다!

2) 돌보고 지원하기

돕기 위하여

우울증에 빠져 있거나 자살을 생각할 수밖에 없는 정서적인 고통을 당하고 있는 가족이나 친구를 도우려 할 때 가장 보편적인 문제는 '감수성'과 전문적인 이해가 부족하다는 것이다.

고통을 당하고 있는 사람들은 자신의 문제에 대하여 아무에게나 쉽게 말하려 하지 않는다. 그러나 자신을 이해해 주고 받아들여지며 비판하지 않을 때 누구에게든 이야기하고 싶어한다. 이때, 사랑과 관심을 보여 주고 부드러운 격려가 필요하다. 그러나 가장 중요한 것은 이해와 수용을 전하는 감정 이입 또는 공감의 자세이다.

하지만 너무 동정적이어서는 안 되며, 충고해서도 안 된다. 동정적이 되는 경우, 감정을 공유하고 함께 우는 동안 우리 안에 그들과 똑같은 고통을 조장하게 되고 그들의 상태를 더 악화시킬 수도 있게 된다.

뿐만 아니라, 도움이 되기를 바라면서 조언을 해 주거나 거기에서 빠져 나와야 한다고 말하지 마라. 이러한 말들은 정서적인 고통을 당하는 사람들에게는 감정을 더욱 악화시킬 뿐인 것이다.

효과적인 지지자가 되기를 희망한다면 끊임없는 애정과 사랑과 수용 그리고 이해를 보여 주게 될 때 비탄과 애도의 과정을 가속화해서 치유의 빛을 제공할 수 있게 되는 것이다. 불행하게도 우울증이나 정서적인 고통을 경험하지 못한 경우에는 이해심이 부족할 수 있다. 그러나 좋은 경청자만 되어 주고, 두 팔로 안고 함께 슬퍼하면서 그들의 상황 밑바닥까지 함께 내려가 줄 수만 있다면 이보다 더 좋은 것은 없을 것이다.

그리고 만일 정서적 고통을 받고 있는 사람이 병원에 입원하고 있는 상태라면 매주 규칙적으로 지속적인 방문으로 경청해 주고 새로운 잡지나 책 등을 가져가 들려준다든지 함께 보내는 시간을 만들라. 이러한 경청적 자세의 지속적 방문은 심각한 충격에 빠져 있을지라도 도울 수 있는 최상의 방법이 될 수 있다.

도움이 되는 말과 행동들

"나는 당신을 사랑해요. 나는 당신 곁에 있어요. 필요할 때는 언제나 나를 부르고 연락 주세요."

"당신이 고통스러워하는 것을 알아요. 내가 당신의 문제를 함께 나누고, 마음을 같이할 수 있게 해 주세요."

"정말 속상하고 힘들었겠어요. 저라도 그럴 거예요. 그 마음 정말 알 것 같아요."

"내가 당신이 겪고 있는 모든 것을 다 이해할 수는 없지만, 당신을 사랑하고 있으며, 당신이 필요로 하면 언제든지 당신 옆에 올 것이라는 것을 알아 주었으면 합니다."

"나는 진정으로 당신을 보살피고 도울 것입니다."

이렇게 말하면서 두 팔로 감싸안고 손을 꼭 잡아 주라. 함께하는 안정감의 신체적 접촉은 참으로 중요하다.

배우자의 지원

우울증이나 정서적인 고통을 겪고 있는 사람의 배우자가 도울 수 있는 것은 어느 정도의 한계가 있다. 그것은 부부라는 특별한 관계 때문에 도울 수 있는 자격을 상실했다고 볼 수도 있다. 왜냐 하면 사실 배우자 당사자가 고통을 겪고 있는 원인의 장본인일 수가 있기 때문이다. 이런 경우 배우자 당사자는 개입하지 말고 옆으로 비켜 있을 필요도 있다. 배우자의 역할은 지원하는 수준에서 멈추어야 한다.

그리고 가장 중요한 도움은 정서적 고통을 수용하는 자세를 보이는 것이다. 그렇지 않고 어떤 저항감이나 당신이 고통당하고 있다고 느끼게 하거나 뭔가를 박탈당한 모습을 보인다면 도리어 죄책감을 가중시키는 역할만 하게 된다.

진정으로 돕기를 원한다면 조바심을 내거나 부담을 주고 있다는 느낌을 주지 않도록 많은 지원적인 사랑을 주어야 한다. 그리고 어떤 것도 요구하지 마라. 도리어 지속적인 사랑을 주고 지원하고 이해하는

데 주력해야 한다. 그리고 치유를 위하여 종종 비슷한 경험을 하고 있는 다른 사람과 갖는 시간이 상당히 도움이 될 수도 있다. 지지해 주고 공감해 주는 지원자들의 도움을 활용하라.

무엇보다도 중요한 것은 정서적 고통에 빠져 있는 가족이나 친구를 지원하기 위해서는 우울증과 정서적인 문제에 대한 이해를 증진시키는 일에 전력하고, 그들을 이해하고 수용하려고 노력해야만 한다. 이제 이 정서적인 문제들에 대하여 좀 더 깊은 전문적인 이해를 위하여 출발해 보자.

인간이 불행한 것은 자기가 행복하다는 것을 모르기 때문이다. 이유는 단지 그것뿐이다. 오직! 그것을 자각한 사람은 곧 행복해진다.
일순간에 ….

― 도스토예프스키

제3장

우울 증상 치유

정서적 감기

인간이라면 누구든지 일생을 사는 동안 최소한 한 번쯤 이상 우울 증상을 경험하게 된다. 때로는 원하는 일들이 잘 성취되고 해결되어 기쁨과 행복을 느끼며, 세상이 아름답게 보이고 미래에 대한 비전과 환희 속에 자신이 가치 있는 존재로 여겨지는 활력 있는 삶을 누리기도 한다. 그러나 이 세상의 그 누구도 이렇게 행복한 삶이 계속되도록 허락되지는 않는다. 실패와 상실의 아픔은 예고 없이 찾아와 인생의 나이테 속에 옹이처럼 자리하게 되는 것이다.

심혈을 기울여 모든 노력을 쏟아 부은 일들이 처참하게 실패로 끝나기도 하고, 평생 직장을 외치며 희생하며 헌신해 온 직장으로부터 정리해고되거나 실직되는 상처를 경험하기도 하고, 사랑했던 사람으로부터의 배신과 거절의 뼈아픈 고통을 겪기도 한다. 또 때로는 소중한 이를 떠나보내거나 이별해야 하는 충격의 아픔을 겪기도 한다. 또 반복되는 실패와 열리지 않는 진로로 인하여 비참하게 여겨지고 비관적인 생각의 늪에서 헤어나지 못할 수도 있다. 때로는 가까운 친지나 친구, 직장 상사, 가족들과 대인 관계의 소원함으로 인하여 삶이 매우 힘겹고 고통스럽게 느껴지며 인생이 암울하게 느껴질 수도 있다. 또 이유 없이 침울함이 밀려들며 일상생활에 대한 의욕이 저하되고 아무 즐거움을 느끼지 못하게 되는 무기력함에 빠져들게 될 수도 있다.

이처럼 우울증은 심리적 장애로 찾아드는 좌절 상태로 '정서적 감기'라고 어떤 학자는 명명했다. '감기'는 누구나 쉽게 걸리고 면역이 되지 않듯이, 우울증은 누구나 걸릴 수 있고 면역이 되지 않는 심리적 질병으로, 인구 전체의 13~20퍼센트가 우울증에 걸려 있음에도 불구하고, 우울증 환자의 대부분은 그 사실조차도 모르고 있는 상태인 것이다. 그들 가운데 한 명은 당신 자신일 수도 있고, 친구일 수도, 배우자, 자녀, 부모 형제일 수도 있는 것이다.

아브라함 링컨이 우울증에 시달렸다는 사실은 세간에 익히 알려지지 않은 사실이다. 그러나 링컨도 그의 성인기 절반 이상을 우울증에 시달렸었다는 사실을 아는가? 그는 그때의 고통을 이렇게 기록하고 있다.

'나는 현재 가장 비참한 사람이다. 내가 느끼는 것을 온 세상 사람들이 나누어 질 수만 있다면 이 지상에는 기쁜 얼굴이란 하나도 없을 것이다. 내가 좋아지리라고는 알지 못한다. 다만 그렇지 않을 것이라는 불길한 예감뿐이다.'[30]

우울증은 상당히 흔한 심리적 질병으로 일종의 유행병과도 같은 것이다. 그러나 이에 대해 알지 못함으로 가족들이나 주위 사람들은 '힘을 내면 좋아질 것!' '기도를 많이 하면 좋아질 것!' 이라고 생각한다. 그러나 이것은 전혀 도움이 되지 않는 것들이다. 안전한 제방에 있는 사람이 강물에 빠져 허우적거리며 죽어 가는 사람에게 "힘을 내라!"고 요구하는 것은 무자비한 모독에 가까운 것이다.

그러나 그럴지라도 반복하여 그러한 격려와 따뜻한 지원을 보내 주고 헌신적이고 포기하지 않는 애정과 사랑으로 지속적으로 격려한다면 절망감의 위기에 처해 있을지라도 언젠가는 대부분 구출된다는 것을 잊지 말아야 할 것이다. 그러므로 우울증을 겪고 있는 주변의 사람들은—친구이거나, 사랑하는 이 또는 가족—거의 신앙적인 헌신으로 고통 받는 사람들에게 용기를 북돋우고 생명의 존엄성을 설득해야 한다. 왜냐 하면 우울증 환자에게 생명의 가치는 때로는 자신의 느끼는 무가치함의 벼랑에 서 있기에 갈등을 겪지만, 주변의 이러한 열정적인 헌신들은 자살의 정서적 독감을 막을 수 있는 유용한 치료제가 되기 때문인 것이다.

실패를 두려워 마세요.

비록 당신이 기억해 내지 못해도 당신은 여러 번 실패했습니다.

처음 걸음마를 시작했을 때 당신은 넘어졌고,

처음 수영을 배울 때 당신은 물에 빠져 죽을 뻔했습니다.

안 그랬나요?

처음 야구방망이를 휘둘렀을 때, 방망이에 공이 맞던가요?

홈런을 제일 잘 치는 강타자들도 자주 스트라이크 아웃을 당합니다.

R. H. Macy는 일곱 번이나 실패한 뒤에 겨우 뉴욕의 가게를 성공시켰고,

영국의 소설가 John Creasey는 753통의 거절 통지서를 받고 나서야

564권의 책을 발간할 수 있었습니다.

베이브 루스는 1,330번의 스트라이크 아웃을 당했지만 714번의 홈런을 날렸습니다.

실패를 걱정하지 마세요.

시도조차 하지 않아 놓치는 기회에 대해서 걱정하세요.

- 〈월 스트리트 저널〉 1981년 10월

6. 우울증이란 무엇인가?

제가 우울증인지요?

"원래 제 성격은 명랑하고 쾌활한 성격입니다. 그래서 항상 주위 사람들을 유쾌하게 만들기는 하지만, 조금은 급한 다혈질적인 면도 있습니다. 사회생활을 통해서 다양한 사람들과 사귀는 것을 좋아하면서도 혼자 있는 시간도 즐기고 있습니다. 어려서는 매우 내성적이고 수줍을 많이 탔었는데, 사춘기 때 여러 친구들을 사귀면서 외향적으로 바뀐 것 같습니다."

올해 28세가 된 혜리(가명) 씨는 가라앉은 침울한 목소리로 조심스럽게 전화를 걸어 왔다. 그녀는 다니던 조그만 회사를 그만두고 쉬고 있는 지 8개월이라고 하면서 지금 자기가 겪고 있는 증세가 어떠한 것인지 알고 싶다는 내용을 전해왔다.

"대학 시절에는 야망도 커서 꿈을 가지고 공부했었고, 에너지가 충천해서 뭐든지 성공할 수 있다고 생각했었습니다. 그래서 인지도가 높은 대학으로 가서 전공을 바꿔 공부를 하고 싶어 편입을 하려 했는데, 여러 번 실패하였습니다. 나중에 알았지만, 성적에 F가 있어서 안 된 것입니다. 전공이 마음에 들지 않아 F를 받은 것이 하나 있었던 것입니다. 결국, 그대로 대학을 졸업하고 취업을 하게 되었는데, 직장도 그리 마음에 흡족하지는 않았습니다. 하지만 성격이 활달해서인지 어느 모임을 가도 여러 사람들과 매우 잘 어울렸습니다."

그녀는 다니고 있는 직장과 보수가 마음에 들지 않아 그만두게 되었고, 좀 더 나은 직장으로 옮기고자 수소문하며 한두 군데 지원하고 있는 상태였다. 그러나 몇 차례에 걸쳐 마음에 드는 대기업에 지원하였었으나 번번이 입사시험에 실패한 상태였다.

"올해 1월쯤 직장을 그만 두고 집에 있으면서 … 이렇게 오랫동안 쉴 생각은 아니었는데 점차 자신감이 상실되고 밖에 나가기도 싫고 햇빛을 보기가 싫어졌습니다. 자연스레 친구들과도 만나지 않게 되고 집에만 있었습니다. 여러 가지 면에서 흡족한 인생이 아니었기에 내가 노력해도 안 될 것 같고, 미래도 행복하지 않을 것 같은 생각에 요즘은 잠도 잘 오지를 않고 자꾸만 죽음만이 편안할 것 같다는 생각에 죽고 싶고, 다른 생각을 하면 머리가 아파 옵니다. 제가 우울증에 걸린 것이 맞나요?"

1) 우울증의 성격

멜랑꼴리아

우울증을 정확히 이해하기 위해서 먼저 우울증에 대한 용어부터 알아보자. 우울증의 본래 명칭은 라틴어에서 파생된 정서 혼란의 암울한 병리적 상태를 표현하는 '멜랑꼴리아(melancholia)' 라는 단어이다. 이 단어는 1303년경 영어에도 그대로 옮겨가 영문 초기 서적에 사용되었으나, 1917년에 발표된 프로이트(S. Freud)의 「애도와 우울」(*Mourning and Melancholia*)이라는 논문을 통하여 일반화되었다.

그러나 이 단어는 존스홉킨스의과대학의 정신과 의사 아돌프 마이어 교수에 의해 '디프레션(Depression)' 이라는 명사로 대체되어 지금까지 사용되고 있다. 침체나 움푹 패인 곳을 의미하는 뉘앙스를 지닌 이 단어는 납덩이 같은 무게로 누르는 질병이라는 성격을 묘사하고 있다.

현대 정신의학에서는 '우울'의 일반적 대명사였던 '멜랑꼴리아'를 주요 우울증과 기분 부전 장애, 조울증 등과 다른 한 증상으로 구분하여 명명하고 있다. 초기 명백한 우울 기분, 정신 운동 지연 또는 격정, 일찍 잠이 깸, 오전에 악화, 반응의 감퇴, 쾌락이 없음, 심한 식욕 감소와 체중 감소, 심한 죄책감 등의 특징을 이루는 원인적으로 반응성이 아닐 때, 이를 '멜랑꼴리아' 라고 부르고 있다.

1902년, 미국 심리학의 아버지로 불리는 윌리엄 제임스는 우울증을 헬라어에서 파생된 '앤히도니아(anhedonia)' 라는 단어를 인용하여 설명했는데, 이 단어는 '앤' (an: 부정적 의미의 접두어)과 '히도니아'

(hedone: 즐거움)의 복합어로 '즐거움을 경험할 수 없는 상태로, 원기가 없는 낙망의 증세'라고 설명했다. 그러므로 삶에 있어서 즐거움과 재미라는 단어가 자신과 거리가 멀다면 그것은 곧 우울증을 의미하는 것이다.[31]

정상적 우울과 병적 우울

우울증은 마치 총을 쏜 후 생기는 반작용처럼 무엇인가가 잘못되었음을 알리는 신호의 일부일 수가 있는 것이다. 즉, 중대한 상실과 무엇인가가 문제가 되었을 때 그 사실을 깨닫게 해 주는 반응인 것이다. 우리는 삶 속에서 실패와 상실을 경험하게 되면 심리적 반응으로 일정한 기간 동안 우울한 기분에 젖게 된다. 이러한 우울은 지극히 정상적이며 자연스러운 것이다.

그러나 누구나 항상 우울한 상태에서 회복되는 것만은 아니다. 때로는 점점 악화되어 자신의 무능함과 무가치감이 견고하게 되어 일상에 대한 의욕과 에너지가 현저하게 감소되며, 불면증, 성욕 감퇴, 사회적 부적응 등의 병적인 상태로 발전되어 정신과 전문의의 도움이 필요하거나 치료를 받아야 하는 수준에 이르게 되기도 한다.

이처럼 전문적인 의사의 도움을 필요로 하는 우울증을 '임상적 우울증(major depression)'이라고 한다. 이것은 일상생활에서 나타나는 일시적인 우울과는 다른 것이다. 임상적 우울증은 사랑하는 사람과의 이별이라든가 혹은 사별 등의 상실 뒤에 즉시 따르는 우울의 고통을 말하는 것이 아니다. 보편적으로 우리가 우울하다고 말하는 것은 '마음이 아프다'는 의미이거나 '실망했다'는 의미일 경우가 많다. 이러한 것은 대부분의 사람들이 일상생활 가운데서 싸워 나가야 하는 것들이다. 정서적으로 건강한 사람은 애도와 슬픔의 경험을 통하여 이러한 상실감으로부터 일정한 기간이 지나면 헤쳐 나가게 될 것이다. 하지만 그렇지 못할 때는 만성적인 임상적 우울증으로 발전하게 될 수도 있는 것이다.

임상적 우울증은 우울한 상태의 심각도, 지속 기간, 사회적 부적응 상태, 대인 관계 문제, 일상 업무 포기, 심한 자책감, 무기력증 등 생활에 미치는 영향을 고려하여 진단하게 되는데, 정상적인 우울과 병적인 우울 상태를 구분하는 일은 쉽지만은 않다.

우울증의 진단 기준

우울증의 일부 증상은 다른 정신 장애의 증상과 매우 유사하기 때문에 우울증을 진단하는 일은 쉬운 일이 아니다. 일반적으로 특정한 정신 장애를 진단할 때 세계적으로 가장 널리 사용되는 정신장애의 진단 체계는 1994년에 미국정신의학회에서 발행한 『정신장애의 진단 및 통계편람』 제4판'(DSM-Ⅳ; Diagnostic and Statistical Manual of Mental Disorders, 4th ed.)이다. DSM-Ⅳ에 의하면 다음의 9가지의 증상이 우울증을 진단하는 주요한 기준이 된다.

우울증은 이러한 아홉 가지 증상에서 가장 기본적인 것은 우울 기분이거나 흥미나 즐거움의 상실로서, 다른 증상들 중에서도 몇 가지를 함께 지니고 있는 것이 일반적이며, 이러한 증상이 상당 기간 동안 지속적이어야 한다.

그러나 이러한 우울증의 증상이 나타나더라도 약물 복용이나 신체

DSM-IV의 주요 우울증의 진단 기준

다음 증상 가운데 5개(또는 그 이상) 증상이 연속 2주간 동안 지속되며, 이러한 상태가 이전 기능으로부터의 변화를 나타내는 경우 증상 가운데 적어도 하나는 ① 우울 기분이거나 ② 흥미나 즐거움의 상실이어야 한다.

* 주의: 명백한 의학적 상태나 기분과 조화되지 않는 망상이나 환각으로 인한 증상이 포함되지 않는다.

☐ 하루의 대부분 그리고 거의 매일 지속되는 우울한 기분이 주관적인 보고(슬프거나 공허하다고 느낀다)와 객관적인 관찰(울 것처럼 보인다)에서 드러난다.

　* 주의: 소아와 청소년의 경우 과민한 기분으로 나타나기도 한다.

☐ 모든 또는 거의 모든 일상 활동에 대한 흥미나 즐거움이 하루의 대부분 또는 거의 매일같이 뚜렷하게 저하되어 있을 경우(주관적인 설명이나 타인에 의한 관찰에서 드러난다.)

☐ 체중 조절을 하고 있지 않은 상태(예: 1개월 동안 체중의 5% 이상의 변화)에서 의미 있는 체중 감소나 체중 증가, 거의 매일 나타나는 식욕 감소나 증가가 있을 때

☐ 거의 매일 나타나는 불면이나 과다 수면

☐ 거의 매일 나타나는 정신 운동성 초조나 지체(주관적인 좌불안석 또는 처진 느낌이 타인에 의해서도 관찰 가능하다)

☐ 거의 매일의 피로나 활력 상실

☐ 거의 매일 무가치감 또는 과도하거나 부적절한 죄책감을 느낌(망상적일 수도 있는 단순히 병이 있다는 데 대한 자책이나 죄책감이 아님)

☐ 거의 매일 나타나는 사고력이나 집중력의 감소 또는 우유부단함(주관적인 호소나 관찰에서)

☐ 반복되는 죽음에 대한 생각(단지 죽음에 대한 두려움뿐만 아니라), 특정한 계획 없이 반복되는 자살 생각 또는 자살 기도나 자살 수행에 대한 특정 계획

적 질병 상태에 의한 직접적 영향에 의한 것일 때는 우울증이라고 보지 않는 것이 일반적이다.

2) 우울증의 유형

우울증은 증상의 정도, 증상의 형태, 지속 기간, 원인의 요소 등에 의하여 주요 우울증, 만성 우울증, 조울증, 기타 미분류형 우울 장애로 크게 4가지로 분류한다.

주요 우울증

명호 씨는 결혼하여 유복한 가정을 꾸리고 있는 30대 중반의 남자로 본인은 슬럼프에 자주 젖어들 뿐, 우울증이라고는 아직 생각하지 않고 지내고 있었는데, 우연한 기회에 우울증에 관한 대화를 나누게 된 사람이다.

"요즈음, 매사에 의욕이 없어 해야 할 일도 하지 않고 지낸 지가 한 달 가량 되었습니다. 특히 주변의 사람들과도 거의 단절하고 지내고 있습니다. 핸드폰이 와도 받지를 않습니다. 이런 상태가 길어지는 것이 좋지가 않고, 빨리 정상적인 생활로 돌아가고는 싶지만 그게 잘 되지가 않아요."

우울 증상으로 인지된 나는 그에게 이러한 증세가 언제쯤부터 나타나기 시작했는지 물어보았다.

"그런데 저 같은 경우는 이런 우울한 상태가 항상 계속되는 것은 아니고 주기적으로 찾아오곤 합니다. 제 기억에는 20대 후반부터 두 달이나 석 달에 한 번 정도로 찾아오기 시작했었습니다. 이러한 증상은 여러 가지로 시작되지만 보통은 해야 할 일을 해 놓지 않았다든지, 몸이 피곤하다든지 하여 의욕이 없어져서 약속을 지키지 않게 되면서 시작이 됩니다. 그리고는 그 약속에 관계된 사람이 전화를 걸어 오면 전화를 받지 않게 됩니다. 내가 당연히 해야 될 일을 하지 않았다는 자책감이나 다른 사람들이 기다리는 자리에 나가지 않았다는 미안함 등이 일기 시작하고, 다른 사람들로부터 비난하는 소리가 듣기 싫어집니다. 그래서 결국 다른 사람들과의 소통의 문을 스스로 닫아 버리게 됩니다. 하지만 속으로는 매우 괴롭습니다. 그러면서도 어떻게 탈출구를 찾아야 될지 몰라 그저 그 상태로 내버려 두고, 그저 끙끙대면서 견디어냅니다. 그러다가 두세 주 가량 지나면 어쩔 수 없이 사람들과 만나게 되며 서서히 정상 생활로 찾아 돌아오곤 합니다. 그 과정에서 '왜 연락을 안 했느냐? 무슨 일이 있었느냐? 사람이 왜 그러냐?' 하는 이야기에 변명하기도 너무도 싫습니다."

그는 남들이 보기에는 아무 걱정 없이 잘 사는 것으로 볼 수도 있었다. 결혼하여 정상적인 가정을 둔 가장으로 아이도 둘이나 두고 있고, 소위 잘 나간다는 직업도 가지고 있어서 주위로부터 부러움을 사고 있는 사람이다.

"나는 남들에게는 설명할 수 없는 고민을 갖고 있습니다. 아내도 이런 모습을 알고는 있지만, 이해해 주지는 못하고 있습니다. 그래서 때로는 나의 이런 상태가 오면 자기도 정말 힘들다고 토로하기도 합니다. 하지만 또다시 이런 상태가 찾아올지도 모른다는 생각이 저를 더 자신 없게 하고, 근본적으로 어떻게 해결해야 할지 몰라 죽고 싶을 때가 너무 많습니다."

명호는 주요 우울증을 겪고 있는 전형적인 사례이다.

주요 우울증(major depressive disorder)은 심각한 우울 증상이 2주 이상 또는 반복적으로 나타나는 경우를 말하는데, 열병처럼 초기, 중기와 말기[주요 우울증의 초기, 중기, 말기의 한 주기를 한 '삽화(episode)'라고 한다]로 진행된다.

주요 우울증은 6개월에서 1년까지 지속되다가는 사라지기도 한다. 그러나 치료하지 않는다면 또다시 겪을 가능성도 매우 높고, 더 오래 끌고 더 심각해질 가능성이 크다.

주요 우울증 삽화(major depressive episode)의 필수 증상은 적어도 2주 동안의 우울 기분 또는 거의 모든 활동에 있어서 흥미나 즐거움의 상실이다. 소아와 청소년의 경우는 기분이 슬프기보다는 쉽게 자극받는 과민 상태(자극에 쉽게 화를 내는 상태)가 된다. 또한 개인은 다음 목록에 포함된 증상 가운데 최소한 네 개의 부가적 증상을 경험해야 한다.

· 식욕, 체중, 수면, 정신 운동 활동에 있어서의 변화
· 감소된 에너지, 무가치감, 죄책감을 느낌
· 생각하고 집중하고 결정 내리는 데 어려움을 느낌
· 죽음에 대한 반복 생각, 자살 또는 자살 계획 및 시도

주요 우울증의 진단이 내려지기 위해서는 증상이 새롭게 나타나거

나 이전 상태와 비교하여 명백하게 악화된 상태여야 한다. 증상은 하루의 대부분, 거의 매일, 적어도 연속되는 2주 동안 지속되어야 한다. 삽화는 사회적, 직업적, 또는 기타 중요한 영역에서 임상적으로 심각한 고통이나 장애를 일으켜야 한다. 가벼운 정도의 삽화가 있는 개인들은 정상적으로 기능하는 것처럼 보이지만, 그러한 상태를 유지하기 위해서는 아주 많은 노력이 요구된다. 흔히 주요 우울증에서의 기분은 우울하고 슬프고, 희망이 없고 실망스럽거나 의기소침하다고 기술된다.

만성 우울증

지난 해, 서울의 모 교회 청년대학부 세미나를 인도하고 온 후에 한 여대생으로부터 만성 우울증을 호소하는 이메일을 받았다.

"저는 스물한 살의 여대생입니다. 저는 대학에 다니기 시작한 후 우울하다는 말을 입에 달고 살고 있습니다. 특별히 제 상황이 나쁘거나 제가 자라온 환경이 TV나 책자들에 나오는 것처럼 심각한 일은 없다고 생각할 정도로 그냥 평범합니다.

그러나 어떤 말부터 해야 할지 모르겠습니다. 그냥 제가 너무 우울하다는 말을 달고 살아서 제가 우울하다는 기분으로 말려드는 것인지, 아니면 정말 우울한 것인지 모르겠습니다. 저는 주기적으로 우울하다는 말을 자주 합니다. 우울하다가는 '아니야, 다 잊어버리고 잘 살자!' 그래서 잘 지내다가는 이내 또 우울해지고는 합니다.

저 자신이 저를 자꾸 우울증으로 몰고 가는 것인가요? 아니면 정말 우울증인가요? 휴…, 이번에는 우울한 감정이 좀처럼 나아지질 않고 있습니다.

언니가 기분 전환시켜 준다고 연극 공연을 봤는데도 재미도 없고, 그냥 다 부정적으로 보입니다."

만성 우울증은 정도가 낮은 우울증으로 2년 이상 오랫동안 지속되는 형태로, '기분 부전 장애(dysthymic disorder)' 또는 '감정 부전 장애(感情不全障碍)'라고도 한다. 어떤 사람들은 일생의 대부분 기간을 이 장애 속에 보내기도 하는데, 이것은 '기분의 장애'로 심각한 어떤 장애를 가져다주는 증상은 나타나지 않을 수 있으나, '바닥의 존재'가 되어 버려 일과 가족 그리고 다른 모든 대인 관계와 영역에 영향을 주고 어려움을 겪게 된다. 그러므로 치료하지 않으면 지속되고 더욱 악화될 가능성이 있다.

조울증

우울증은 반대되는 정서인 '조증(mania)'—지나치게 기분이 좋은 상태로 과잉 행동, 극도의 기분 들뜸, 비이성적 과대 사고, 부적절한 행동 등이 나타나는 비정상적인 상태—과 함께 나타나는 경우가 있다. 이처럼 조증과 우울증이 서로 바뀌면서 나타나 조울증을 '양극성 우울증(bipolar depression)'이라고도 한다. 이에 비하여 주요 우울증은 조증 상태 없이 바닥의 한 극단에 치우쳐 나타나기에 '단극성 우울증(unipolar depression)'이라고 한다.

조증 상태로 며칠에서 몇 주간 지속되기도 하지만, 대부분의 경우 실현 불가능한 비현실적인 목표를 향한 과대 사고와 과잉 행동으로 목표를 달성하지 못하고 실패와 좌절로 끝나게 되어 때로는 예측할 수

없게 양극단 사이를 빨리 변화하기도 하는데, 상승기는 점차 늘어나면서 불안정해지고 하강기에는 점차 더 고통스러워진다.

미분류형 우울증

이 밖에도 여러 유형의 우울증이 있는데, DSM-Ⅳ에는 하위 범주에 '미분류형 우울 장애(depressive disorder not otherwise specified)'의 항목을 두어 정신 장애 진단 기준에 미치지 못하는 단기 우울 장애, 월경 전 우울 장애 등 비전형적인 우울증을 포함시키고 있다.

우울증의 양태는 너무도 다양해서 미분류형 우울증으로 보아야 할 경우도 많다. 『냇 터너의 고백』(The Confessions of Nat Turner)라는 저서로 퓰리처상을 받은 윌리엄 스타이런(William Styron)의 경우도 자신이 겪었던 우울증을 회고한 『보이는 어둠』(Darkness Visible)의 책에서 자신이 앓았던 우울증을 어느 정신의학 책에서도 제대로 묘사되지 않는 미분류형 우울 장애였음을 서술하고 있으며, 이러한 비전형적인 우울증으로 불꽃같이 살다가 슬프게 스러져 간 예술가들이 너무도 많았음을 지적하고 있다.

식물성 우울증

최근에는 워싱턴대학교 간호대학 교수인 마리아넷 브라운 박사는 주로 여자들에게 가장 흔하게 나타나는 기분 장애로, 상당수의 정신 전문가들이 여성의 기분 장애 증상과 관련하여 우울증 여부를 확인하기 위해 시행하는 각종 검사에서도 비껴가기 때문에 의사들의 레이더망을 피해가는 식물성 우울증 증상이다.

이것은 처음에는 월경전증후군 증상으로 시작하여 산후우울증을 거쳐 계절성 정동 장애로, 그 다음에는 폐경기 및 폐경기 전후 장애로 가임기(可姙期)가 끝날 때까지 여성들을 줄곧 괴롭히는 이 증상은 뚜렷한 이유 없이 우울해지는 상태이다.

우울증이라는 진단을 내릴 만큼 심각하지는 않고 무엇이라 꼬집어 말하기 곤란하게 앓는 이 증상은 '식물성 우울증 증상(vegetative depressive symptoms)' 이라고 할 수 있는 우울증으로 오진 가능성이 매우 높을 뿐만 아니라 치료도 제대로 되지 못하고 있는 실정인 것이다. 일반적으로 우울증은 어떠한 활동에도 즐거움을 느끼지 못하거나, 죽음을 생각하거나, 자신이 쓸모없는 존재로 여겨지거나, 식욕이 전혀 없거나 원인 모르게 체중이 감소하는 등 심각한 증상에만 초점을 맞추기에 식물성 우울증 증상은 등한시되고 있는 기분 장애이다.[32]

이것은 기분을 고양시키는 역할을 위하여 뇌에서 분비되는 화학 물질인 '세로토닌' 이 남자들보다 여자들이 결핍되어 나타나는 현상으로 보았다. 세로토닌의 분비는 '에스트로겐' 의 수치에 따라 증감되는데, 에스트로겐은 생리와 출산, 수유, 폐경 등에 의하여 그 수치가 낮게 떨어지게 되어 바로 이 시기에 여자들이 식물성 우울증을 겪게 된다고 한다. 식물성 우울 증상에 대한 35세인 아이 엄마의 고백이다.

"저는 여덟 살과 열두 살의 두 아이를 가진 아이 엄마입니다. 결혼을 일찍 해서 제 나이에 비하여 아이들이 큰 편입니다. 그런데 전 짜증이 너무 자주 나는 편입니다. 아이들에게 잘해 주다가도 어느 순간 화가 치밀어 오르면 소리도 지르고 욕도 해 댑니다. 그러지 말아야지 하면서도 화를 내고, 자주 후회하면서도 짜증에 대한 통제가 마음대로 잘 되지 않고 있습니다. 그리고 항상 우울하다는 생각도 지배하고 있습니다. 요즈음에는 시도 때도 없이 피곤하고 매사에 의욕도 없고, 재미있는 일도 없고, 신나는 일도 별로 없습니다. 그리고 밤에는 잠도 잘 오지 않고 낮에는 병든 닭처럼 졸며 잠들 때 많습니다. 남편과의 성생활도 흥미가 상실되어 별로 관심이 없는 실정입니다. 그래서인지 항상 짜증과 신세 한탄이 먼저 시작됩니다. 항상 '멋있는 내가 되고 싶었었는데 이렇게 되었나.' 하면서 신세타령을 합니다. 요즈음에는 기억력도 급격히 떨어져서 쉽게 잊어버리기 일수입니다. 때로는 가슴도 답답하고 머리도 자주 아프고, 화도 자주 나고, 짜증도 나는데 어떻게 해야 좋을 지 모르겠습니다."

이러한 증상을 치료하기 위하여, 마리아넷 브라운 박사는 LEVITY 프로그램[빛(Light), 운동(Exercise), 비타민 섭취 요법(Vitamin Intervention Therapy)]을 제시하고 있는데, 대부분의 여성들이 겪는 '보디블루스'의 우울증은 다음과 같은 증상으로 진단된다.[33]

- · 시도 때도 없이 피곤하고 나른하고 의욕이 없다.
- · 과식으로 인해 몸무게가 늘어난다.
- · 체력이 약해진다.
- · 잘 아는 사람의 이름도 생각나지 않고 집중력이 떨어진다.
- · 밤에는 잠이 오지 않고 낮에는 졸립다.
- · 매사에 짜증스러워지고 쓸데없이 긴장한다.
- · 섹스에 대한 흥미가 떨어진다.

· 괜히 불안하다.

· 기분이 우울하다.

· 다른 사람의 반응에 지나치게 민감해진다.

그 외에도 몇 가지 유형의 우울증이 있는데, 계절의 변화에 따라 특정한 계절에 나타나는 '계절성 우울증(seasonal depression)', 출산 후 4주 이내에 여성에게 나타는 '산후 우울증(postpartum depression)', 불면증이 아닌 잠을 더 많이 잔다든지 체중이 도리어 늘어나는 '비전형적 우울증', 행동과 사고가 느려지는 '지체성 우울증(retarded depression)', 걱정과 불안을 동반하며 흥분된 모습을 나타내는 '초조성 우울증(agitata depression)', 기분 부전 장애의 만성 우울증을 가진 사람이 주요 우울증을 겪는 '이중 우울증(double depression)'이 있고, 그 밖에도 '배회 우울증(errabunda depression)' '건강 염려 우울증(hypochondriaca depression)' '혐인 우울증(misanthropica depression)' '종교 우울증(religiosa depression)' '폐경기 우울증(climacteric depression)' '갱년기 우울증(involutional depression)' '초로기 우울증(presenile depression)' 등 다양하게 구분한다.

3) 우울증의 구분

우울증은 원인 요인에 따라서 '외인성 우울증(exogenous depression)'과 '내인성 우울증(endogenous depression)'으로 구분하고,

또 심각성 정도에 따라 '신경증적 우울증(neurotic depression)'과 '정신 병적 우울증(psychotic depression)'으로 구분하기도 한다.

외인성 우울증과 내인성 우울증

효은(가명, 24세) 씨는 간호사로 활동하며, 퇴근 후에는 영어를 과외로 지속적으로 공부할 정도로 배우는 것을 매우 좋아하는 유능한 미인이다. 그러나 한눈으로 보기에도 그녀는 쉽게 상처받을 정도의 여린 마음의 소유자로 보였다.

"대학을 졸업고 취업을 하니, 이 직업이 저에게는 너무나 큰 짐이 되어 버렸습니다. 일은 쉽고 단순하지만 사람을 상대하는 직업이다 보니, 환자들이 그냥 하는 말도 제게는 큰 상처가 되어 돌아올 때가 많았습니다."

그러나 이렇게까지 일상적인 사소한 대화에도 상처를 받는 것은 너무 심각한 증상이라는 생각이 들어 과거에 힘들었던 상실의 경험들이 있었는지에 대하여 물어보았다.

"취업하기 석 달 전 친한 친구에게서 사기를 당한 후라 가까운 사람도 못 믿을 정도가 되었습니다. 그 후로 저의 개인적인 감정이나 일들을 다른 사람에게 말하는 것조차도 싫어졌습니다. 내 상처에 대해 말하게 되면 그 사람이 다른 사람에게 말하지 않을까 하는 불안감이 증폭되었습니다. 그렇게 사람들과 단절된 생활을 하다 보니, 공부도 하기 싫어졌고 간호사의 일도 두 배로 힘겹게 느껴져 모든 것이 귀찮아지게 되었습니다. 이러한 현실들이 더 짐으로 느껴져 늘 우울하게 되었습니다. 특히 일 나가기 전에 더 심하게 느껴져 병원 일에도 어려움이 나타나기 시작했습니다. 그래서 이 우울감을 이겨 보려고 운동을 시작했는데, 혼자 다니는 운동은 더욱더 저를 힘들게 할뿐입니다."

그리고 잠이 너무 많아지게 되었으며, 기억력도 현저하게 감퇴되어 방금 보살핀 환자의 이름도 잊어버릴 정도가 되는 전형적인 '외인성 우울증'을 겪고 있는 중이었다.

이러한 '외인성(外因性) 우울증'은 사별, 사랑하는 사람의 상실, 실직, 실패, 가족 불화, 이혼, 질병 등 외적으로 진행되는 사건과 요인에 대한 반응으로 우울 증상이 나타나는 것으로 '반응성 우울증(reactive depression)'이라고도 한다.

이것은 다분히 심리적인 우울 증세로서 어떤 상실에 대처하는 과정 중에 겪게 되는 비탄의 과정으로 '비통의 감정을 해소'하는 과정인 것이다. 우리의 삶은 상실의 가능성으로 가득 차 있다. 이 세상에 태어나는 순간부터 우리는 하나씩 잃어 가기 시작한다. 시간이 지나가며 사랑하는 이의 거절, 부모의 사별, 이별에 따른 상실 등을 경험하게 되고, 부모의 보호와 사랑의 관계들을 상실해 가기 시작한다. 그리고 결혼 관계를 시작하면서 독립과 배우자와의 갈등을 통해 각종 상실들을 경험하게 되고, 인생의 노년에 접어들면서 죽음을 통해 친구들의 상실과 마침내는 자신의 능력을 상실하게 되는 심각한 위기를 맞게 된다. 이러한 상실을 충분한 비탄의 과정을 통하여 해소하고 적응하지 못하게 되면 우울증에 빠지게 되는 것이다. 일반적으로 외인성 우울증인 반응적 우울의 가장 깊은 형태는 사랑하는 사람의 사별 후에 생기는

상실의 우울이다. 특히 어린 시절에 중대한 고통의 상실을 경험한 이들 중에는 성인이 된 후에 삶의 여러 분야에 지대한 영향과 장애를 받게 되는 사람이 매우 많다. 그러나 이러한 것은 단지 우울증을 시작하게 만드는 것에 지나지 않는다. 우울증의 유형이 다양한 것처럼 원인도 동일하다. 어떤 이에게는 불행했던 상실이 우울증을 일으키지만, 어떤 사람들은 전혀 분명한 이유도 없이 우울증이 시작될 수도 있다.

'내인성 우울증'은 몸 안에서 그 요인이 생겨나는 것이다. 일반적으로 뇌 안의 생화학적 문제나 유전적 요인 또는 호르몬 체계나 신경계 손상으로 우울 증상이 나타나는 경우를 의미하고 있다. 어떤 경우에는 질병이나 약물에 의한 직접적인 결과로 생기기도 한다.[34]

인간의 두뇌는 약 100억 개 이상의 뇌 세포가 순식간에 수백 억 가지 이상의 정보를 전달하고 있다. 이 소통은 신경 전달 물질들—세로토닌, 도파민, 노르에피네프린 등—이 적정 수치에 도달하게 되면 두뇌의 기능은 균형이 맞아 안정감을 갖게 되지만, 결핍하게 되면 우울증의 한 원인이 된다는 것이다. 반면에 과다하게 될 경우에는 조증(躁症)의 상태를 일으키게 된다. 이러한 가설은 1988년 항우울제 프로작(Prozac)이 시판되면서 생화학적 근거에 대한 의견이 더욱 받아들여지고 있다. 프로작은 뇌에서 분비되는 세로토닌을 활성화할 목적으로 개발된 최초의 항우울제이다. 이 계열의 치료제를 통칭하여 '선택적 세로토닌 재흡수 억제제(SSRI)'라고 부르는데, 프로작은 이러한 부분에 탁월한 치료 효과를 보이면서 부작용이 적은 것으로 입증되었다.

신경증적 우울증과 정신병적 우울증

증상의 심각도에 따라 신경증적 우울증과 정신병적 우울증으로 구분하기도 하는데, 신경증적(neurotic) 우울증은 상실을 비탄의 해소 과정을 갖지 못함으로 생기게 되는 증상으로 오랫동안 쌓인 스트레스와 고통, 불안 등에 의해 우울에 잠기게 되는 것이다. 상실에 대처하기보다는 자기 연민의 슬픈 감정에 잠겨 '비참함'을 먹이로 해서 살아가는 것이다.

경기도 파주 지역에서 근무할 때, 애인 변심으로 자살을 기도했던 일병이었던 병수(가명, 당시 22세)의 예이다.

처음 만났을 때 그는 말라 희멀건 모습을 하고 있었고, 아무리 해도 도움을 거절하고 아무 말 하지 않고 두 주간 이상을 버티고 있었다. 그러나 지속적인 배려와 보살핌에 첫 반응으로 자신의 마음 상태를 적은 메모지를 내게 주었다.

어떻게 해서든 이겨내려고 했었는데
한동안 정말 극에 달했었습니다.
전 일생을 살아오면서 단 하루도 기쁨을 느껴 본 적이 없어요.
매일 우울하고 슬프고, 기쁜 일이 있었어도 잠시였습니다.
부모님은 언제나 제가 하는 모든 일에 불만스러워했었습니다.
학교 성적이 올랐어도 너 같은 멍청이들만 있는
곳에서 당연히 그 정도는 해야지라고 말하시고,
아버지는 술을 자주 드셨는데, 전 그래서 술이 싫었어요.
근데 더 웃기는 건 저도 알코올 중독에 걸릴 만큼

매일 술을 마시고 있습니다. 술기운이 떨어질까 두려워하며

그 몽롱한 기분으로 하루하루를 살았습니다.

기댈 곳을 찾아 이곳저곳을 헤매지만,

언제나 힘겨움만 안고 잠에 들었습니다.

언제부턴가 잠을 못 자고 새벽이 다 되어서야 잠이 들고

오래 잠을 자도 피곤함에 못 이겨 쓰러지곤 했습니다.

전 매일 죽을 생각을 했습니다. 아무도 없는 곳이 없을까?

죽음 …, 죽음은 해결책이 아니란 걸 알고 있어요.

내겐 죽음조차도 무의미합니다.

너무나 … 희망 … 삶의 의미를 잃은 제가 너무 가엾습니다.

이제까지의 제 모든 삶은 실패였습니다.

어쩌면 그렇게 단 하루도 기쁠 수가 없죠?

알 수 없는 두려움과 불안함에 매일을 지냈습니다.

정말 사는 게 싫습니다.

이러한 신경증적 우울증은 치료하기 어려운 불건전한 것으로, 고통 당하는 자가 도움 받기를 희망하지 않을 때는 더욱 악조건이 된다. 이 때 그 사람은 부정적인 생각에 몰두하고 무기력하며 침울하지만 현실 판단력의 손상이 없는 상태이기에 주변에서 무슨 일이 일어나고 있는 지 정확하게 이해하며, 대화 내용이 논리적이고 일상생활에 지장이 없는 편이기에 도움을 거절하는 경우가 있을 수 있다.

반면에 '정신병적 우울증'은 매우 심각한 증상과 사악한 망상

(delusions) 수준의 부정적 사고나 죄의식을 갖게 되는 심한 증세이기에 '정신병적'이라고 불리는 것이다. 정신병적 우울증은 환각과 환청, 망상이 나타나며, 현실로부터 단절되는 경향을 보인다. 이러한 환자는 외계인이 우주선을 타고 자신을 데리러 오고 있다고 믿기도 하며, 자신은 죽어야만 하는 죄인이라는 죄의식의 망상을 갖기도 한다. 또 누군가가 자신을 죽이려고 흉기를 들고 쫓아온다고 두려워 떨기도 한다. 이러한 정신병적 우울증 환자는 현실 판단 능력이 손상되어 사회적 적응이 불가능하므로 전문의의 도움이 필요하며, 입원 치료되어야만 한다.

이러한 '정신병적 우울증'은 인격의 고매함 정도와 아무 상관없이 걸릴 수 있고, 때로는 쾌활하고 긍정적이며 낙천적인 사람도 사로잡힐 수 있다. 그러나 우리의 사회는 정신병적 우울증에 대한 낙인 때문에 입원 치료하는 것을 어떤 인간적인 결함이 있지는 것으로 생각하는 수가 있다. 그러나 이것은 잘못된 생각이다. 어떤 질병이든지 입원 치료하는 것이 인격에 결함이 있다는 것을 의미하는 것이 아니듯이, 우울증도 하나의 질병이기에 동일하게 전문 의사에게 의뢰하고 또 그의 도움을 받아야 하는 것이다.

4) 우울증의 증상과 자가 진단

우울증은 가능한 한 빨리 인식하여 치료하는 것이 가장 이상적이다. 그러나 우울증을 진단하는 일은 그렇게 쉽지 않다. 우울증은 많은 질병들과 그 증상이 비슷하기 때문에 장기간 동안 진단되지 못한 채 진

행될 수 있다. 중추 신경계의 이상, 일반적인 건강 문제, 위장, 심장 등의 문제들은 우울증과 흡사하게 보일 뿐만 아니라 분노나 두통, 피곤, 과민증 등 여러 가지 감각 기관의 문제로 스스로 위장할 수도 있기 때문이다.

일반적인 증상

우울증은 초기 단계에서 이를 알 수 없기에 적절한 치료를 받지 못한다. 증세가 꽤 많이 진전되어서야 비로소 그 증상을 인식하나, 대부분이 처음에는 약만 먹으면 낫는 심인성 질환이라 생각하며 의식적 방치 속에 더 깊어 가게 된다. 혹자는 우울증이 한 인격체로서의 무가치감을 갖게 만들기 때문에 영적으로 해석하여 악령의 탓으로 돌리는 경우도 있다. 그러나 이것은 전혀 도움이 되지 않는다.

우울증의 일반적인 특징중의 하나는 피곤증이다. 모든 양상의 우울증에는 피곤 상태가 있고, 삶에 대한 흥미가 결여되어 일상적인 일과 정신적 활동에 참여하고자 하는 에너지가 결핍되어 있다. 뿐만 아니라 권태감을 느끼면서 침대에 누워 일어나는 것을 거부하게 되기도 한다.

다음은 우울증에 수반되는 일반적인 증상들이다.[35]

· 지속되는 슬픔과 근심, 또는 '텅 빈' 기분
· 절망감과 염세 비관주의적인 감정
· 죄책감, 무가치감, 무력감(아주 사소한 이유로 울기도 한다.)
· 성(sex)생활의 관심과 흥미 상실
· 불면증, 이른 새벽에 깨어나는 것, 지나친 수면

- 식욕과 체중 증가 또는 감소

- 에너지 감소, 피곤증, 체력 감소 현상

- 죽음이나 자살에 대한 생각

- 불안과 초조

- 집중, 기억, 의사 결정하는 데 어려움

- 두통, 소화 불량, 만성병처럼 치료에 반응을 보이지 않는 육체적 증상

신앙적인 증상

우울증의 심리적, 육체적 증상만큼 중요하게 신앙적인 면에서도 그 증상은 극단적으로 나타난다.

가장 일반적으로 나타나는 증상은 '버림받았다'고 느끼거나 '거절당하고 있다'고 느끼게 되는 것이다. 이것은 우울증 속에서 경험하는 심리적 죄책감이나 회의감, 지속적으로 해결되지 않고 있는 문제들로 인하여 생겨나는 반응인 것이다. 따라서 기도할 힘을 상실하게 되며 영적인 퇴행이 시작된다.

또 다른 증상은 반대로 종교적인 일에 지나치게 몰두하는 것이다. 이것은 보상 심리에 의해서 행해지는 시도이나 지나친 몰두는 건강한 것이 아니다.

우울증을 측정하기 위하여 만든 앞면의 설문지의 증상 중에서 네 가지 이상이 두 주일 이상 계속되거나 사회생활이나 가정생활에 장애가 있다면 정신과 전문의와 상담하는 것이 필요하며 정밀한 진단을 받아야 할 것을 미국국립보건원은 제안하고 있다.

우울증 자가 측정 설문지(미국 국립보건원 제작)[36]

* 다음의 글을 읽고 최근의 일상생활에서 일어나고 있거나 느끼고 있는 사항들에 대하여 □에 ∨표시를 하십시오.

우울증의 증상에 포함될 수 있는 것
- □ 지속되는 슬프고 공허한 기분
- □ 성(性)생활을 포함한 일상적인 활동에 흥미나 즐거움의 상실
- □ 정력의 저하나 피곤함, '느려지는 것'
- □ 수면의 장애(불면증, 이른 아침에 일찍 깨기, 지나치게 자는 것)
- □ 섭식, 먹는 것과 관련된 장애(식용이나 체중의 감소 또는 증가)
- □ 집중하고 기억하고 결정하는 일의 어려움
- □ 죄책감, 무가치감, 무력감
- □ 죽음·자살에 대한 생각, 자살 시도
- □ 신경 예민
- □ 치료에 반응하지 않는 만성적인 통증
- □ 지나치게 우는 것

직장 생활에서 우울증의 증상은 다음의 것들을 포함합니다.
- □ 생산력의 감소
- □ 협동의 부족
- □ 결근
- □ 설명할 수 없는 통증
- □ 근로 의욕의 저하
- □ 안전 문제, 사고
- □ 항상 피곤하다는 잦은 호소
- □ 술이나 약물의 남용

조증의 증상은 다음의 것들을 포함합니다.
- □ 지나치게 들뜬 기분
- □ 잠에 대한 욕구의 감소
- □ 생각이 많음
- □ 과대사고(思考)
- □ 말하는 것, 움직이는 것, 성적 활동의 증가
- □ 신경 예민
- □ 정력과 활동의 증가
- □ 결정할 수 있는 능력의 장애
- □ 쉽게 산만해지는 것

임상적인 우울증을 가지고 있는 많은 사람들은 기분이 가라앉고 낙담하고 슬프게 느껴진다. 그러나 어떤 사람들은 임상적인 우울증을 앓고 있으면서도 보통의 수준을 넘는 슬픔, 좌절, 감정적 손상과 같은 우울 증상을 느끼지 못할 수도 있으므로, 의심스럽다면 객관적인 입장이 되는 것이 중요하다.

우울증이 시작되었거나 우울할 때에는 자신의 주변 환경에 일어나는 사건들이나 자기 자신에 대하여 정확하게 지각하지 못하게 된다는 사실을 아는 것은 매우 중요하다. 즉, 우울 증상이 있는 시기에는 측정이나 평가, 판단과 결정하는 것들이 정확하지 않을 수 있다.

그러므로 만일 우울하다고 생각한다면 자가 측정 진단의 결과보다는 전문적인 정신과 의사를 방문하여 상담하고 정확한 진단을 받아 보는 것이 제일 바람직하다.

항구에 정박한 배는 안전하지만,
그렇게 두기 위하여 배를 만든 것은 아니다.

– 그레이스 호퍼

7. 왜 우울증이 나타나는가?

항상 돌덩이가 가슴을 짓누르는 것 같아요

선희(가명) 씨는 충청북도에서 올라온 32세의 노처녀였다. 겉보기에는 성격도 좋아 보였고, 대인 관계도 좋아 보이는 편이었다. 그런데 혼자 누워 울다가 출석하고 있는 교회 목사 사모님으로부터 제안을 받아 만나게 되었던 여성이다.

"죽고 싶다는 생각은 초등학교 때부터 했던 것 같습니다. 형편이 넉넉지 못하여 아버지와 어머니의 싸움이 잦으셨습니다. 듣기로는 어머니도 돈 벌러 나가야 했었기 때문에 갓난 아이 때 배가 고파서 울다 지치면 엄마 젖꼭지 대신에 벽지를 입에 넣고는 할 때가 많았었다고 들었습니다. 그래서인지, 어릴 때부터 사는 게 무엇인지에 대해서 많이 생각했던 거 같아요. 학교에서는 친구들과 웃다가도 집에 오는 길에는 항상 우울했죠. 학교에서는 친구들한테 무척 인기도 좋고 선생님들한테도 귀염받았어요. 하지만 친구들과 떨어지면 너무 우울한 거예요. 이런 나 자신을 보면서 더 우울해졌습니다. 고등학교 3학년 때는 심각하게 자살을 생각하기도 했었습니다."

나는 그녀에게 그 당시의 마음 상태와 증상이 어떠했는지 회상하며 느껴 볼 수 있겠느냐는 질문을 던졌다.

"매일같이 몸에 힘이 없고, 항상 돌덩이가 가슴을 짓누르고 있는 것 같았어요. 그리고 숨을 쉬는 것조차도 귀찮았습니다. '차라리 내가 죽고 말지, 왜 살까?' 라는 생각에 늘 사로잡혀 있었습니다. 그런데 스물네 살 되던 해인가, 갑자기 아버지가 돌아가시는 바람에 정신이 들었던 것 같습니다."

그 이후에 얼마나 좋아졌다고 생각되었으며, 어떻게 지냈는지를 물어보았다.

"그 후에는 남자 친구를 사귀면서 많이 좋아졌던 것 같아요. 죽고 싶다는 생각도 거의 안 들었고 희망이란 게 보였는데, 남자 친구와 헤어지면서 다시 시작되었습니다. 그래도 직장 생활을 하며 이겨 보려고 노력하는데, 요즈음 다시 심해지고 있어요. 잠들기 전에 그리고 아침에 눈뜰 때 우울해서 미칠 것 같고, 늘 안개가 낀 것처럼 뿌옇게 느껴져요. 저는 산다는 것 자체가 너무 힘들어요."

그녀의 우울증은 어린 시절, 어머니의 부재 그리고 아버지와 어머니의 싸움으로 인한 상실감이 원인이었다. 모든 질병에는 발병의 원인이 있듯이 우울증에도 발병의 원인이 존재한다.

1) 우울증의 원인

우울증은 어떤 원인에 의해서 시작되며, 어떤 과정을 통하여 발생하는가? 그것은 환경적 요인에 의하여 생겨나는가? 아니면 유전적인 요소인가? 우울증은 심리적 장애인가인가? 신체적인 시스템 장애에 의한 현상인가?

우울증은 불가사의하고 비정상적인 작용과 복합적인 여러 요인들이 뒤엉키고 복잡하게 얽혀 있기 때문에 어쩌면 그 원인을 아는 것은 영원히 불가능한 일일지도 모른다. 그러나 우울증의 원인을 밝혀내는 일은 예방과 치료에 대한 근거와 방법을 제시할 수 있기 때문에 너무나 중요한 작업인 것이다.

32세의 젊은 가정주부로 군인의 아내였던 경옥(가명) 씨의 경우이다. 군인의 아내이기에 잦은 이사와 협소한 군인 관사 여건으로 시부모님을 모시고 살지는 않는 가정이었다. 가끔 만나는 시부모이지만, 시아버지는 그녀와 손의 동서인 첫째 며느리와 비교를 많이 하는 편이어서 평상시부터 시부모에 대한 불편함과 스트레스가 있는 상태였다.

"저, 이혼하고 싶어요. 이혼하지 않고 이대로 살면 죽을 것만 같아요. 제가 성격이 좀 내성적이고 신경질적인 면은 있지만, 시집 오고 나서 제 성격이 많이 날카로워졌어요. 특히 시부모님들은 친정 부모와는 사뭇 다르신 분들이라서 더 어렵게 생각하고 지내고 있었습니다. 며칠 전엔 시아버님이 저희 부부가 싸운 것을 아시고 전화를 걸어, '친정에서 뭘 배우고 왔느냐!' 하면서, '너희 형님은 너랑 동갑이지만 너 같지는 않다.'고 하며, 저에게 너무 큰 충격의 말씀을 마구 하셨어요. 그 일이 있은 지 벌써 일주일이 되어 가는데도, 자꾸 자살하고 싶은 생각이 들고, 칼을 보면 배를 찌르고 싶은 충동이 들어요. 그리고 비관적인 생각이 자꾸 들어요. 지금도 눈물이 자꾸 나네요. 이러다 정신병에 걸리는 건 아닌지 겁이 나요. 일도 손에 안 잡히고, 가슴이 꽉 막힌 것 같아요."

나는 그녀에게 어린 시절의 친정 부모님은 어떠했는지, 그리고 섭섭했던 적은 없었는지에 대하여 물어보았다.

"저는 무남독녀 외동딸로 형제 없이 자라나 너무 외로웠고, 부모님으로부터 사사건건 질책과 잔소리만 받으며 살았습니다. 제가 실수로, 아니 그냥 일이 잘못 되어도 저에게 야단을 치셨습니다. 부모님께서 저를 무조건 혼낼 때는 정말 살기가 싫었었습니다."

우리는 그녀의 어린 시절을 탐색하면서 시부모로 인한 표면적인 원인 너머로 어린 시절에 부모로부터 받은 상실에 대하여 다루면서 치료해 나갈 수 있었다.

모든 질병이 그러하듯이 우울증도 발생하는 원인은 복합적인 요소에 의하여 시발되기 때문에 원인을 밝히는 것은 그리 쉽지 않으며, 우울증의 증상과 유형에 따라 그 원인도 달라진다. 어떤 사람들은 무의식적인 영향을 끼치는 상실과 비탄의 고통이 누적되어 우울증에 이르기도 하지만, 도리어 어떤 사람들은 더 심각하고 광포한 상실을 경험하고 때로 처참하리 만치 참담한 시련을 겪어도 우울증의 상처를 받지 않은 채 인생을 살아가는 경우도 너무나 흔하다. 그러므로 하필 어떤 사람들만 하강하는 나선형의 우울증 곡선을 그리며 그 속으로 빨려들어 가는지 그 이유를 발견하려면, 표면적으로 드러난 생활의 위기 너머에 있는 요인을 찾아보아야만 하는 것이다.

일반적인 우울증의 핵심 감정은 '슬픔' 이다. 이것은 두뇌에서의 생화학적인 불균형으로 비롯될 수도 있고, 미해결 감정의 무의식적인 심리학적 불균형에서 비롯되기도 한다. 생화학적인 불균형과 심리적인 비틀림의 현상이 융합됨으로써 삶을 황폐하게 침식시키는 우울증은 시작되는 것이다. 우울증을 촉발시키는 일상생활의 여러 가지 사건들—주요한 상실, 고통스러웠던 아동기, 해결되지 않는 비탄, 스트레스, 육체적인 중병, 경제적 어려움 등—은 단지 우울증을 시작하게 하는 유발 요소에 지나지 않는 것이다.

우울증의 증상이 다양한 것처럼 원인도 그러하다. 또 어떤 경우에는 아직도 밝혀지지 않은 것도 사실이다. 과학적으로 원인이 입증되지 않고 정복되지 않고 있는 다른 많은 질병들처럼 아직도 원인의 비밀에 대한 더 많은 연구가 필요한 질병이 바로 이 우울증인 것이다.

2) 우울증을 유발하는 요인

우울증은 여러 가지 요인들에 의해서 발생될 수 있다. 잘못된 생각, 상실, 부정적인 생활의 사건 등이 그러한 것들이다. 물론, 이러한 요인들을 가졌다고 해서 모두 우울증에 걸리는 것을 아니다. 다만 시작하게 하는 요인이 되는 것이다.

부정적인 생각

부정적인 생각과 사고는 우울증에서 중요한 촉발의 역할을 한다. 이 것은 습관적이고 중독적인 것이 될 수 있으며, 자기 파괴적인 행동의 습관 양식이 되어 우울증의 유발과 악화시키게 되는 치명적인 독소인 것이다.

내가 강원도에서 근무할 때, 서울에 나오려면 당시에는 도로 사정이 좋지 못해 5시간 정도 소요되는 거리라서, 많은 군인 가족들이 강원도 산 속에 갇혀 사는 생활이었다. 한번은 서울에 출장 가야 할 일이 있어서 교회에 이를 알린 적이 있었다. 이로 인하여 결혼한 지 6년쯤 된 29세의 젊은 군인 가족이 서울까지 함께 동승하여 태워 줄 수 있는지의 여부를 물어왔다. 장거리인지라 흔쾌히 승낙하여 함께 서울로 떠나오는 차안에서 은희(가명) 씨는 속에 쌓아 두었던 자신의 우울증에 대한 하소연을 쏟아 놓기 시작했다.

"우리 가정이 원앙새 가정같이 행복하게 보이나요? 남들은 아무 걱정 없는 행복한 가정 같겠다고 하지만, 저는 결혼을 일찍 해서 나 자신이 항상 초라해 보이고, 또 두 아이도 얼마나 개구쟁이인지 이래저래 속상할 때가 많습니다.

결혼을 일찍 해서 주위에는 언니뻘 되는 이들이 많습니다. 그런데 잘 지내는 옆집 언니네가 있는데 성격이 직선적이어서인지, '자기는 좀 이상해. 집

에 애들 키우며 안정적이지 못하고 꼭 나가고 싶어하고 좀 정서 불안 같아.'라고 충고를 해 왔어요. 그런데 왜 저는 속상하죠? 남들은 아이 키우는 일이 행복하다는데, 어느 때는 귀찮고, 그냥 나가고 싶고, 우리 가족보다는 남한테 더 잘하는 경향이 있어요. 나는 엄마 자격이 없는 비정상 여자인가 봐요. 그래서 요즘은 그냥 눈물이 잘 나오고 외롭다는 생각이 더 많이 듭니다."

이처럼 대부분의 반응적 우울증은 사고 과정의 결과임을 간과하지 말아야 한다. 즉, 우리를 우울하게 만드는 것은 상실 그 자체가 아니라 상실에 대한 인식 후에 빠지는 부정적인 사고 작용, 혹은 자기 자신에 대한 잘못된 반응의 부정적인 생각으로 인한 것이다.

부정적인 생각에는 다음의 것들이 포함된다.

- 자기 비하 : "나 같은 사람이 뭐를 해!" "나는 나빠!"
- 피해의식 : "어떻게 감히 저 사람이 나에게 그렇게 할 수 있지?"
- 열등의식 : "인생은 공정하지 못해!"
- 패배의식 : "나는 실패자야!" "나는 안돼!"
- 잘못된 가치관 : "아무도 나를 이해하지 못해!"
- 잘못된 신념 : "그것은 반드시 이렇게 되었어야만 했어!"
- 잘못된 반응 : "나는 이렇게 될까 봐 두려워."
- 불평불만 : "나는 그런 존재야! 도둑놈들! 도저히 할 수 없어!"

주요 상실

우리의 삶에는 때때로 큰 좌절감과 상처를 안겨 주는 상실의 사건들이 있다. 가족 중의 한 사람이 사망하거나 실직을 당하거나, 사랑하는 사람으로부터 거절이나 버림을 받는 사건, 자신의 심각한 질병, 가정 불화, 이혼, 업무 부진 등 다양한 상실의 사건들이 있다.

이러한 상실들이 과거의 상실 경험 중에 무의식화된 미해결 감정과 관련되어 상실을 느낌으로써 이유도 없이 우울증으로 시작되는 원인이 되기도 하는 것이다.

재정적 어려움

우리는 돈으로 모든 것을 해결하는 물질 사회에 살고 있기에 돈으로 가치를 나타내기도 하고, 또 돈을 위해서 일하기도 한다. 그러므로 생존을 위해 돈을 덜 갖게 되는 것과 물질의 상실은 중요한 우울의 원인이 될 수 있다.

특히, 물질에 가치를 둘수록 그만큼 상실을 경험하게 되며, 결국에는 반응적 우울증을 경험하게 되어 있다.

직장의 문제

생활을 위하여 생계비를 벌어야 하는 우리는 일터가 생존의 터전이기에 직장에서의 모든 관계는 긴장과 갈등의 연속이 되어, 중대한 스트레스로 작용하기 때문에 우울증을 초래하는 원인이 될 수 있다.

가정의 문제들

가장 깊은 상처는 대부분이 우리와 가장 가까운 사람들로부터 유발되기도 한다. 마땅히 사랑과 애정의 보호로 양육되어야 할 부모에 대한 상처, 또 자녀에 의한 갈등으로 인한 상실, 그리고 가장 신뢰해야할

배우자로부터 받는 상처들, 우리는 서로를 필요로 하면서도 너무나도 쉽게 서로에게 상처를 입히며 또 상처를 받고 살고 있다. 또 때로는 시부모와의 갈등이나 장인, 장모와의 갈등으로 인한 상처도 가족간의 중요한 상실이 되고 있다.

너무나 많은 경우에 있어서 지속적인 관계로 살아가면서 상처를 받는 가정에서의 해결되지 않는 갈등과 상실감은 우울증을 유발하는 심대한 원천이 되고 있다.

중독적 습관의 문제들

우울증은 비참하게 사는 신체적, 감정적, 정신적인 모든 면의 원인이 될 수 있다. 이러한 비참함의 해결책으로 기분 전환을 위한 어떤 도구들을 사용하게 되는데, 이런 것들로부터 중독적인 습관이 형성되는 원인이 되기도 하며, 또 반대로 어떤 행위에 중독되어 우울증의 뿌리가 되는 습관을 형성하기도 한다. 흡연, 음주, 마약, 약물 중독, 심지어 일 중독과 같은 중독들은 심각한 장애의 원인이 되기도 한다.

특히, 술은 화학적으로 진정제 역할을 하기에 우울증에 걸린 사람들이 우울증의 진통제격으로 사용하기도 하는데, 시간이 지나고 나면 도리어 더 악화시키는 요소가 된다. 담배도 기분을 조정하기 위한 진정제로 사용되는데, 최근의 우울증에 대한 흡연의 연구 결과는 흡연자가 비흡연자에 비해 세 배 이상 더 우울하다는 보고를 하고 있다.

음식, 성생활, TV, 일, 약물, 도박 등 모든 것이 중독적인 습관이 되면 강박적이 될 수 있다. 이러한 강박적 경향은 우울증의 성향이 될 수 있음을 발견할 수 있다.

낮은 자존감

낮은 자존감은 많은 경우에 있어서 우울증의 근원이 되기도 하고, 또 그것은 우울증의 결과가 될 수도 있다.

대학부를 담당하고 있는 후배 목회자로부터, 우울증을 호소하며 도움을 요청하는 여대생에 대한 자문을 받은 적이 있다. 그녀는 모 대학 4학년으로 지방에서 올라와 기숙사에 머물고 있는 중이었다.

"저는 공부도 그리 썩 잘하는 편도 아니어서, 중고등학교 학창 시절에 선생님들에게 사랑을 많이 받아 본 적도 없고, 집안 형편도 썩 좋은 편이 아니고, 그렇다고 외모나 재능이 받쳐 주는 사람도 아닙니다. 그래서 항상 이런 마음이 제 가슴 속 깊이 자리잡고 있어서 뭘 하더라도 자신감 있게 해내지 못합니다. 그리고 이런 생각들을 떨쳐 버리려고 노력을 해 봤지만, 자꾸만 작아지는 절 느끼게 되고, 아무 이유 없이 우울해지고 괜히 화도 나고 해서, 혼자 울어 본 적도 많습니다. 그리고 친구가 많은 아이들을 보면 너무 부럽습니다. 저도 나름대로 사람들과 친해지고 싶고 친구도 만들려 노력해봤지만, 막상 그 아이들은 절 그냥 지나가다 만난 사람 정도로밖에 생각을 안 하는 겁니다. 오히려 저를 가볍게 생각하고 말도 가끔씩 함부로 하고 …, 그때마다 저는 괜시리 좌절감을 느끼게 됩니다. 저보다 어린 후배들이 절 무시하는 듯한 언행을 하면 참을 수 없을 만큼 비참해집니다. 저에게는 기숙사에서도 친구가 없기 때문에 또 제 자존심을 제가 무너뜨립니다. 제가 그래서 무시를 당하나요? 정말 이러다간 제가 미칠 것 같아요."

이처럼, 낮은 자존감을 가진 대다수의 사람들은 무가치감과 자기 비하의 감정을 느끼게 되는 것은 매우 일반적인 현상이다. 이러한 낮은

자존감은 삶을 회피하는 방법으로 우울증을 사용하는 경향이 있어 결국에는 우울증을 일으키는 주요한 동인이 되기도 한다.

외로움

현대인들은 도시 내에서 운집해 살면서 다른 사람들과 격리되어 자신만의 작은 방에 갇혀 분리되는 경향이 있다. 그래서 외롭고 절망스럽고, 버림받았다고 느끼며 살아가고 있다. 이러한 외로움의 뼈아픈 기억이 마치 의사가 마취하지 않은 채 메스로 예리하게 도려내는 것 같을 때 외로움은 우울증의 중요한 원인이 된다.

언젠가 어느 교회 인터넷 홈페이지를 방문했을 때 게시판에 실렸던 글이다. 그의 이메일 주소나 연락처 또는 이름을 알 수 없어 돕지 못한 안타까운 마음으로, 외로움으로 인한 심각한 우울증을 호소했던 무명인의 메일을 그대로 옮겨 본다.

혼자인 게 너무 싫다.

사람들과 함께하고 싶지만,

같이 있어도 내 맘은 가시밭이고

내 성격이 왜 이런지에 대해서 계속 고민하게 된다.

나도 알고 보면 가슴 따뜻하고 쾌활한 사람인데,

그런 모습을 보여 주기가 너무 힘이 든다.

휴~

행복하려면 행복한 생각을 하라는데

도대체 행복한 생각이 뭔지,

나는 나를 점점 잃어 간다.

그래서 지금은 내가 무슨 생각을 해야 되는지에 대해서

생각해 보지만 답이 안 나온다.

꿈도 희망도 없는,

아무런 의미도 없는 지금 내 모습이

그저 안스러울 뿐이다.

죽고 싶다. 이렇게 살 바에야 ….

미칠 것 같다.

너무 외로워.

난 철저히 혼자가 되어 버려.

그저 사랑하고 사랑받고 싶은 평범함 뿐인데 ….

사회적 지지의 결여

인간이 개인의 정서적 생활을 유지하는 데 필수적인 조건은 가족, 배우자, 친구, 동료, 소속 집단의 구성원 등과 같은 '사회적 지지(social support)'이다. 즉, 소속감, 친밀감, 인정, 돌봄, 보살핌, 물질적 도움 등의 사회적 지지는 개인으로 하여금 삶을 지탱하도록 돕는 중요한 심리적 자원이 되어, 우울증을 차단시켜 주는 요소가 된다.

그러나 이러한 지지가 오랜 기간 동안 결핍되거나 단절되면 개인의 정서적 안정감을 서서히 침몰시켜 우울증을 유발시키게 될 수 있다. 즉, 가족과 오랫동안 떨어져 지내는 지속적인 상태, 소속 집단으로부터 소외되는 지속적인 상태, 또래 집단이나 친구와의 단절, 어려움을 나눌 사람의 부족 등은 우울감과 무기력감에 노출되어 우울증이 발생하게 되는 경우가 있는 것이다.

한때 나는 영어회화를 위하여 전화를 이용하여 매일 일정한 시간 대화하는 스피커 폰(speaker-phone)을 가입하여 공부를 한 적이 있었다. 나를 담당했던 영어회화 교사는 24세의 '제인'이라는 미국식 이름을 가진 젊은 목소리의 여성이었다. 시작한 지 두 달 쯤 되었을 때, 회화 담당자가 더 이상 진행하기 어렵게 되어 바뀌게 되었다. 두 달 동안 나를 담당했던 제인과 어렵게 통화를 할 수가 있었는데, 그녀는 우울증으로 고통을 겪고 있어서 중단하게 된 것이다.

"저는 미국 유학생이었기 때문에 지금까지 10년 이상을 혼자 살아왔어요. 그런데, 제가 너무 무너지고 더 이상 갈 곳도 없고 해서, 한국에 계신 부모님께로 지난 3월에 잠시 돌아왔다가 스피커폰 영어회화 담당을 했었어요. 그런데 좀 나아질 줄 알았는데, 전혀 도움이 안 되네요. 아마 제가 표현을 안하고 강한 척을 해서 저희 부모님은 저에게 무인도에 갔다 놔도 살아남을 애라고 합니다만, 겉으론 짜증을 내고 제 방으로 들어오곤 합니다. 저는 미국에 살면서 혼자였어요. 너무 견디기 힘들어 술과 폭식으로 지냈어요. 지금은 그냥 무감각한 느낌이지만, 사실 좀 웃기지만 저는 이 세상에서 내가 제일 잘났다고 생각하고, 날씬하고 예쁘고, 똑똑하다고 생각하면서 살았거든요. 당연히 나름대로 노력도 해 봤고, 정말 많이 애도 쓰고 했지만, 정말 죽고 싶은 마음뿐이죠. 사는 게 사는 것이 아니예요. 가끔은 잠이 들면 일어나고 싶지 않아 더 자고 싶다 하면서 더 이상은 못 자서 그냥 그렇고 그렇죠. 이젠 모든 것이 다 무의미하고 정말 죽지 못해 사는 것 같아요."

이러한 경우 외에도 친구나 가족과의 사소한 다툼 등과 같은 일상생활 속의 미세한 상실의 스트레스 사건들이 누적되어 우울증이 발생할 수도 있다. 분명한 충격적인 상실의 외적인 사건이 없어도 삶 속에서 경험하게 되는 여러 가지 사소한 좌절감, 무쾌감 등의 지속적인 누적은 우울증의 한 원인이 될 수 있는 것이다. 이러한 미세한 생활 속의 부정적 사건들은 미미한 것이어서 우울증을 유발하는 증상으로 자각되지는 않는다. 그러나 지속적으로 누적되는 경우에는 심각한 영향을 미칠 수가 있는 것이다.

3) 연령에 따른 우울증

우울증은 어떠한 나이에서도 발생할 수 있다. 때로는 유아에게도 증상이 나타나기도 한다. 한 연구 보고에 의하면, 12세 미만의 어린이들의 2퍼센트 이상이 임상적 우울증을 가지고 있으나 많은 경우 그 사실을 알지 못해서 치료를 받지 못하고 있다고 한다. 쉽게 산만해지고 주의 집중을 못 하는 주의력 결핍 장애의 경우 실제로는 우울증인 경우가 많다는 것이다.

청소년의 경우, 약 5퍼센트(20명 중 하나)가 임상적인 우울증을 가지고 있다고 한다. 호르몬의 변화와 성적인 문제, 자아 정체감의 위기 등이 우울증 발생에 기여하는데, 우울증으로 인한 10대의 자살률은 다른 세대의 3배 이상에 달한다고 한다.[37]

18세부터 60세까지의 성인의 경우도, 개인의 불행감과 위기, 실직,

사별, 가족의 문제, 직장의 문제 등 여러 가지 상실로 인하여, 약 5퍼센트(20명 중 하나) 이상이 임상적 우울증으로 치료를 받고 있는 상태라고 발표되어 있다.

다음은 최근의 경제난으로 인하여 사회에 불고 있는 명예 퇴직과 구조 조정에 따른 실직이 범람해 있는 세대 속에 사회생활을 하면서 직장에서 나이 때문에 우울증을 겪고 있는 세희(가명, 32세) 씨의 고백이다.

"나이가 들수록 미래가 점점 불확실해집니다. 점점 살도 찌고 자신이 사회에서 도태되는 기분이고, 직장에서도 언제 구조 조정으로 퇴직당하게 될지도 모를 불안감에 시달리고, 밤에 집에 와서는 단 음식을 잔뜩 먹은 후에 허전함을 달랜 다음 울고불고 하다가 밤새 잠 못 들고…, 아침이 되면 피곤한 몸으로 직장을 향하지만 사람들 틈에 섞여 걸을 수가 없을 정도가 됩니다. 제 모습에 너무 자신이 없어서요. 20대 초반까지만 해도 날씬하고, 외모에 자신도 있어 모든 일에 당당했었는데, 지금의 나는 뭔가 단단히 잘못된 것 같습니다. 저는 저를 어떻게 통제할 능력도 없습니다. 너무 불안하고 무섭고, 사라지고만 싶습니다."

연령이 더욱 높아져 65세 이상의 노인이 되면, 다른 세대의 두 배 정도로 약 10퍼센트 이상이 우울증을 경험하게 되는데, 치매나 기억력이 떨어지는 것과 같은 노환으로 치부되는 많은 경우에도 실제로는 우울증을 가지고 있는 경우가 많다. 치매로 입원하는 노인 환자의 경우 40퍼센트가 노인 우울증으로 진단되고 있는 현실이다. 현대 사회는 점차로 고령화되고 있는 추세이다. 노인들에 대한 우울증에 대한 관심이 더욱 많아져야 할 것이다.

어린이 우울증

어린아이는 아직 상실에 적절히 반응하는 방법을 익히지 못한 상태이기에 어린이 우울증은 심각한 형태로 나타날 수 있다. 어린 초기 발달 단계에 익힌 대응 방법이 성인 우울증 유형의 기초가 되고 있다.

어린이 우울증의 특징 중 하나는 또래 관계에 민감한 반응을 보인다는 것이다. 어린이들은 친구들이 자신을 어떻게 보는가에 매우 민감하다. 친구들이 자신을 거부한다고 인식하면 이것은 우울증을 유발하거나 악화시키는 요인이 된다.

이외에도 숨은 어린이 우울증 증상으로 손톱 물어뜯기, 극단적 형태의 불안, 근육 경련, 짜증, 흥분, 지나친 소심함, 자해, 의도적인 파괴 행동 등이 어린이 우울증을 위장하고 나타난다.

어린이 우울증의 가장 심각한 원인은 부모의 이혼과 별거이다. 특히 사춘기를 앞두고 있는 어린아이에게는 이러한 상실은 위협적이다. 그 외에도 학교에서의 부적응, 되풀이되는 실패 등 어린이의 실패 감정은 어린이 우울증의 원인이 되는 상실이다. 이러한 어린이 우울증을 돕는 길은 슬픈 감정에 대해 자유롭게 말할 수 있도록 의사소통의 문을 여는 것이 중요하다.

겉의 나와 속의 내가 따로 있는 것 같아요

늦은 밤 자정 가까이 되어서 전화가 걸려 왔다. 경기도 분당에 살고 있는 중학교 3학년의 여학생 부모인데, 나의 강의를 들었다고 하며 자신의 딸을 만나 줄 수 있느냐는 내용이었다. 만나게 된 여학생은 소희 (16세) 양으로 비만이 심한 편이었다. 우울증을 겪기 전에는 마른 편이

었다고 했다.

"평소에 스트레스가 쌓일 때, 풀 수 있는 데도 없고 해서 그냥 꾹꾹 참다 보니 우울증이 생겼나 봐요. 가족들은 제가 스트레스 받는다고 하면, '쬐그만게 무슨 스트레스야!' 하고 오히려 혼을 내었어요. 요즘 들어서는 숨쉬는 것조차도 귀찮습니다. '차라리 죽고 말아야지.' 하는 생각을 자주 하게 되고, 자해 행위도 요즘 들어 하게 됩니다. 친한 친구가 제가 칼로 팔에 상처 낸 것을 보고 화를 냈는데, 그 간섭이 정말 싫었습니다. 잠을 자고 있다가 편히 고통 없이 죽어 버리고 싶은데, 주위 환경은 저에게 그런 여유를 주지 않습니다."

부모에게 끌려왔지만 쭈뼛거리며 자신의 속마음을 열고 이야기하는 '소희' 양의 눈에는 눈물이 비치고 있었다. 그래서 왜 그토록 어린 나이에 스트레스를 받고 있는지, 또 그것이 어떠한 스트레스인지에 대하여 물었다.

"지금, 저희 집 재정 형편이 많이 나빠졌습니다. 자세히는 알지 못하지만, 아버지께서 카드 빚을 많이 지신 것 같습니다. 그 액수가 저로서는 상상 못할 정도로 크다고 생각해요. 하지만 그걸 이해 못할 저는 아닙니다. 제 앞에서 강한 모습만 보여 주시려고 하는 것이 싫습니다. 그리고 저에게 괜히 화풀이를 하시는 것도 싫습니다. 친구들과 얘기할 때 겉으로는 웃고 있지만, 저는 속으로는 울고 있습니다. 혹시나 우리 집 형편을 알까 봐 겁이 납니다. 저는 정신분열증이라든지 이런 것도 없는 것 같은데, 친구에 따라, 또 그날 기분에 따라 제가 많이 바뀌는 게 느껴집니다. 목소리도 바뀌고요, 성격도 바뀝니다. 말투는 물론이고요. 겉의 나와 속의 내가 따로 있는 것 같아요."

청소년 우울증

청소년기는 정서적 혼란이 심한 기간이기 때문에 우울증을 식별하기 어려울 수가 있다. 정도 이상으로 화를 내고, 공격적이며 가출하고 비행 행동을 하는 행동들이 '전형적인 사춘기 증상'으로 간주되기 쉽기 때문에 우울증이 간과될 수 있다. 또 청소년기의 증상이 복잡한 요인 중의 하나는 양극성 장애가 종종 나타난다는 것이다. 불면증과 무기력한 상태에 있다가 의욕에 찬 행동을 할 때, 충동적이고 안절부절 못하며 통제력을 상실하고 때때로 해괴한 행동을 하기도 한다. 이것은 사춘기의 정상적인 기복과 다르게 나타난다.

외향적이던 아이가 움츠러들고, 침착하던 아이가 안절부절못하고 초조한 모습으로 보이며, 명랑하던 아이가 몇 주 또는 몇 달째 우울한 모습을 보이고, 착한 학생이 성적이 떨어지고 수업을 빼먹는 일이 있다면, 그리고 생활에 대처하지 못하고 의기소침해 있고, 친구가 없고 자살 충동을 느낀다면 우울증에 걸린 것이 틀림없다.

특히, 청소년기의 우울증은 모든 시기의 우울증보다 자존감에 더 심각한 영향을 미친다. 청소년기의 우울증은 자존감(self-esteem)의 토대가 되는 자기 가치의식을 저해하고 자아상(self-image)을 왜곡시켜 스스로를 배척하기 시작한다. 그 결과 아무도 그들을 좋아하지 않는다고 확신하게 되며, 결국에 가서는 마약, 알코올 중독, 자살 그리고 자기 파괴적인 행동들이 서서히 나타나게 되는 것이다.

그러므로 청소년 우울증에 대한 중요한 요소 중의 하나는 손상된 낮은 자존감을 회복하도록 돕는 일과 과거가 아닌 미래를 바라보도록 희망을 부여하며 잠재 능력을 인정하는 일이다.

집안이 나쁘다고 탓하지 마라.
나는 아홉 살 때 아버지를 잃고 마을에서 쫓겨났다.
가난하다고 말하지 마라.
나는 들쥐를 잡아먹으며 연명했고,
목숨을 건 전쟁이 내 직업이고 내 일이었다.
작은 나라에서 태어났다고 말하지 마라.
그림자 말고는 친구도 없고 병사로만 10만.
백성은 어린애, 노인까지 합쳐 2백만도 되지 않았다.
배운 게 없다고 힘이 없다고 탓하지 마라.
나는 내 이름도 쓸 줄 몰랐으나 남의 말에 귀 기울이면서
현명해지는 법을 배웠다.
너무 막막하다고, 그래서 포기해야겠다고 말하지 마라.
나는 목에 칼을 쓰고도 탈출했고,
뺨에 화살을 맞고 죽었다 살아나기도 했다.
적은 밖에 있는 것이 아니라 내 안에 있었다.
나는 내게 거추장스러운 것은 모두 쓸어 버렸다.
나를 극복하는 그 순간 나는 칭기즈칸이 되었다.

– 칭기즈칸

8. 우울증에 대한 견해들

우울증을 이해하기 위하여 우울증에 관한 주요한 이론들을 살펴보는 것은 매우 중요하다. 여기서는 정신분석학, 행동주의, 인지이론, 생물학적 견해에 대하여 간략히 살펴보기로 하겠다.

1) 정신분석학 이론

정신분석학에서는 우울증을 무의식적 동기와 갈등의 문제로 이해하는데, 일반적으로 사랑하는 대상의 상실에 대한 반응으로 보고 있다.

프로이트(S. Freud)

정신분석의 창시자인 프로이트는 우울증을 사랑하던 대상의 상실에 대한 무의식적 반응으로, 사랑하는 어떤 대상인 사람이나 사물 등

을 실제적으로나 또는 상상 속에서 상실하게 되었을 때 경험하게 되는 일시적 현상으로 애도(mourning)의 과정을 거치게 된다는 것이다. 그러나 이러한 반응이 지나쳐 병적인 상태에 머무르게 되는 것을 우울(melancholia)이라고 설명한다.

인간은 사랑했던 사람이나 대상을 상실했을 때 애도의 단계를 거치게 되는데, 이 과정은 그 상실한 대상이 더 이상 현실 세계에 존재하지 않는다는 인식에서부터 시작하여 그 대상에 부착되었던 에너지는 고통을 겪으면서 떨어져 나가게 된다.

그러나 이러한 정상적 애도의 과정을 거치지 못하게 되면 상실의 슬픔과 함께 자신을 버려 두고 떠나간 애착의 대상에 대한 분노의 감정이 도덕적 억압으로 무의식화되어 자신에게 내향화되면서 우울감이 생기게 되고, 마침내는 자책하고 자신을 무가치하게 여겨 자기 가치감의 손상과 함께 자아 기능이 약화되어 자기 파괴적인 생각을 갖게 된다는 것이다. 그러나 이러한 과정은 무의식적으로 진행되기 때문에 자각되지 않는다는 것이다.

에이브러햄(Abraham)

성장기인 어린 시절의 주된 사랑의 대상으로 매우 중요한 존재가 어머니이다. 그러나 사랑의 대상인 어머니는 아이의 요구를 항상 충족시켜 주지 못하고 때로는 좌절시키게 됨으로써 미움의 대상이 되기도 한다. 이렇게 아이는 어머니에 대하여 사랑과 미움의 양가적 감정을 가지게 되며, 사랑의 대상을 상실하게 될 경우, 사랑의 감정을 지녔던 대상으로부터 버림받았다는 무의식적 감정과 함께, 지니고 있던 미움의 감정이 사랑의 대상을 파괴하는 데 기여했다는 생각이 교차하게 되어 죄책감이 생기게 된다.

또 아이는 성장하면서 사랑의 대상인 부모를 자신과 동일시하면서 자신의 심리적 일부로 내면화하게 된다. 그러므로 상실을 경험하게 되면 존재하지 않는 대상에 대한 분노를 자신의 내면에 남아 있는 대상에게 표출하게 되는데, 분노의 감정을 발산할 대상이 더 이상 현실에 존재하지 않음으로 자기 자신에게 향하게 되면서 자기 비난을 유발하게 되어 우울증으로 발전하게 된다는 것이다.

스트라이커(Striker)

인생 초기에 중요한 존재인 아버지나 어머니를 실제로 또는 상상 속에서 상실하는 외상적(traumatic) 경험을 지닌 사람이 성장 후에 이혼이나 사별 또는 실패와 같은 상실을 경험하게 되면 어린 시절의 외상적 경험이 되살아나 무기력감에 사로잡히고, 마침내 우울증으로 발전하게 된다는 것이다. 그러므로 우울증은 어린 시절에 중요한 대상을 상실하여 무력감을 느꼈던 외상적 경험이 근본 원인으로 작용하는 것으로 심리적인 상처의 재발과 반영에 의한 것이라고 보는 것이다.[38]

2) 행동주의 이론

행동주의 이론은 우울증을 사회 환경으로 인한 긍정적 강화가 약화되어 나타나는 현상으로 이해한다. 삶에서 중요한 상실을 경험하는 것

은 긍정적 강화의 원천을 상실하는 사건인 것이다. 이러한 원천을 상실하면 서로 연결된 모든 적응적 행동이 감소하면서 우울증으로 발전하게 되다는 것이다.

스키너(Skinner)

인간의 여러 행동 중에서 강화를 받은 행동은 지속되지만 강화를 받지 못한 행동은 소거된다는 조작적 조건 형성의 이론에 기초하여 우울증을 설명한다. 인간의 다른 행동과 마찬가지로 우울증은 이러한 조건 형성의 원리에 의해서 학습된다는 것이다.[39]

대인 관계에서 사랑, 인정, 칭찬, 격려 등과 같은 긍정적 강화를 받지 못하고 도리어 거절과 무시, 따돌림과 같은 부정적 영향을 받음으로 인하여 우울증이 생겨나는 것이다.

그러므로 긍정적 강화의 원천을 상실하게 되는 사별, 실직 등의 상실의 사건들을 경험하게 되면서 대인 관계에서 긍정적 강화를 유도하고 부정적 영향을 피할 수 있는 사회적 기술이 부족하거나 불쾌한 상황에 대처하는 기술이 부족하면 긍정적 강화 결핍 상태가 지속되어 우울 행동이 강화되어 그 결과 우울 증상이 나타나게 된다는 것이다.

레빈슨(Lewinsohn)

레빈슨은 경험적 연구를 통하여 우울한 사람들의 몇 가지 특징을 발견하였는데, 우울한 사람들은 생활 속에서 더 많은 부정적인 사건을 삶 속에서 경험하게 되어 더 부정적으로 평가하게 됨으로써 긍정적 강화의 결핍으로 기인하게 된 것이라고 주장한다.[40] 이렇게 긍정적 강화가 감소되는 경우는 실직과 사별 등과 같은 부정적인 사건들이 지속되는 환경 자체에 문제가 있는 경우와 불쾌한 혐오적 자극 상황에 대처하는 적절한 사회적 기술과 대처 능력이 부족한 경우이다. 그리고 긍정적인 경험을 즐기는 능력이 부족한 반면 부정적 경험에 대한 민감성이 높은 경우도 우울 상태에 이르게 된다.

코인(Coyne)

코인은 정신역동적 견해와 행동주의적 견해를 절충하여 자존감의 손상과 미숙한 대인 행동으로 인하여 우울증이 발생하는 것으로 설명한다. 즉, 우울한 사람은 중요한 타인의 돌봄과 애정이 늘 부족하다고 생각하는 손상된 자존감으로 인하여 타인의 위안을 얻고자 끊임없이 도움을 요청하는 지나친 행동을 하게 됨으로써 오히려 주변인들이 무관심해지고 거리를 두고 피하게 되어 긍정적 강화를 받지 못하게 되고 더욱 따돌림을 받게 되는 느낌을 받게 되며, 자존감이 저하되면서 우울증으로 발전하게 된다는 것이다.[41]

3) 인지 이론

인지 이론은 인간이 고통받는 것은 사건 그 자체 때문이 아니라, 사건에 대해 지니는 해석 때문이라는 것이다.

베크(Aaron T. Beck)

베크는 본래 정신분석적 입장에서 우울증 환자의 사고 내용을 조사하였다. 그러나 분노보다는 좌절, 자기부정, 절망 등 부정적 사고가 주된 내용을 구성하고 있음에 정신분석 입장에 회의를 갖고 인지이론을 주창하였다.

우울한 사람들의 내면 세계는 부정적이고 비관적인 생각이 만연되어 기분을 우울하게 하고 부정적인 행동을 초래하게 된다. 이러한 부정적 사고 과정은 습관화되어 순간적으로 진행되는데, 이것을 '자동적 사고'라고 한다. 흔히 부정적 사건 때문에 우울해졌다고 생각하나 실제로는 부정적인 자동적 사고에 의해 우울하게 되는 것이다.

우울한 사람들이 지니는 사고는 '나는 무가치하다.' 라고 하는 자기 개념에 대한 부정적인 평가와, '나의 미래는 암울하다.' 라는 미래에 대한 비관적인 생각, 그리고 '내가 처한 환경은 열악하고 나를 이해해 줄 사람은 없다.' 는 식의 주변 환경에 대한 부정적 생각을 가지게 되는데, 이러한 부정적인 자신과 미래, 환경에 대한 세 가지의 독특한 사고 패턴을 인지삼제(cognitive triad)라고 한다.

그러나 이러한 부정적인 생각들은 대부분 현저하게 왜곡되고 과장된 것으로, 이것은 생활의 사건을 잘못 해석하는 '인지적 오류' 때문에 일어나는 현상이라는 것이다.

인지 치료의 기법들은 왜곡된 개념화와 이러한 인지 밑에 깔린 역기능적 신념을 파악하고 현실을 검증하며 수정하기 위한 것으로, 부정적 자동 사고 감찰하기, 인지, 정서, 행동간의 관련성 인식하기, 왜곡된 사고의 증가와 반대 증거 검토하기, 편파된 인지를 현실 지향적인 해석으로 대처하기, 경험을 왜곡하는 소인으로 작용하는 역기능적 신념을 파악하고 수정하기 등을 배우게 한다.[42]

베크(Beck)는 우울증을 정서 장애보다는 사고의 장애로 보는 것이 더 적절하다고 보아 ABC의 모델을 제시했다. 이것은 각각의 선행 사건(Activating Event), 신념(Belief System), 결과(Consequence)로서 정서적 행동적 결과(C)는 선행 사건(A) 때문에 유발되는 것이 아니고 신념의 체계(B) 때문에 유발된다는 것이다.

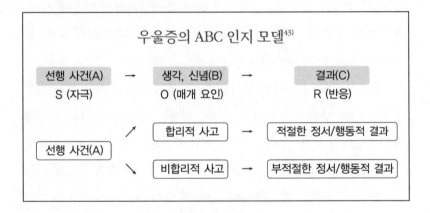

우울증의 ABC 인지 모델[43]

엘리스(Albert Ellis)

엘리스는 인간이 겪는 심리적 갈등이나 정서적인 문제는 그 사건을 해석하고 받아들일 때 갖는 비합리적 생각이나 신념에 있기 때문에 이 것을 바꾸어 주어야 한다는 인지 · 정서 · 행동 치료(REBT: Rational Emotive Behavior Therapy)의 원리를 제시하였다.

REBT의 원리는, ① 인지는 정서의 핵심적 요소이며, ② 역기능적 사고는 정서 장애의 요인이고, ③ 사고의 분석으로 시작한다. ④ 비합리적 사고와 정신 병리의 요인들은 유전적이고 환경적 영향을 포함하는 중다 요소이며, ⑤ 과거의 영향보다 현재에 초점을 맞춘다. ⑥ 신념은 변한다고 믿는다.[44]

엘리스가 가정하는 인간관은 외부적 요인에 의해서 방해 받기보다는 자기 자신에 의해서 방해 받는다는 것이다. 인간은 왜곡되게 생각하려는 생리적, 문화적 경향이 있어 자신이 스스로를 방해하며, 왜곡된 신념을 만들어 계속 방해 받도록 만드는 경향이 있다는 것이다. 그러므로 아래와 같이 인지, 정서, 행동은 서로 분리되는 것이 아니고 상호 작용하면서 서로 밀접하게 영향을 끼친다는 것이다.

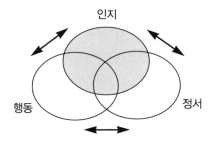

4) 생물학적 이론

생물학적 이론은 우울증이 신체적 원인에 의해서 발생된다는 가정에 기초하는데, 유전적 소인, 뇌세포 간의 신경 정보 전달 물질의 이상, 뇌 구조의 기능적 손상, 내분비 시스템의 이상, 생체 리듬의 이상 등에 의하여 우울증이 유발된다는 것으로, 이러한 연구 결과는 약물 치료의 근거가 되고 있다.

현대 의학의 두뇌 내에 생화학적인 불균형이 있다는 획기적인 연구 결과는 우울증의 획기적인 치료가 가능하게 하고 있다. 가장 난해하고 복잡한 소통의 중추인 두뇌에는 세로토닌, 노르에피네프린, 도파민과 같은 신경 전달 생화학 물질이 분비고 있다. 이러한 신경 물질이 적당한 수준의 균형에 맞지 않을 때, 우울증의 한 원인이 되는 것이다.

특히, 1990년대 중반부터 연구된 세로토닌 재흡수 억제제(SSRI) 계열의 치료제들이 허용성이 뛰어나고 부작용이 적으면서 우울 증상 치료에 효과가 탁월한 것으로 나타나면서 우울증의 생화학적인 신체적 원인에 대한 근거는 더욱 힘을 얻고 있다. 항우울제인 '프로작' 과 '세로자트' '졸로프트' 등은 세로토닌이 급격히 감소되는 것을 막아 주어 적정 수준으로 회복시켜 주었으며, '에펙서' 와 '익셀' 이라는 치료제는 '세로토닌' 과 '노르에페네프린' 의 두 가지 신경 화학 물질의 공급 균형을 맞추어 우울 증상을 완화시켜 주는 효과를 내고 있다. 또, '레메론' 과 '오로릭스' 라는 치료제는 다른 방식으로 신경 화학 물질에 효과적으로 작용한다.

제4장
자살 생각 치유

난 좀 쉬고 싶어

그 누구에게도 고백하지 못했던 나의 아픔들,

이유 없는 힘겨움,

내 안의 소리들처럼 난 실패했다 모든 것에

마지막이자 처음이라고 느꼈던 신앙,

난 요즘 그것마저 흔들린다.

그게 얼마나 힘겨운지, 아마 수렁의 깊은 경험이 없다면

결코 알지 못할 것이다.

난 지금 무슨 말을 해야 할지, 어떤 것들을 해야 하는지 모른다.

어쩌면 이젠 알고 싶지도 않다.

정말 죽음의 문턱을 몇 번이나 넘나들며 참아 왔던 내가,

나 자신이 죽도록 토할 정도로 가엾다.

내 감정은 이미 메말랐다.

감정도 없고 느낌도 없다.

어느 날 가끔 감정들이 살아나지만 곧 사라진다.

난 정말 더 이상 길을 못 찾겠다.

얼마나 눈물이 나던지,

그래, 난 … 그렇게 두려워했던 이곳에 오고야 말았구나.

난 좀 쉬고 싶어. 단지 그것뿐이야.

난 좀 쉬고 싶어. 미안해, 모두에게 ….

나 자신이 너무 가여워.

2001년의 가을에 단지 교회에 몇 번 출석했다는 이유만으로 장례식

을 치러 주어야만 했던 한 청년이 자신의 컴퓨터에 남겼던 마지막 글이다.

왜 그토록 자신을 가여워하며 스스로 목숨을 끊어 생을 마감해야만 하는가? 왜 자살을 할 수밖에 없는가? 인간은 왜 자살을 하는가?

인간에게만 있는 죽음의 자유, '자살'?

자살은 인간에게만 있는 의식적인 행동으로, 실존에 관계된 문제이다. 최근에는 자살이 사회적 이슈(issue)로 급부상하고 있다. 인터넷의 자살 사이트뿐만 아니라, 심지어는 초등학생의 자살도 보도될 정도로 자살은 10대 주요 사망 원인 중 하나로 대두되는 간과할 수 없는 수준에 이르렀음에도 불구하고, 왜 대부분의 사람들이 이 문제에 관하여 암묵적으로 침묵하고 있는지 깊이 질문해 보아야 한다.

자살이 얼마나 중요한 문제인가는 세계보건기구(WHO)의 통계에 의해서도 잘 드러나고 있는데, 201개 국가를 조사한 결과를 보면 세계적으로 해마다 약 808,000명이 자살을 한다고 한다. 이 수치는 교통사고로 사망하는 856,000명과 비슷하며, 같은 기간 동안 전쟁으로 사망한 322,000명보다 훨씬 많은 것이다. 이것은 매일 약 2천 명 이상이 자살로 생을 끝내고 있다는 놀라운 숫자인 것이다.

미국도 통계를 보면, 1970~80년 사이에 230,000명이 자살(1970년 인구 10만 명당 자살률은 11.6명, 1980년은 11.9명)하였으며, 1985년에만 28,500명(자살률이 12.5명)이 자살하여 매 15분마다 한 사람씩 생을 마감한 셈이다. 그러나 10배나 더 많은 자살 기도자 수와 사망 원인이 불분명한 사고사 등을 고려한다면 자살 문제는 훨씬 더 심각한 것이다.

우리나라도 통계청에 의하면 1999년의 자살률(인구 10만 명당)이 남자가 22.7명으로 세계 10위, 여자는 7위로 1년에 약 6천 명씩 자살로 생을 마감하는 것으로 나타났다. 특히, IMF 위기를 겪었던 1998년에는 남녀 전체 19.9명으로 더욱 증가하여, 지난 1990년보다 64%나 증가한 엄청난 숫자인 것이다.

과연 자살이란 무엇인가? 죽어 버리는 것인가 아니면 자신을 죽이는 것인가? 자살의 주체와 죽는 대상을 동일시하면 스스로 죽는 것이지만, 구별하면 자살은 타살과 다름없는 것이다. 자살은 극단적인 피동적 선택 같지만 사실 매우 능동적 행위로서 공격성과 연관이 깊다. 자살이란 밖으로 향해야 할 공격성이 자신에게 돌려진 결과이다. 상처와 원한, 분노, 증오, 고통, 슬픔, 죄책감, 자포자기 등과 같이 미해결 감정들이 모든 관계에서 편견과 충동적 행동, 의기소침, 자기 패배적인 행동 등으로 나타나기 때문에 생기는 것이다. 이때 해결할 방법이 없이 조여 온다면 공격적이 되어 자신을 해칠 수밖에 없게 되는 것이다.

21세기 정보화 사회로의 전환은 복잡한 인간 환경의 급변화로 자살자들의 숫자를 기하급수적으로 늘어나게 하고 있다. 현대의 대부분 자살자들의 자살 동기는 성격 문제, 가정 불화, 자포자기, 생활 비관, 중독 증세 등이 주류를 이루고 있지만, 청소년들의 경우에는 자신이 동경했던 스타의 자살을 추종하여 자신의 목숨을 끊는 어이없는 경우도 있어 결코 묵인할 수 없는 문제인 것이다.

자살이 인간이기에 자신에게 있는 고유한 실존의 자유라 생각하여 무작위적이거나 목적이 없는 행동이 아니라 강렬한 고통을 초래하는 문제 혹은 위기로부터 탈출하고자 하는 방법으로 택하려고 하는 이 땅의 수많은 사람들의 생명의 존엄성과 지금 이 순간에도 고층 아파트 난간에서, 그리고 지하철 열차에 뛰어드는 방법을 택하려는 사람들, 더 나아가 누구나 한 번쯤은 자살에 대한 충동과 자살에 대한 생각을 하기에 숨쉬고 살아가는 우리 모두를 위하여 자살에 관하여 침묵과 부인으로 일관할 것이 아니라, 더욱 밝게 드러내 놓고 겸허하게 치유할 수 있는 방법을 찾아내야 할 부분이라는 것은 아무리 강조해도 지나치지 않는 것이다.

현명한 사람은

― 라 로시푸고

행복과 불행은 크기가
미리부터 정해져 있는 것은 아니다
다만 그것을 받아들이는 사람의
마음에 따라서 작은 것도 커지고
큰 것도 작아질 수 있는 것이다
가장 현명한 사람은 큰 불행도
작게 처리해 버린다
어리석은 사람은 조그마한 불행을
현미경으로 확대해서
스스로 큰 고민 속에 빠진다

9. 자살이란 무엇인가?

 1) 자살의 정의

영어로 자살을 뜻하는 'suicide'는 라틴어의 'sui(self)'와 'caedo (kill)'의 합성어로 '스스로 죽인다'는 뜻을 갖고 있는 단어로서, 그 원인이 개인적·사회적 그 어느 것이든 당사자가 자유 의지에 의하여 생명을 끊는 행위를 말한다.

자살의 시비에 관한 윤리관이나 종교관에 대하여는 예로부터 여러 가지 논의가 되어 왔으나, 우리말의 '자살'이라는 명사와 '범했다' '저지른다'는 동사가 잘 어울리듯이, 영어에도 'commit'라는 동사가 'suicide'와 함께 온다. 즉, 자살은 범죄의 의미를 가지고 있다고 할 수 있는 것이다.

사회학자 뒤르켐(E. Durkheim)은 자살을 '희생자 자신이 일어나게 될 결과를 알고 행하는 적극적 혹은 소극적 행위에서 비롯되는 결과로 일어나는 모든 죽음의 사례'라고 정의했다. 모어랜드(J. P. Moreland)는 '자살은 어떤 사람이 강압적이지 않은 때, 환약을 먹거나 금식 등의 행동을 통하여 고통을 경감하기 위한 막다른 수단, 궁극적인 종결로써 고의적으로 죽음을 일으키는 것이 자살이고, 신에 대한 복종 또는 다른 사람의 생명을 위한 희생적인 것은 자살이 아니라'고 정의하였다.

그러므로 자살은 일반적으로 고의로 자신에게 부과하는 죽음(self-inflicted death)으로, 극단적인 피동적 선택 같지만 사실은 매우 능동적인 행위로서, 강렬한 고통을 초래하는 문제로부터 탈출하고자 하는 방법으로 자행되는 것이다. 즉, 고령자의 경우는 삶에 대한 희망이 소실될 때, 정신분열증(schizophrenia)의 경우는 망상이나 환각(hallucination)에 의해 지배될 때, 그밖에도 실연당했을 때, 가정 불화로 인해 인생의 의미를 상실했을 때도 그 반응이 자살로 시도되기도 한다.

생물학적으로는 자살에 대하여 자기 희생과 우울한 상태의 비극적 결과로 정의하는데, 희생적 자살은 살아남은 자들에게 이득을 주기 위한 것으로, 한 개체가 자살을 감행함으로써 친지들은 죽음으로부터 구조 받거나 남겨진 자원들을 보다 많이 향유할 수 있다는 것으로 순교적인 것이다. 또 우울 상태의 자연 선택 결과로서의 부산물이 자살이라는 설명은 절망의 표현으로 우울증 및 정신 장애가 있는 경우, 미래의 희망 없음과 자신에 대한 무가치감, 지나친 죄책감, 충동성 등에 의하여 자살이 진행된다는 것이다.

이처럼 자살은 한 마디로 정의하기 어렵지만 행위 주도자의 복합적인 상호 작용에 의해 죽음으로 이끌어 가는 행위로서, 의지의 상실, 죽음의 동기, 죽음을 초래하는 행위의 효율성 등이 복합된 자신에게 위해를 가하여 다른 세계로의 도피를 위하여 스스로의 생명을 끊는 자기 파괴 행동이라고 할 수 있는 것이다. 그러므로 인간의 자살 행위는 환경의 상황적 요소와 심리적, 유전적, 생물학적, 사회문화적, 실존적인 요소의 다면적 접근을 통해서만 이해되는 것으로, 슈나이드만 (Schneidman)의 언급과 같이 '다면적 침체(multidimensional malaise)'라고 정의할 수 있는 것이다.

2) 자살의 행동 양식

'자살'은 행위주도자의 죽음의 동기로부터, 결과까지 통칭하여 말하는 복합적인 다면적 개념임을 앞에서 살펴보았다. 그러므로 자살은 그에 대하여 생각하는 '자살 생각' 그리고 준자살이라고 부를 수 있는 '자살 기도', 세 번째로 성공한 자살 기도라고 부르는 '자살'의 세 개념으로 자살의 행동 양식이 나타난다.

고난이 있을 때마다 그것이 참된 인간이 되어 가는 과정임을 기억해야 한다.
- 괴테

자살 생각

'자살 생각'이란 일반적으로 죽음에 대하여 깊이 생각하는 것으로, 죽고 싶은 마음, 자살에 대한 생각을 말하는 것이다. 보편적으로 모든 사람들에게서는 죽고 싶어하는 자살 생각이 드물지 않게 일어나는 것이 발견되는데, 여기에서 자살 기도라고 하는 적극적인 행동으로 넘어가는 비율은 매우 낮게 나타나는데, 이렇게 행동하기 위해서는 알코올이나 약물 또는 위험도가 높은 활동을 이용하는 경우가 매우 많다.

누구에게나 최소한 한 번 이상 갖게 되는 죽음에 대한 깊은 생각 또는 자살에 대한 충동은 치유되어야 하고 경계되어야 할 영역 중의 하나인 것이다. '모든 결과는 생각의 열매'라고 하는 말이 있지 않은가!

다음은 '힘든 사람들의 모임'이라는 모 인터넷 사이트에 무명으로 자신의 자살 생각을 올려 놓은 글을 그대로 옮겼다.

다른 사람들이 겉으로만 봐서는 나는 아무런 문제가 없고

오히려 부러운 사람일지도 모르겠습니다.

좋은 가정과 누구나 들어도 알 만한 대기업의 직장,

그리고 과히 나쁘지 않을 것 같은 인상과 성격의 20대 중반,

그러나 중요한 건 난 행복하지가 않습니다.

지금은 너무 답답합니다.

무기력하고 내 인생 자체가 가치 없어 보입니다.

불안하고 미래는 지금보다 좋든 나쁘든

그런 건 아무것도 바라지 않습니다.

너무너무 모든 것이 귀찮고 힘이 듭니다.

그 동안 어떻게 일해 왔는지 모르겠습니다.

이제는 사람들과 말하는 것 하나하나가 힘들고

짜증이 나서 화를 내게 될 것 같은,

내가 미워서 가급적 마주치지 않으려고 합니다.

그래서 지금은 회사와 집 모든 것을 그냥 둔 채,

멋진 곳으로 혼자 떠나 자살할 것만을 계획하고 있습니다.

자살만 생각하면 통쾌함과 자유로움이 느껴집니다.

단지 그 순간 이행하지 못함을 상상하는 것이 두려울 뿐….

한동안 좀 나아지는가 싶었으나

이런 생각이 몇 개월에 걸쳐 또다시 반복되고

섭식 장애가 시작되고,

어젯밤엔 여권까지 꺼내 놓고 자살할 곳을 찾아

떠날 준비를 하고 있습니다.

자살 기도

자살 기도를 설명할 때 자살자의 동기에 따라 몇 가지로 나누는데, 그 첫번째는 영원히 잠을 자려고 했다거나 모든 것을 끊어 버리고 쉬고 싶었다고 말하는 경우이다. 이때 자살 기도자는 죽고 싶다는 마음을 직접적으로 표명하지 않을 수도 있다는 사실을 유념해야 한다.

자살에 대한 제4장을 시작하면서, 서론 부분에 컴퓨터에 자신의 자살생각에 대한 글을 남기고 세상을 마감하여 장례를 치러 주었던 한 청년의 글을 실었었다. 그도 단지 쉬고 싶었을 뿐이라는 반복적인 단절의 소망을 컴퓨터 워드 프로세서에 낙서하듯이 정리한 것이다. 그 청년은 소량의 제초제—제초체는 극소량이라도 음용하게 되면 위 세척을 하여도 식도와 위장이 녹아 내리며, 며칠 동안 의식이 있는 상태에서 타는 듯한 고통을 당하다가 마침내는 죽어 간다—를 복용하여 숨이 멎기까지 3일 동안, 병원에서 위 세척을 하며 고통스럽게 죽어 갔다. 그때 그는 모든 것을 끊어 버리고 쉬고 싶었을 뿐이라고 분명한 극독물을 음용한 의도를 회자하며, 너무 고통스러운 나머지 다시 살아날 수 있기를 희망했었다. 그러나 그의 자살 기도는 성공한 자살이 되고 말았다.

또 다른 자살 기도의 동기는 주변 사람들에 대한 호소를 표현하기 위한 경우이다. 이를테면 실연의 위기에 처한 한 사람이 호소 대상 또는 다른 사람들에게 자신이 발견될 가능성이 매우 높게 계획해 놓고 일정한 장소나 시점에 자살 기도를 하는 것과 같은 방식이다.

그리고, 또 다른 세 번째의 자살 기도의 동기는 죽으려는 분명한 의도를 지닌 경우이다. 이 경우는 치명적인 결과에 이를 수 있는 자살 방법을 택한다.

자살

일반적으로 '성공한 자살 기도'를 '자살'이라고 하여 그 행위자를 '자살자'라고 하고, 미수에 그쳤거나 실행하고 있는 행위자를 '자살 기도자'라고 부른다. 자살자와 자살 기도자의 사이에는 중요한 상이점이 몇 가지 존재하는데, 그것은 자살 기도자가 자살자보다 10배 이상 더 많다는 사실과, '자살 기도에 성공한 자살자'의 경우는 그것으로 개인의 삶이 끝남에 반해 '실패한 자살 기도자'는 그것이 개인의 삶에서 의미심장한 사건이 되어 변화를 불러일으킬 수 있고, 다시 반복적인 기도에 의해 '성공하는 자살 기도'가 될 수도 있다는 것이다.

그러나 자살 기도가 여러 번 시도되면 자살이 성공할 가능성이 높아지므로 실패한 자살 기도자의 경우 더욱 관심과 치유가 필요하다.

3) 역사·문화 배경에 따른 자살의 의미 [45]

서기 660년, 백제가 나당연합군(羅唐聯合軍)의 침공으로 함락되자 궁녀 3,000여 명이 백마강(白馬江)의 낙화암에서 적군에게 순결의 짓밟힘을 당하지 않기 위하여 투신하여 죽은 사건은 자살인가? 어떻게 이해해야 할 것인가?

또, 서기 66~73년, 제1차 유다 전쟁의 최종기에 E. 벤 야이르가 거느린 여자와 아이들을 포함한 960명의 유대 열심당원들이 마사다를 거점으로, 로마군에 의하여 예루살렘이 함락된 후에도 민족적 항쟁 저항을 계속하다가 항복하지 않고 전원 집단 자살한 사건은 어떻게 이해할 것인가?

자살의 행위가 개인의 자유라는 주장과 사회적 범죄라는 주장의 첨예한 대립은 지금까지 계속되어 오면서, 마침내는 당시의 문화적 규범에서 용납할 수 있는 자살과 그렇지 않은 자살을 명문화하여 어떤 자살은 추앙 받는 것으로, 또 다른 어떤 것은 범죄로 규정하였다.

자살 금기

자살에 대하여 절대 허용을 불가하고 자살자나 미수자에 대한 처벌을 하였던 것은 고대 그리스와 로마의 문헌에서 발견되는데, 그리스의 한 문헌에는 당국의 허가를 받지 않고 자살한 사람은 장례식을 치를 수 없었으며, 당국은 그의 손을 잘라 따로 매장했다는 기록이 있다(로마에서는 빚을 갚지 않고 자살한 경우, 그에 상당하는 죄를 물었다). 플라톤 당시, 아테네에서도 자살자는 격리되어 아테네 시 밖에 묻혔고, 자기 살해를 저지른 두 손을 잘라 따로 묻었다.

프랑스에서는 각 지방에 따라 조금씩 다르지만, 시체를 거꾸로 매달아 거리로 끌고 다니다가 불태워 공공 쓰레기장에 던져 버렸고, 단치히에서는 자살자의 시체를 문을 통과해서 나갈 수 없게 했다. 대신에 활차를 사용하여 창문으로부터 바깥 바닥에 내려놓아야 했으며, 그 뒤에는 그 창문을 불태워 버렸다.

자살을 죄악으로 보는 관념은 뒤늦게 나타나는데, AD 6세기에 비로소 십계명의 '살인하지 말라'는 여섯 번째의 계명에 근거하여 자살을 금지하는 법을 제정했다. 이것은 성 어거스틴(354~430년)의 영향으로 제정된 것으로 그의 저서 『하나님의 도성』(City of God)에서는 정절을 지키기 위해 자살하는 것까지도 십계명 위반죄로 정죄하였다. 즉, 모든 인간의 육체는 내세에 가서 심판 받게 될 불멸의 영혼을 담는 그릇으로, 생명은 신이 주신 것으로 그것을 거부하는 것은 신을 거부하는 것이며, 신의 뜻을 헛되이 하는 것으로서 이것은 영원한 저주로 떨어지는 길을 의미하는 것이었다.

중세 유럽에서는 자살자에 대한 원시적 보복이 법률에 의하여 공식적인 권위를 갖추었고, 자살자에 대한 처벌은 매우 엄했다. 자살자들은 정상적인 장례를 치를 수 없었고, 시체는 보이는 곳에 거꾸로 매달아 두거나 불태워졌으며, 그들의 재산은 몰수하게까지 되었다.

1670년 태양왕 루이 14세는 공식 법전 속에다가 자살자 모독과 관련된 잔인한 관례를 삽입시키고, 자살자를 '영원한 왕명'에 따라 명예 훼손시킬 것임을 덧붙였다. 귀족은 그 신분을 잃고 평민 신분의 선고를 받았으며, 가문의 명패를 깨뜨리고 그들 소유의 삼림을 베어 내고 성을 파괴하였다.

영국에서도 자살자는 중죄인의 선고를 받았는데, 1870년까지도 재산 몰수에 관한 법률은 사라지지 않았고, 1961년까지도 자살 미수자는 감옥에 보낼 수 있었다. 프랑스에서는 이 법률이 1770년까지 지속되다가 프랑스 혁명 시에 재산 몰수와 사후의 명예 훼손에 대한 관련법이 사라지게 되었다.

암묵적 허용

자살에 대한 묵인은 헬라인들과 더불어 시작되었다. 아테네에서 자살자의 시체를 시 밖에 버리고 두 손을 잘라 따로 묻는 자살 금지에도 불구하고 그리스의 문학이나 철학에서는 아무런 비난 없이 묘사되었다. 그 예로 오이디푸스의 어머니 요카스타의 자살은 견딜 수 없는 상황에서 빠져나가는 영예로운 길로 그려져 있다.

소크라테스도 현실은 그림자에 불과하다고 하며 독약을 마심으로 암묵적인 모범을 심어 놓았다.

로마 시대에도 자살을 공식적으로 인정하지는 않았지만, 삶에 염증을 느끼거나 정신 질환을 얻었을 때 자살을 원하는 사람이 타당한 이유를 대면 행정관이 적당량의 독약을 지급하였고, 또 치욕을 당했을 경우 자살하는 것에 대하여 법적인 처벌을 하지 않았다는 기록이 남아 있다. 그러나 범죄자가 그의 재산이 몰수되는 형벌을 피하기 위하여 자살하는 경우에는 자살에 대한 엄벌이 그대로 행하여졌다.

적극적인 입장

AD 74년경 유다의 민족적 항쟁에 의한 마사다 집단 자살 사건과, 1944년 일본군이 사이판에서 미군에 의하여 점령당했을 때 일본인 수천 명이 사이판 섬 북쪽 끝에 있는 마피라의 가파른 절벽에서 뛰어내려 죽기도 하였고, 또 일부는 수류탄을 터뜨려 집단 자살한 것이 대표적인 적극적인 자살의 예이다.

이처럼 제3제국 아래에서 삶을 이어가는 것이 불가능하다고 생각해서 자살했거나, 전쟁 범죄에 대한 보복으로부터 벗어나기 위해서 자살했던 것과는 달리 '공황(恐慌)'이 원인이 되어 일어났던 1945년의 독일 주민들의 자살도 있다.

독일 정부가 소비에트 군이 올 때까지 수개월 동안, 일반에게 '야만적인 공산주의'가 지배하게 될 경우의 공포를 알렸던 것이다. 그 결과 극단적인 의식을 심어 주게 되어, 엘부르크에서 70가구가 오데르 강에 투신했으며, 호모제에서 1,000명, 브르크에서 600명, 도로센에서 100명, 오렐베르크에서는 100명의 주민들이 일제히 집단으로 자살했다. 이러한 자살은 제2차 세계대전 이후 1945~1955년 동안 일본에서만 세계 전체 자살자 수의 7~8%를 차지할 정도이다.

반면에 자신의 죽음으로 인하여 남아 있는 다른 사람들에게 도움이 되기를 바라거나 상황이 변화되기를 원하는 희생적 자살의 경우도 있다. 대표적인 예로 1944년의 일본의 '카미카제' 이다. 카미카제는 신도(神道)와 불교의 영향을 받은 일본 사람들의 독특한 사고 방식 때문에 가능했다. 죽은 사람은 항상 존경을 받고, 또 죽어서도 잊혀지는 것이 아니라는 확신이 자살에 뛰어들게 한 것이다.

카미카제가 처음으로 임무를 완수한 것은 1944년 10월 25일, 오키나와 해상에서였다. 일본 내에서는 카미카제에 자원한 영웅들이 일본을 위협으로부터 구한다고 생각했다. 그러므로 최초의 자원자들은 숭배의 대상이 되었고, 그들은 자신의 희생이 승리의 밑거름이 된다고 행복하게 죽어 갔다. 일본 자료에 의하면 이렇게 자원하여 죽은 대원이 4,615명이라고 한다.

그러나 철학적인 이데올로기와 종교적인 신념에 의한 집단 자살의 경우도 있다. 1963년 월남에서는 800만 명이 넘는 불교에 대한 정부의 차별 정책에 대응하여 승려들이 몸에 휘발유를 붓고 집단 자살하였으며, 1978년의 남미의 가이아나(Guyana)에서는 교주 짐 존스의 지시에 의하여 900명의 신자들이 집단 자살하였다. 또 한국에서의 오대양 집단과 인민사원 자살 파티가 그것이다.

안락사

최근 의학계에 의하여 합리적 자살이라고 언급되는 '안락사' 는 자살에 대한 관념을 무너뜨리고 있다. 안락사가 합법화되면 그에 따르는 윤리의 변화는 자명한 것이다. 육체적 고통의 경감 목적으로 허용하게 되면 당연히 정신적 고통을 덜어 주는 수단으로도 이용될 수 있다.

현재 '안락사' 법을 공식 입법화한 곳은 미국의 오리건 주로서, 3년의 논란 끝에 1997년 11월 투표를 통해 인간의 존엄하게 죽을 권리를 규정한 「존엄사법」을 제정했다. 법 제정 4개월 뒤, 1980대의 말기 유방암 여성환자가 안락사를 선택하여, 바르비투르산염을 떨어뜨린 한 잔의 브랜디를 마신 후 사망한 것이 오리건의 첫 안락사로 기록됐다. 오리건 주를 제외한 미국의 다른 주는 안락사를 금지하고 있으나, 40개 주에서는 가족의 동의 아래 생명 보조 장치를 제거하는 소극적인 안락사는 허용하고 있다.

오스트레일리아의 노던 주는 미국 오리건 주보다 먼저 안락사 법을 제정했던 곳이다. 노던 주는 1996년 9월 주민 투표를 통해 6개월 동안 시행했으나 말기 암 환자 제닛 밀즈가 안락사하면서 찬반 논쟁이 달아올라 국론 분열 조짐까지 보이면서 급기야 오스트레일리아 의회는 1997년 3월 이 법을 전격 무효화시켜 버렸다.

부분적 안락사를 허용하고 있는 네덜란드에서는 안락사 자체는 불법이지만 의학적으로 소생이 불가능한 환자가 자신의 의사로 '반복적이고 명시적인 요구'를 하면 안락사를 시키고 사후 안락사 실시 과정을 당국에 보고하도록 하고 있다. 1996년부터 2,565명이 안락사한 것으로 공식 집계하는데, 안락사의 90%는 말기 암 환자였다.

네덜란드 하원이 2000년 11월 28일 불치병 환자의 안락사 허용 법안을 통과시켰고, 또 세계 최초의 안락사 허용 법안 승인이 유력시된다고 법무부가 밝혀, 합법적으로 안락사의 자살 권리를 인정하는 것과 다를 바 없게 되는 것이다.

아시아 국가들도 안락사를 법으로 금하고 있다. 일본은 안락사 행위의 유죄 여부에 관한 법원 판례들이 기준이 되고 있다. 1995년 요코하마 법원은 가족의 부탁으로 골수종 환자를 안락사시킨 도카이 의과대학 의사에게 유죄 판결을 내리면서 '안락사'를 허용하기 위한 4가지 조건을 명시했다. 이 조건들은 ① 참을 수 없는 고통, ② 죽음의 임박성, ③ 본인의 의사 표시, ④ 고통 제거 수단 유무이다.

우리 나라는 대한의사협회가 '소극적 안락사'를 수용하는 '의사 윤리 지침'을 제정키로 하여 2001년 6월 발표하였는데, '회복 불가능 환자'에 대해 가족들이 문서로 치료 중지를 요청할 경우 소위 소극적 안락사를 허용하겠다는 내용을 포함하고 있다. 그러나 어떠한 경우에도 의사는 환자의 생명을 위해 최선을 다해야 한다는 사회적 요구가 강해 안락사에 대하여 인정하지 않는 분위기이다.

괴로움을 거치지 않고 정복한 승리는 영광이 아니다.

– 나폴레옹 1세

10. 왜 자살하는가?

 현대의 자살에 관한 연구는 자살 현상을 심리적 왜곡과 행동적 문제뿐만 아니라 생리학적 이상 여부를 실험이나 실증적 조사를 통하여 밝혀내고 있다. 이러한 경험 과학적 접근은 위험 요소를 밝혀 원인에 대한 치료 방안을 찾는 데 기여하고 있다.

1) 정신병리적인 요인

정신 질환은 자살 행위의 중요한 요소로 작용한다. 한 의학적 연구에 의하면 자살자 및 자살 기도자의 약 95퍼센트가 정신병으로 진단을 받았다고 밝히고 있다. 그 중 우울증이 약 80퍼센트, 정신분열증이 10퍼센트, 그리고 기타 치매 또는 섬망 상태가 5퍼센트이며, 자살과 밀접한 관계를 갖는 정신 장애는 알코올 중독, 약물 남용, 우울증, 정

정신병리적 자살 요인[46)]

▪ 자살 위험이 높은 두 종류의 환자군
① 우울증, 정신분열증, 약물 남용 환자들
② 반복적으로 정신과 응급실을 찾는 환자들(특히 공황 장애)

▪ 우울증
① 자살률이 가장 높은 질환(15%)으로, 특히 망상성 우울증이 많다.
② 독신, 남자, 중장년, 사회적으로 고립된 경우에 많다.
③ 보통 우울증 삽화의 시작과 끝에 자살이 많다.
④ 퇴원 후 수개월 이내에 자살 위험이 가장 높다(1/3이 6개월 이내 시도).
⑤ 전체 질병 경과로 볼 때는 후기보다는 초기에 많다.

▪ 정신분열증
① 10퍼센트가 자살로 사망한다.
② 발병 후 수년 내에 자살 위험이 높으며, 우울증에 비해 연령이 젊다.
③ 위험 요소: 젊은 연령, 독신, 이전의 자살 기도력, 우울 증상, 최근 퇴원(50%는 퇴원 수개월 이내 자살 시도), 우울 상태(환청이나 피해 망상 때문인 경우는 소수에 불과)

▪ 알코올 중독
① 15 퍼센트가 자살, 이 중의 80%가 남자이다.
② 자살을 기도한 알코올 중독 환자들 중 2/3가 우울증 증상(대인 관계 상실, 고통스런 생활 사건 증가)
③ 알코올 중독 중 상당수가 반사회성 인격 장애로 자살 위험이 높다.

신분열증 등이다.

자신과 환경을 인지하고 관계하는 개인의 인격 특성이 부적응적이며 사회적인 능력에 패해를 주거나 주관적인 고통으로 이어지는 인격 장애로 나타날 경우 자살 및 자살 기도의 높은 위험으로 내몰게 된다. 이러한 인격 장애는 편집증, 분열성, 우울증, 조울증, 반사회성, 경계선 장애, 자기애적 장애, 불안 성향, 강박 성향, 수동적 공격성 등이다.

특히, 청소년기에 지녔던 가출, 폭행, 파괴, 방화, 절도 등의 특징이 성년이 되어서 무책임하고 반사회적이며 충동적이거나 공격적인 태도로 나타나는 반사회성 인격 장애의 소유자는 타인을 향해서 상해나 살인의 공격을 가할 뿐 아니라, 자신을 향한 공격성으로 자살의 성향을 갖게 된다.

또 자아상, 인간관계 그리고 정서에 불안정성을 보이는 경계선 (borderline) 성격 장애 역시 지나친 이상화와 평가 절하의 양극단을 오가며 자기 자신을 해칠 가능성이 매우 높아, 자살 및 자살 기도에 매우 충동적이다. 경계선 성격 장애를 가진 경우 충동을 억제하지 못하기 때문에 언제 자해 및 자살을 시도할지 모르기에 더욱 심각한 것이다.

그 외에도 자기애적 인격 장애의 경우, 타인의 평가에 지나치게 예민한 모습을 보여 분노나 수치심 또는 비굴함으로 반응하게 된다. 그러므로 이러한 사람들은 목표가 좌절되거나 인간관계가 어려워지는 경우 삶의 모든 해결 방법이 자살밖에는 아무것도 남은 것이 없다고 생각하기에 이르게 된다. 다음은 인격 장애를 겪으며 임시직 일을 하고 있는 정호(가명, 23세) 씨의 고백이다.

"답답해 죽을 것 같습니다. 저는 남의 반응 표정에 신경을 많이 씁니다. 남이 좋지 않은 표정을 짓거나 반응을 보이면 저 자신이 너무 초라해집니다. 직장에서도 사장의 반응이 좋지 않아 죽고 싶다는 생각이 하루에도 몇 번씩 들 정도입니다. 7년째 이러고 있습니다. 부모들하고도 대화가 없고 형제들하고도 사이가 안 좋고 친구도 없습니다. 폐인 상태에서 벗어나기 힘들다는 생각뿐입니다."

2) 유전·생물학적인 요인

자살의 유전성은 정신 질환에 약한 유전인자가 유전되어 나타난다고 보는 견해와 역기능적 가정의 영향이 있었던 집안에서 자살이 반복된다고 보는 것이다.

한 의학적인 연구 발표에 의하면, 자살의 가족 역사가 있는 경우 자살 기도자가 많이 나타나고 정신과 환자 친척들의 자살이 정상인의 친척 자살보다 8배나 많이 나타나며, 자살을 시도한 정신과 환자의 1차 친척 자살이 자살 안 한 환자의 친척보다 4배 많게 나타나고 있으며, 또 뇌실의 확장과 뇌파 이상이 자살 환자와 관계가 있다는 견해와 혈소판에서 모노아민 옥시다스(monoamine oxidase)의 수치가 낮은 사람에게서 8배나 자살이 많다고 보고하고 있다.[47]

반면에 인간의 뇌는 신경세포로 구성되어 있어 이 신경에 관계되는 세로토닌(serotonin)의 결핍에 기인한다는 견해도 있는데, 우울증 환자 중 자살 기도를 한 집단에서 자살자들의 뇌를 해부한 결과 뇌척수액에서 세로토닌이 평균치보다 낮게 검출되었고, 세로토닌의 대사 물질인 5-HIAA가 낮게 검출되었다. 총기나 고층에서의 투신과 같은 강렬한 방법으로 자살 기도를 한 집단이 덜 강렬한 방법으로 기도한 집단에서보다 5-HIAA치가 더 낮게 나타났다.[48]

3) 스트레스에 의한 요인

배우자와의 사별, 이혼, 실직, AIDS 감염 등과 같이 치명적인 개인적 스트레스 요인들이 자살과 자살 기도로 이어지는 경우가 있는데, 이렇게 자살로 이어질 수 있는 취약 요인(vulnerability)에 대하여 프리만(Freeman)과 라이네케(Reinecke)는 다음과 같은 요소를 언급하고 있다.[49]

· 급성 질환 : 질병으로 타인을 의존해야 하는 경우, 질병을 극복할 능력이 현저히 저하된 경우
· 만성 질환
· 노화 및 상실 : 친구/가족 사별, 직장 퇴직 등과 노화로 인한 질환
· 고독 : 인간관계가 단절되어 마음 나눌 사람이 없는 경우
· 만성 피로 : 지나친 피곤과 의욕 상실, 수면 부족, 우울 등 초래
· 환경 변화 : 직장 이전 및 이사의 경우 새로운 환경 적응에 대한 불안 및 스트레스
· 문제 대처 능력 : 해결하기 어려운 문제 봉착 시의 스트레스

· 약물 중독 : 마약, 알코올 등

· 분노 및 충동 조절 능력

· 충격 장애 : 전쟁, 폭행, 재해 등의 사건 후 심리적 고통

· 심리적 취약성 : 모든 것을 부정적으로 해석한다.

· 신경적 취약성 : 정신 신경 질환

이러한 취약 요인들은 개인의 충격 흡수 능력의 성향 여부와 인내성의 정도에 따라 그 결과가 달라지기도 한다. 그러므로 이러한 요소를 잘 극복할 수 있도록 특별한 관심과 개입으로 건강한 삶을 가질 수 있도록 돕는 것은 매우 중요한 일이다. 다음은 이러한 취약 요인에 의하여 자살 생각에 자주 지배되었던 여중생 은미(가명) 양의 이야기이다.

"어떤 때는 죽고 싶을 때가 너무 많습니다. 아직 열세 살인데도 많이 살았다는 느낌이 들고, 무엇이든 하기 싫어지고 모든 것에 짜증이 납니다. 그리고 별로 심하게 운동을 하지 않았는데도 나갔다 오면 무척 피곤하고, 또 그 다음 날은 아파서 학교에도 못 갈 때가 많았습니다. 가족들에게 이야기를 하고싶은데, 그것은 나의 바람뿐입니다. 우리 가족은 많은 이야기를 하지 못합니다."

"왜? 가족들 사이에 많은 이야기를 나누지 못한다고 생각하니?"

"엄마와 아빠는 무슨 간단한 일도 모두 말싸움으로 번져 갑니다. 그래서 모두들 모여 있지를 못합니다. 그래서 ….."

"그래서?"

"그래서 죽으려고 칼로 손목을 그으려고도 했었습니다. 그때 무서워서

스트레스로 인한 자살 및 자살 기도의 발생 요인

1) 결혼 상태 스트레스
① 결혼하고 자식까지 있는 경우는 자살률이 낮다.
② 미혼 독신은 기혼자보다 자살률이 2배로, 이혼 독신은 미혼 독신보다 자살률이 훨씬 높다. 또한 자살의 가족력이 있고(기일 자살-이전 가족이 죽었던 날 자살하는 경우도 있다). 사회적으로 고립된 사람들에서 자살율이 높다.

2) 직업 스트레스
① 사회 경제적 수준이 높을수록 자살률이 높으며, 반면에 사회 경제적 수준이 아주 낮아져도 자살률은 증가한다.
② 실직한 경우도 자살이 급증하는데, 일이 자살을 예방하는 효과가 있는 것으로 나타난다.

3) 육체적 질병- 거동 제한, 외모 손상, 만성의 난치성 통증 등 질환으로 인한 이차적 영향(대인 관계 단절, 실직 등)과 약물 부작용 등이 자살에 기여하며, 다음 질병의 경우 자살과 관련된다.
① 암 : 유방암, 생식기 암
② 중추신경계 질환 : 간질, 다발성 경화증, 두뇌 손상, 심혈 관계 질환, 헌팅턴 씨 병, 치매, 에이즈(AIDS) 등
③ 내분비성 질환: 쿠싱씨 병(Cushing's ds), 클라인펠터 증후군(Klinefelter's syndrom)
④ 위장관 질환 : 소화성 궤양, 간경화
⑤ 생식 비뇨기 질환 : 전립선 비대증, 신장 투석을 받는 신장 질환

4) 정신적 질병 : 자살 기도자의 95%가 정신 질환으로 진단될 수 있다.
① 우울증(80%) 〉 정신 분열증(10%) 〉 치매, 섬망(5%)의 순이다. 정신과 환자들 가운데 25%는 알코올 의존으로 이중 진단이 나타난다.
② 정신과 환자들의 경우, 일반 인구에 비해 입원환자는 5~10배, 외래 환자는 3~4배 정도 자살 위험이 높다.(전체적으로는 비 환자의 3~12배)

누군가 날 말려 줬으면 하는 생각이 들기도 했습니다. 그리고 기쁘지도 않은데 웃을 때가 많습니다."

"왜 그렇게 하지?"

"우리 반 아이들이 모두 좋아할 때, 내가 좋아하지도 않는데, 다른 애들이 모두 좋아하고 선생님께서 보고 계시기에 내 감정을 속이면서 웃게 됩니다."

"집에서도 가족들에게도 감정을 속일 때가 있니?"

"예, 특히 오빠요. 제 속마음을 말하면 거짓말이라고 안 믿을 때가 많아요. 그리고 요즈음 엄마는 기도하신다고 산에 계시고, 아빠는 수원에서 일하시느라 거기서 숙식하면서 지내요. 집에 오시는 날은 한 달에 한두 번 정도입니다. 그래서 잘 만나지도 못하는데, 과거를 생각해 보면 엄마와 아빠가 싸웠던 일 중에 나 때문에 그런 경우가 많았던 것 같다는 생각이 들어 감정을 속일 때가 있습니다. 그래서인지 요즘은 자신감이 없고, 모든 것이 다싫어지고 매일 죽고 싶다는 생각만 듭니다. 그리고 모두가 날 잊어 주길 바라요. 그런데 과연 내가 죽으면 부모님은 슬퍼하실까요?"

은미 양의 경우, 따뜻하게 보호받아야 할 가정에 대한 상실과 그로 인한 고독 스트레스, 만성 피로, 심리적 취약성 그리고 부모님에 대한 분노가 내재되어 자살 생각이 지배하는 전형적인 경우이다.

인간을 고통받게 하고 불행하게 만드는 것은 아무것도 가치가 없다고 느끼는 감정이다.

- Harold Dodd

11. 자살에 대한 견해들

자살에 대한 이론은 기본적으로 세 가지로 구분된다. 그것은 정신분석학적인 심리학적 견해, 사회학적인 견해, 그리고 생물학적인 견해이다. 그러나 개별적으로 이해할 것이 아니라 상호의존적으로 이해해야 하는 것이다.

1) 정신분석학적 견해

정신분석학의 창시자라 할 수 있는 프로이트는 자살 심리를 직접 이론화하지는 않았으나 후에 발전되어 자살은 자기 자신으로 향하는 공격성의 표현이라는 설득력 있는 이론을 제시한다.

프로이트

프로이트는 1917년에 발표한 그의 논문 「애도와 우울」에서 자살은 공격성을 외부로부터 자기 자신에게 돌릴 때 온다고 했는데, 애도 (mourning)는 사랑하는 어떤 대상인 사람이나 사물 등을 상실했을 때 나타나는 일시적 현상이고, 우울(melancholia)은 이러한 반응이 지나쳐 병적인 상태에 머무는 것을 말한다. 즉, 이러한 우울 감정이 자살 심리를 가져온다는 것이다.

인간은 사랑했던 사람이나 대상을 상실했을 때, 애도의 단계를 거친다. 이 과정은 그 상실한 대상이 더 이상 현실 세계에 존재하지 않는다는 인식에서부터 시작하여 그 대상에 부착되었던 에너지는 고통을 겪으면서 떨어지게 된다.

그러나, 이러한 정상적 애도의 과정을 거치지 못하면 우울감이 생겨 마침내는 자책하고 자신을 무가치하게 여겨 자기 파괴적인 생각을 갖게되는 것이다.

대상 상실의 무의식적인 심리 상태는 사랑하는 대상에 리비도 (libido)를 부착시켰다가 죽음이나 거부 등으로 상실하게 되면 대상 관계는 심한 손상을 입고 마치 자신의 전부를 잃은 것과 같은 감정을 갖게 되어, 대상이 존재하지 않는 것을 마치 자신이 존재하지 않는 것처럼 동일시하게 된다는 것이다. 즉, 사랑했던 대상과 자아가 동일시되면서 이 대상은 자아의 일부가 되어 버리는 것이다.

이 대상에는 사랑과 미움 즉 양가적 감정이 부착되어, 자신에 대한 가학적 처벌로 이어진다. 그러므로 실제로 자살하려는 사람은 자신을 죽이려는 것이 아니라 대상을 죽이고 싶어하는 것이다. 이것은 무의식적으로 자신 안에 있는 내적 표상을 파괴함으로써 가능하다고 판단하기에 자살 충동을 느끼게 되는 것이다.

이처럼 프로이트는 자살과 자살 기도를 야기하는 자기 파괴적 공격성은 선천적인 것이 아니라, 우울에서 오는 것으로 우울증 환자가 다른 사람들에게 느끼는 사랑과 미움의 양가적 태도에서 비롯한 결과로 보는 것이다.

멜라니 클라인(Melanie Klein)

멜라니 클라인은 프로이트의 충실한 추종자로 아이들을 대상으로 연구하여 프로이트의 욕동 중심적인 이론의 패러다임을 깨고 관계 중심적인 대상 관계 이론을 발전시켰는데, 분열 투사 내사의 중요성을 발견하여 아이의 내면 세계가 점진적으로 구성되는 과정을 세밀하게 서술했다.

그녀는 프로이트가 생각했던 것보다 훨씬 빨리 무의식 하의 초자아가 성장하는 것으로 보았는데, 그것은 2~3세가 아니고 어린이가 외부 세계의 사물들이 자기들만의 독립된 존재를 갖고 있다는 것을 인식할 수 있기 이전인 생후 몇 개월 사이에 생성된다는 것이다.

그러므로 어린이의 최초의 원시적인 현실 체험은 '부분 대상(part object)'에 대한 체험이며, 그것이 쾌락과 고통, 만족과 좌절, 사랑과 분노, 선과 악의 근원이 된다는 것이다.

클라인에게 있어서 중요한 개념 중 하나는 시기심(envy)이다. 시기심은 모든 원시적인 정신 과정 중에서 가장 파괴적인 것으로 희망을 파괴하며, 자신에게 도움을 줄 수 있는 좋은 것을 완전히 제거하려 하게 된다는 것이다.

　인간은 태어나면서부터 외부의 대상을 자신의 속으로 흡수하는 내사화(introjection) 작용으로 어머니의 젖가슴을 자신의 내적 표상으로 삼아 자신이 배고플 때 젖이 자신의 입에 물려 있으면 좋은 대상으로 인지하고, 그렇지 않으면 나쁜 감정을 갖게 되어 욕구가 좌절되면 그 원인을 투사하여 그것이 자신을 죽일 것처럼 느끼게 된다는 것이다.

　자살 충동은 내사화된 좋은 경험들이 나쁜 대상에 의해 위협받고 있다고 느낄 때 이 나쁜 대상과 동일시할 때 일어나는 것이다. 즉 자신의 안에 있는 좋은 부분을 보존하면서 자아의 나쁜 표상을 제거하려는 시도인 것이다.

칼 메닝거(Karl Meninger)

　칼 메닝거는 모든 인간은 선천적으로 자기 파괴의 가능성을 지니고 있다고 보았다. 그는 그의 저서 *Man against Himself*에서 자살을 죽음의 본능, 'Thanatos'의 개념을 기술하면서 타인에 대한 분노에서 야기되는 전도된 후굴 살인(retroflexed murder)으로 보았다. 즉, 인간에게는 죽이기 욕구(the wish to kill)와 죽임 당하고 싶은 욕구(the wish to be kill), 그리고 죽음에의 욕구(the wish to die) 심리가 있는데, 어떤 죄를 짓고 나서 처벌을 받으면 후련해지는 것이 바로 죽임당하고 싶어하는 피학적 욕구로, 양심으로 말미암는 것이다. 이러한 자기 파괴충동은 자신이 의식하지 못하다가 자아가 약해지면 나타나게 되는, 의식적 혹은 무의식적인 작용으로 죽음의 본능과 관계가 있다고 보았다.

헨젤러(H. Henseler)

헨젤러는 자살과 자살 기도의 자살적 태도 발생에 대하여 자기애적 문제를 지적한다. 자기애적 문제를 가진 사람은 정당한 비판이나 거부에 대해서도 민감하게 반응하여 상처를 받았다고 느끼게 된다. 이것은 자존심이 제대로 형성되지 못하여 나타나는 현상으로, 자살만이 자존심을 살리는 최후의 수단이라고 생각하게 된다. 이러한 자존감의 결핍은 무의식적인 과도한 자존감과 연관이 되어, 자신의 능력을 과대평가함으로써 부족한 자존감이나 과대 망상 중 하나만을 의식하게 되는 것이다.

자기애적 문제는 타인에 대해서도 비현실적인 평가를 하는 것으로도 나타난다. 자신의 인격을 제대로 평가하지 못하는 것처럼 타인의 특성에 공감하는 능력이 부족하여, 상대방에게 지속적이고 심한 모욕을 가하는 상황이 일어나게 되기도 한다. 뿐만 아니라 자기애적 문제를 가진 사람이 모욕을 느끼게 되면, 공격성의 폭발로 이어져 자신을 향해 공격하게 되는 자살이나 자살 기도를 하게 되는 것이다.

자기애적 문제를 지닌 사람들은 어린 시절 건강하게 성장하기 위하여 필요한 모성과 칭찬에 대하여 자신의 어머니가 자기애적 문제를 겪고 있어서 따뜻한 모성이나 칭찬을 받은 경험이 없는 경우가 많다. 이것은 어머니가 자신의 자기애적 필요 때문에 아이의 욕구와 자신의 욕구를 구별하지 못하여 아이를 배우자의 대용물로 만들게 되어, 아이는 자기신뢰를 형성하지 못하고 살아가게 되는 것이다.

보울비(John Bowlby)

보울비는 낯선 곳에서 모르는 사람들에게서 돌봄을 받는 아동 복지 시설과 병원에 수용된 2~3세의 건강한 아이들을 중심으로 관찰하였는데, 아이들은 거부, 절망, 분리의 구분된 단계를 거치게 되는 것을 살펴보았다. 먼저 아이들은 울면서 어머니에게로 돌아가겠다는 단계를 거치는데, 이것이 거부이다. 그리고는 며칠이 지나면서 잠잠해지게 되는데, 이것은 어머니가 없다는 사실에 대한 절망의 단계인 것이다. 그리고 더 지나게 되면 아이는 어머니를 잊은 것처럼 보이게 되는데, 어머니가 아이를 데려와도 관심이 없는 분리의 단계인 것이다.

이 세 단계 모두에서 아이는 자주 분노의 발작과 파괴적인 태도를 보이게 되는데, 어머니에 대한 기대의 포기로 인하여 나타나게 되는 심각한 모순의 감정과 집착인 것이다.

그러므로 성장한 후에도 예기치 않은 상실 뒤에는 언제나 거부의 단계를 밟게 되며, 잃어버린 사람에 대한 되찾으려는 노력과 함께 자신을 버린 것에 대한 비난과 절망의 단계를 거치게 되는 것이다. 그리고 결국에는 상실한 사람이나 존재에 대한 정서적 분리에 이르게 되는 것이다. 이러한 반복된 과정을 거치며 자살에 대한 태도를 갖게 된다는 것이다.

2) 사회학적 견해

에밀 뒤르켐(Emile Durkheim)

자연과학적인 객관적 검증 방법을 통하여 자살 현상에 대한 사회병리적 연구에 의하여 개인이 아니라 사회 문제임을 제시한 사람은 뒤르켐(E. Durkheim: 1858~1917)이다. 그는 개인이 속해 있는 사회 집단이 따뜻이 받아 주지 않는 것이 자살의 중요한 원인으로 시사하였다.

뒤르켐은 『자살론』(Le Suicide, 1987)에서 개인이 어떠한 형태로 사회 적응에 실패하는지에 따라 자살 현상을 이기적, 이타적, 무통제적 자살로 구분하였는데, 이기적 자살이란 개인주의 경향으로 사회 그룹에 참여하지 않기 때문에 사회적 지원을 받지 못함으로 발생한다는 것이다. 사회적 결속력이 강한 경우 예를 들어 유태교인과 가톨릭 교인이 프로테스탄트 교인보다 자살률이 더 낮았다는 것이다. 그 것은 프로테스탄트가 다른 종교보다 더 개인주의적이기 때문이라고 보았다.

이타적(altruism) 자살은 개인이 속한 사회와 지나치게 결속된 나머지 그 사회를 위해 자기를 희생할 마음으로 자살하는 것으로 전쟁터의 육탄 돌격대와 같은 것이다. 이러한 이타적 자살자들은 미덕으로 간주되기에 격려와 칭송을 받게 된다.

무통제(anomy)적 자살은 사회에 대한 개인의 적응이 차단되거나 와해된 때 오는 것으로 가정이 파탄되었을 경우와 같은 것이다. 이것은 사회가 혼란스럽거나—경제적인 위기 또는 국가의 급격한 번영으로 인한—무질서하여 개인에게 아무런 영향력도 행사하지 못하는 경우에 발생한다.

이러한 무통제는 가정적 무통제에서도 나타난다. 이혼이나 사별이 그것이다. 가정은 정서 생활을 규제하며, 자신의 의무에 충실하고 욕구의 한계를 정하는 것이다.

잭 더글라스(Jack D. Douglas)

뒤르켐의 다양한 자살률에 대한 설명은 분명한 사회학적 설명이 요구된다. 이러한 사회학적인 문제점을 더글라스는 그의 저서 『자살의 사회적 의미』(The Meanings of Suicide)에서 지적한다. 뒤르켐은 통계를 사용하면서 과거에 제기된 다양한 환경적 심리적 변수들을 제거하여 공식 통계를 왜곡 사용하였고, 또 통계가 사용될 수 있기 전에 먼저 어떻게 경찰, 감시관에 의해 확인되었는지 경험적으로 밝혀야 한다고 주장하며, 18세기 후기의 자살에 대한 통계가 과대 또는 과소 집계되었다는 데 문제가 있다는 것을 제기하였다.

뿐만 아니라 이러한 통계를 이용한 가설적 접근은 사회 구성원뿐만 아니라 그들의 행동을 설명하기 위한 관찰의 과학적인 시도까지도 근본적으로 그들의 예상했던 해석에 짜맞추는 실수를 저지르게 되었다는 것이다.

그러므로 사회적 의미의 모든 분석과 조사는 근본적으로 자살에 대한 사회적 사건의 특정한 형태를 설명하거나 예고하는 것은 가능하지 않다는 것으로 오늘날의 일반적인 사회학 이론적 가정에 대한 부정적 선언을 하였다.

3) 실존적 견해

프리드리히 니체(Friedrich Wilhelm Nietzsche)

실존주의의 시조(始祖)로 지칭되는 니체는 자살할 권리에 대하여 열

렬하게 옹호하였다. 목사인 아버지를 5세 때 사별한 그는 라이프치히 대학에 있을 때, 쇼펜하우어의 책을 통하여 깊은 영향을 받았다. 쇼펜하우어는 그의 저서 『자살에 관하여』(1852)에서 '자살은 가장 비겁한 것으로 광기 상태에서만 가능한 부당한 것으로 여겨지고 있으나, 누구나 자기 자신이나 삶에 대해 권리가 있듯이 논박이 불가능한 다른 권리를 가지고 있는 것'이라고 적극적인 견해를 드러냈다.

그의 영향으로 니체는 28세 때 처녀작 『비극의 탄생』(1872)에서, 생의 환희와 염세, 긍정과 부정을 형이상학적으로 그려냈으며, 『차라투스트라는 이렇게 말하였다』(Also sprach Zarathustra, 1883~1885)에서는 '나는 그대들에게 자유로운 죽음을 설교하노라. 이죽거리며 웃는 그대들의 죽음처럼 몰래 다가오는 것이 아니라 내가 원해서 오는 그러한 죽음을 …'라고 표현하여 극적인 자살에 대한 묘사를 하였으며, 신의 죽음으로 지상(地上)의 의의를 설파하여 영겁회귀(永劫回歸)에 의한 삶의 긍정의 최고 형식을 밝혔다.

사르트르(J. Satre)

사르트르는 『존재와 무』(Being and Nothingness)에서 인간은 하나의 '현상의 존재'와 지각하는 '의식의 존재'로 존재한다고 보아, 인간은 세계 안에 부정성(否定性)이 자신을 드러나게 하는 존재일 뿐만 아니라, 자기에 대하여 부정적인 태도를 취할 수 있는 존재라고 보았다.

인간의 행동의 제일 조건은 '자유'라고 하는 근본적인 작용으로, 이것은 세계 안에서 나 자신을 선택하는 일인 동시에 세계를 발견하는 것이다. 그러므로 자살할 수 있는 자유와 주어진 삶에 모든 책임을 다

하는 자유를 모두 소유하고 있는 상태야말로 실존적 인간의 삶이라고 하여, 인간이 지니고 있는 생과 사의 결정권이 인간으로서 존재의 의미를 찾을 수 있는 것이라고 보았다.

그러므로 자살은 존재함에 관한 선택이며 존재함에 관한 부정이다. 즉, 자살할 수 있는 선택권이 있을 때에야 비로소 인간은 완전한 자유를 지니게 되는 것일 뿐, 자살이 삶을 결코 의미 있게 하는 것이 아니며, 자연사보다 더 의미 있는 죽음이 될 수는 없는 것으로, 자살은 부조리한 선택의 자유로서 삶을 부조리 속으로 침몰시키는 것으로 보아, 인간의 부조리한 모습과 참 실존의 존재를 이해하는 요소로 보았을 뿐 결코 자살을 예찬하지 않았다.

카뮈(Albert Camus)

카뮈는 『시지프스의 신화』(The Myth of Sisyphus)의 첫머리에서 자살 문제를 제기하는데, 그것은 그저 바둥거리며 애써 살 필요가 없다는 것으로 인간의 삶이 부조리하기 때문에 가치가 없는 것이라고 언급하는 것이다.

> '참으로 진지한 철학적 문제는 오직 하나뿐이다. 그것은 바로 자살이다. 인생이 살 만한 가치가 있느냐 없느냐를 판단하는 것이야말로 철학의 근본 문제에 답하는 것이다.'

'시지프스'는 신의 저주를 받아 큰 바윗돌을 산밑에서 꼭대기로 옮기는 형벌을 받는다. 산꼭대기까지 바위를 올려 놓으면 다시 굴러 떨어지는 목표와 가치 없는 일을 반복하며 사는 삶이 인생이라 보았다.

그러므로 숙명적 부조리에 대한 자각은 우리를 거짓된 희망 속에서 삶의 의미를 찾으려는 노력으로부터 해방시켜 주기에 인간은 이 부조리를 축하하며 살아야 한다는 것이다.

생(生)의 의미라는 피상적인 이론을 한 꺼풀 벗겨 놓고 보면 그것은 습관으로 지탱되고 있는 인생의 덧없고 하찮은 성격의 환상에 불과한 것이다.

그는 『시지프스의 신화』를 쓸 때, 1940년 프랑스의 함락과 심각한 우울병을 겪고 난 후였다. 그러므로 자살 이야기로 시작하여 삶에 대한 긍정으로 끝을 맺은 것은 삶은 궁극적 의미 없이 부조리하지만, 그것 자체로서 향유될 고유의 가치가 있다는 것이다. 즉, 인생은 무의미하기에 심각하게 삶의 맹랑함을 통절이 느끼며 살아야 한다는 것이다.

4) 생물학적 견해

유전인가?

앞에서도 이미 살펴보았지만, 자살과 자살 기도의 발생에 관한 중요한 가설 중의 하나는 생물학적 유전 이론이다.

생물학적 연구는 가계 분석, 쌍생아, 입양아 연구가 효과적으로 받아들여지고 있는데, 가계 분석을 통하여 살펴보면 자살의 가족 역사가 있는 경우 자살 기도자가 많이 나타나고, 정신과 환자 친척들의 자살이 정상인의 가계보다 8배나 많이 나타나고 있음이 밝혀진 바 있다.

쌍생아 연구도 이란성 쌍생아의 유전인자는 쌍생아가 아닌 일반 형

제간의 그것과 비슷하지만, 일란성 쌍생아는 서로가 유전자 배열이 거의 동일하다는 사실에 근거한다. 그러므로 이란성 쌍생아에게서보다 일란성 쌍생아에게서 자살과 자살 기도가 더 많이 나타난다면 유전인 자 때문이라는 결론이 자연스럽게 도출되는 것이다.

로이(A. Roy)는 그와 함께 한 공동 연구자들과 쌍생아의 자살에 대하여 연구한 사례를 책(*Suicide in twins*, 1991)으로 출간했는데, 연구 대상으로 조사한 자살자가 있는 176쌍의 쌍생아 중, 114쌍이 이란성 쌍생아로 2쌍에서 자살이 발생하여 1.8퍼센트였으나, 일란성 쌍생아는 62쌍으로 그 중 7쌍에서 자살이 일어나 11.3퍼센트의 더 높은 자살 비율을 보였다는 것이다. 그리고 자살이 발생한 176쌍의 쌍생아 중에서 13쌍이 정신 장애를 겪었다는 사실을 밝혀내 정밀 조사한 결과, 정신 장애에서는 유전적 소인이 원인으로 나타나지만, 자살의 원인으로는 유전적 소인이 직접적으로 나타나지 않는다는 것을 암시하였다.[50]

생화학적 신경 전달 물질의 결핍?

일반적으로 정신 장애에 대한 원인으로 뇌 안에서의 생화학적 신경 전달 물질의 불균형 또는 호르몬 체계나 신경계 손상으로 생기는 경우와 또 다른 경우에는 질병이나 약물에 의한 직접적인 결과로 생기기도 한다는 것이 현대 의학에 의하여 밝혀진 바 있다.

특히, 100억 개 이상의 뇌 세포에서 수백 억 가지 이상의 정보를 전달하는 세로토닌, 도파민, 노르에피네프린 등의 결핍으로 한 원인이 된 우울증 환자 중 자살을 기도한 자살자들의 뇌를 해부한 결과 뇌척수액에서 세로토닌이 평균치보다 낮게 검출되었다.

이에 관련하여 아스버그(Asberg)는 세로토닌의 대사 물질인 5-HIAA가 낮은 수치를 보인 우울증 환자들 가운데 40퍼센트가 자살을 기도하였으며, 총기나 고층에서의 투신과 같은 강렬한 방법으로 자살 기도를 한 집단이 덜 강렬한 방법으로 기도한 집단에서 보다 5-HIAA 치가 더 낮게 나타났음을 연구하였다.

그 외에도 뇌실의 확장과 뇌파 이상이 자살과 관계가 있다는 견해와 혈소판에서 모노아민 옥시다스(monoamine oxidase)의 수치가 낮은 사람에게서 8배나 자살이 많다는 생물학적 연구 결과의 견해도 있다.

5) 성서적 견해

자살에 관한 성서적 기록

성서에 자살이라는 단어는 언급되지 않지만 자살 행위에 대한 기록은 6회에 걸쳐 나타나는데, 이러한 자살 행위에 대하여 특별히 금기시하거나 비난하는 기록이 나타나지 않는다.

아비멜렉(사사기 9장 52-54절): 아비멜렉은 기드온이 첩에 의하여 낳은 아들이다. 출생의 상처로 인한 증오는 배다른 형제들 70명을 한 반석 위에서 죽이게 되었고, 훗날 아비멜렉이 이스라엘을 다스리게 될 때에, '하나님이 아비멜렉과 세겜 사람들 사이에 악한 신을 보내시매 세겜 사람들이 아비멜렉을 배반하였으니 … 칠십 인에게 행한 포학한 일을 갚되 그 형제를 죽여 피 흘린 죄를…' (삿 9:22-24)라고

기록하여 살인에 대한 징벌의 결과임을 피력하고 있다.

데베스를 점령할 때 견고한 망대로 백성들이 도망하자, 그 망대를 불사르려 할 때 한 여인이 던진 맷돌에 두개골이 깨짐으로, 병사를 불러 '나를 죽이라'고 하여 자살했다.

아비멜렉의 자살의 원인은 무엇인가? 그것은 첩의 자녀로 역기능 가정에서 자라난 영향을 간과할 수 없는 것이다. '사람들이 그가 여인에게 죽었다 할까 하노라'(54절)는 표현은 무시당하는 것을 견디기 힘들어 하는 상처 있는 내면 세계를 가진 사람들의 대표적인 특징이다. 부친 기드온은 성서적 전쟁 영웅이었지만 역기능 가정을 제공한 것이다.

삼손(사사기 16장 30절): 성서에서 삼손의 죽음은 자신의 생명을 끊는 행위에 초점을 두지 않았다. 도리어 그의 눈을 빼고 조롱하며 즐거워하는 블레셋 백성들을 바라보면서 원수를 무찌를 수 있도록 최후의 기도를 하며 자신의 몸을 던진 것이다. 그러므로 사사기 16장 30절은 "삼손이 죽을 때에 죽인 자가 살았을 때에 죽인 자보다 더욱 많았더라"고 언급하며 그의 자살을 칭송하고 있다. 즉, 삼손의 죽음은 적군을 무찌르기 위하여 자신의 몸을 던진 용사의 장렬한 전사라는 것이다. 그러므로 삼손의 죽음은 자살의 범주에 포함될 수 없다는 견해가 지배적이다.

그러나 삼손이 곤궁에 처하게 된 것은 결국 나실인의 서약을 깨뜨린 결과였다(삿 16:17-20). 그러므로 엄밀하게 분석한다면 삼손의 죽음(자살)은 아무리 용사의 장렬한 전사라고 칭송할지라도 죄의 결과라는 것은 피할 수 없는 것이다.

사울(사무엘상 31장 4-6절; 역대상 10장 4-14절): 패전한 사울은 적군의 화살로 중상을 입자 병기 든 자에게, '네 칼을 빼어 나를 찌르라 … 이에 사울이 자기 칼을 취하고 그 위에 엎드러지매'라고 자살한 행위를 묘사하고 있다. 그러나 그의 자살에 관하여 '사울의 죽은 것은 범죄하였음이라' (대상 10:13)라고 언급하여 징벌의 결과임을 강조하고 있다.

아히도벨(사무엘하 17장 23절): 압살롬이 다윗을 배반하여 죽이려 할 때 아히도벨이 모략을 제공하였다. 그러나 압살롬은 아히도벨의 지략을 받아들이지 아니하고 후새의 모략을 받아들임으로써 후새의 역모략에 말려들어 자신의 계략이 시행되지 못하자 고향으로 돌아가 자기 집에 이르러 목 매어 자살하였다. 이것은 '이는 여호와께서 압살롬에게 화를 내리려 하사 아히도벨의 좋은 모략을 파하기로 작정하셨음이더라' (14절)라고 징계의 결과임을 밝히고 있다.

시므리(열왕기상 16장): 엘라 왕이 궁내 대신 아르사의 집에서 마시고 취할 때에 군사 병력 절반을 통솔한 장관인 신하 시므리가 모반하여 왕위에 오르게 되나, 쿠테타 소식을 들은 이스라엘 백성들은 군대장관 오므리를 이스라엘의 왕으로 추대하고, 성을 포위하고 함락하자 시므리는 성이 함락됨을 보고 왕궁에 들어가 불을 놓고 자살하여 목숨을 끊었다. 이것은 열왕기상 16장 19절에 "범죄함을 인함이라"고 기록하여 죄로 인한 징계의 결과로 언급한다.

가룟 유다(마태복음 27장 3-10절; 사도행전 1장 18절): 예수 그리스도를 배반한 유다는 '은을 성소에 던져 넣고 물러가서 스스로 목 매어 죽은 지라'(마 27:5)고 자살하였음을 강조하였다. 뿐만 아니라 사도행전 1장 18절에는 "이 사람이 불의의 삯으로 밭을 사고 후에 몸이 곤두박질하여 배가 터져 창자가 다 흘러나온지라"고 언급하여 자살이 저주의 결과임을 암시하고 있다.

이처럼 성서에서 언급되는 모든 자살 행위는 그 동기와 사건이 어떠하든지간에 징계와 저주의 결과임을 강조하고 있으며, 그것은 저주의 길임을 암시하고 있다.

성서에서의 자살 금지

하나님의 형상 "… 사람이나 사람의 형제면 그에게서 그의 생명을 찾으리라 무릇 사람의 피를 흘리면 사람이 그 피를 흘릴 것이니 이는 하나님이 자기 형상대로 사람을 지었음이니라"(창 9:5-6)고 언급함으로, 짐승에서 인간의 생명에 이르기까지 금기시한 것을 볼 수 있는데, 특히 하나님의 형상대로 지어진 인간의 생명은 지고(至高)의 목숨이기에 인간이 생명을 스스로 취하는 것은 가공할 만한 죄악으로 묘사되는 것이다.

생명의 주권 생명은 하나님께서 주신 것이므로 오직 그분만이 생명의 주인이시며, 또한 취할 권리를 가진다(욥 1:21). 그러므로 인간의 생명을 죽이기도 하시고 살리기도 하시는 분은 오직 하나님이신 것이다(신 32:39). 따라서 어느 누구도 인간의 생명을 앞당기거나 유전학적으로도 어설프게 주물럭거릴 권리가 없는 것이다.

신약에서 예수 그리스도는 동물에 비하여 인간의 생명이 얼마나 더 소중한지를 강조한 언급이 도처에서 나타난다. 마태복음 10장 29~31절에는 "참새 두 마리가 한 앗사리온에 팔리는 것이 아니냐 그러나 너희 아버지께서 허락지 아니하시면 그 하나라도 땅에 떨어지지 아니하리라 너희에게는 머리털까지 다 세신 바 되었나니 두려워하지 말라 너희는 많은 참새보다 귀하니라"고 언급하여 생명에 대한 하나님의 돌보심과 인간의 생명의 귀중함을 선포하고 있다.

성령의 전 바울은 인간의 몸이 예수 그리스도의 피값으로 산 바 된 성령의 전임을 강조한다. 고린도전서 3장 16~17절에 다음과 같이 강조한다. "너희가 하나님의 성전인 것과 하나님의 성령이 너희 안에 거하시는 것을 알지 못하느뇨 누구든지 하나님의 성전을 더럽히면 하나님이 그 사람을 멸하시리라 하나님의 성전은 거룩하니 너희도 그러하니라" 성전으로 삼으신 몸을 더럽히거나, 스스로 파멸(자살)시키는 것은 하나님께서 그 사람을 심판하실 엄격한 죄악인 것이다.

하나님의 계명 십계명의 제6 계명인 "살인하지 말지니라"(출 20:13; 신 5:17)는 금지 조항은 남의 생명만이 아닌, 자신의 생명에도 관계된 말씀이다. 그리고, 살인한 자에 대하여는 반드시 사형에 처할 것을 명하였으며(출 21:12-14; 민 35:16-23), 하나님께서 가증히 여기시며(잠 6:17) 하나님의 나라를 유업으로 받지 못한다고 강조하고(갈 5:19-21), 영원한 형벌이 있음을 언급하고 있다(계 21:8).

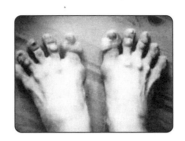

누구의 발인지 짐작하실 수 있겠습니까?
희귀병을 앓고 있는 사람의 발이 아닙니다.
사람의 발을 닮은 나무 뿌리도 아니고, 조작한 엽기 사진도 아닙니다.

발레리나 강수진의 발입니다.
그 세련되고 아름다운 미소를 가진,
세계 각국의 내로라하는 발레리나들이 그녀의 파트너가 되기를 열망하는,
강수진의 발입니다.

처음 이 사진을 보았을 때 심장이 어찌나 격렬히 뛰는지
하마트면 눈물을 툭툭 떨굴 뻔하였지요.
감동이란 이런 것이로구나.
어느 창녀가 예수의 발에 입맞추었듯이
저도 그녀의 발등에 입맞추고 싶다는 생각마저 들었습니다.

그녀의 발은,
그녀의 성공이 결코 하루 아침에 이루어진 것이 아님을 보여 줍니다.
하루 19시간씩, 1년에 천여 켤레의 토슈즈가 닳아 떨어지고,
아름다운 발이 저 지경이 되도록 ….
그리고 난 후에 얻어진 결과일 뿐입니다.
그녀의 발을 한참 들여다 보고
나를 들여다 봅니다.
너는 무엇을 대체 얼마나 했느냐.

12. 비상구 닫기

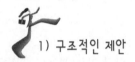

1) 구조적인 제안

대중 매체의 영향

일반적인 구조적 조치는 사회적인 정신적 구조를 개선하는 것이 제일 우선이다. 이러한 국민적인 정신적 틀을 계몽하는 데 가장 영향력이 있는 것은 무엇인가?

21세기는 '네트워크'의 시대라고 할 만큼 잘 발달된 정보망 속에 살아가고 있다. 현대인들은 너나 할 것 없이 '정보시대'를 살아가며 승리자가 되기 위해 남보다 빠른 정보를 찾아 분주하다. 신문과 TV에서는 온갖 정보가 홍수처럼 쏟아져 나오고, 컴퓨터만 켜면 세상의 모든 것을 알 수 있고, 3.6명만 연결하면 원하는 사람을 다 만날 수 있다는 네트워크 세상이다.

그러나 이러한 정보들이 우리에게 참된 쉼과 평화와 행복을 가져다

주고 있는가? 도리어 정보를 따라 달려가면서 자신에게서 점점 더 멀어지고, 궤도를 벗어난 우주선처럼 구심력을 잃어버리게 되고 말아 점점 더 어지럽게 흔들리게 되고 있다.

현대 사회에 있어서 정보 매체의 영향력은 실로 가공할 만큼 그 위력이 대단하다. 유명 연예인이 입었거나 사용했다는 의류나 소품이 알려지면 날개 돋힌 듯이 팔려 나가기도 하고, 뉴스에 어느 음식이 몸에 좋다는 방송만 나가도 그 식품은 진귀해지기 시작한다.

그러므로 현대인들에게 지대한 영향력을 행사하는 대중 매체는 의도되지 않았을지라도 사람들의 행동에 결정적인 동기를 부여할 수 있다. 겉으로 나타나는 정서적 고통으로 인한 자살의 원인들은 신병 비관과 경제적 궁핍 등 생계형에서부터 고독과 정신적 중압감 등 실존형까지 사람마다 다르게 나타나지만, 이러한 동기는 모두 도화선일 뿐 원인은 아니다. 똑같은 상황에서도 대부분의 사람은 사는 쪽을 택하기 때문이다. 그러나 이러한 촉발 인자들은 매우 중요한 배경이 되며, 매스 미디어의 잇따른 보도와 드라마나 영화 등의 무분별한 방영은 생명의 포기에 대한 충동을 부채질할 수도 있다.

대중 매체를 통한 계몽

무엇보다도 일반적으로 근본적인 구조적 예방 조치는 가장 영향력이 큰 매스미디어에 의한 우울증과 자살 예방에 대한 계몽이 필요하다. 정서적인 고통으로 인한 생명 포기에 대한 개인의 저항력을 높여 주는 유용한 방법은 정보 미디어를 통한 조치라는 것은 두 말 할 필요가 없다.

실제로 빈에서는 지하철이 1980년에 개통된 이래 매년 지하철 자살이 급증하다가, 1987년 매스 미디어가 자살에 관한 뉴스를 중단하면서부터 지하철 자살이 약 75퍼센트 줄어들었다는 연구 결과도 있다.[51]

이러한 사실은 매우 중요하다. 우울증을 겪는 경우 정신 질환에 대한 사회적 낙인의 인식으로 많은 경우에 정신과 진료를 회피하고 있는 안타까운 현실이다. 그러나 최근 방영된 TV 프로그램을 통하여 우울증에 대한 정보와 계몽 방송을 통하여 우울증을 '심리적인 감기'로 일반적인 질병과 같이 진료를 받아야 할 동일한 질병이라는 인식을 심어준 사례처럼 대중 매체의 역할은 매우 효과적인 것이다.

마찬가지로 자살에 대한 충분한 강의와 교재가 없는 현실에서는 대중 매체에 의한 비상구를 닫는 정보의 전달과 계몽은 너무나 절실한 것이다.

비상 상담 센터

정서적으로 고통을 겪는 이들을 위한 인터넷 상담 사이트를 방문하다 보면 절박한 고통을 호소하며 어떻게 해결해야 할지를 몰라 방황하는 사람들을 자주 접하게 된다. 나는 인터넷 상담 사이트를 통하여 고통당하는 사람들을 상담해 주면서 그들로부터 힘과 용기를 얻고 있다는 말을 들을 때마다 얼마나 감사한지 모른다.

그러나 대부분의 인터넷 상담 센터의 경우, 병원에서 운영하는 유료가 많아 정서적인 고통을 겪고 있는 사람들이 대부분 회피하고 있는 경우가 많으며, 무료로 운영되고 있는 사이트는 아예 상담에 응답하지 않고 있거나 비전문가에 의해서 전혀 도움이 되지 않는 답변을 제공하고 있는 것이 우리의 현실인 것이다.

인터넷을 이용한 상담과 생명의 전화 상담은 익명성 보장이라는 점에서 매우 매력적이기 때문에 많은 사람들이 도움 요청을 위하여 언제든지 접근할 수 있다는 장점을 갖고 있기에 이러한 생명의 전화 상담 서비스나 인터넷 상담 홈페이지, 자살 예방 센터 등은 생명 포기의 비상구를 닫고 매우 건강하고 좋은 탈출구를 제공할 수 있는 것이다.

그러나 연구된 바에 의하면, 아쉽게도 단호하게 자살 생각을 품은 경우 전화 상담이나 인터넷 상담을 찾는 경우는 3~6퍼센트의 극소수에 불과하다는 보고가 있지만, 다행스럽게도 대부분의 경우 살기 위한 시도로 상담의 도구들을 찾는 경우가 많다는 사실이다.

그러므로 손쉽게 접할 수 있는 전문적인 생명의 상담 전화나 인터넷 상담 홈페이지, 자살 예방 센터의 설치가 매우 필요하다. 전화 문의 번호 114, 또는 화재 신고나 응급 구조 번호 119처럼 무의식적으로 인식될 수 있는 생명 포기의 비상구를 닫을 수 있는 생명선 시스템과 인터넷 검색 엔진으로 검색할 때 항상 이용될 수 있도록 상담 홈페이지가 홍보되는 것은 중요하게 요구된다.

2) 안전장치와 흉기

안전 구조물 설치하기

심각한 우울증이나 자살을 생각하는 경우, 자살 외에는 해결의 방법이 없다고 생각하기에 칼이나 날카로운 도구 등을 이용하여 손목을 긋는 등 자해와 자살의 방법을 생각하게 되어 있다. 이때 그 주변에 흉기가 될 만한 물건이 손쉽게 눈에 띄게 될 경우 치명적인 자살의 도구가 될 수 있다. 그러므로 이러한 도구들을 제거하거나 안전한 구조물을 설치하는 것은 매우 중요한 일이다.

지하철의 경우도 투신 자살을 막기 위하여 승하차장에 구조물 (fence)을 설치하는 것은 매우 좋은 자살 도구를 제거하는 효과를 가져온다. 뿐만 아니라 고층 건물의 경우 창문틀이나 옥상 그리고 고층 아파트의 경우 베란다에 구조물을 설치하는 것도 생명 포기 비상구를 닫는 매우 좋은 방법이다.

흉기 제거하기

심각한 우울증이든 충동적이든간에 자살을 생각하는 사람은 대부분이 전조 증상을 보인다. 그러한 가족을 가진 사람이나 친구는 누구든지 이들의 신호를 가볍게 여겨선 안 되며, 반드시 그들의 주위에서 자살의 도구로 사용될 만한 흉기를 제거하도록 해야 한다.

또, 할 수만 있다면 자살 생각을 가진 사람이 스스로 평상시에 흉기를 제거하도록 도울 수 있어야 한다. 며칠 전에 인터넷 채팅을 통하여 24세의 한 청년과 상담을 가질 기회가 있었다. 온라인 상에서 진행되는 대화이기에 감정을 나눌 수는 없었으나, 상당한 시간을 주고받으면서 늘 지갑에 품고 다니던 칼날을 자살 충동으로 자신을 통제하기 어려운 때를 위하여 버리겠다는 약속을 받은 적이 있다.

칼날, 날카로운 송곳, 노끈이나 줄 같은 도구는 심각한 우울증을 겪고 있거나 자살을 생각하는 사람들의 주변에서는 반드시 제거되어야만 한다. 미국의 경우 가장 흔한 자살의 도구인 권총의 개인적 사용을 엄격하게 통제하는 주에서는 권총의 사용이 자유롭게 허용되는 주들보다 자살률이 낮게 나타나는 것으로 이미 알려진 바 있다. 이처럼 흉기 제거는 제도적인 사회적 장치뿐만 아니라, 개인적으로도 실행되어야만 한다.

괴로움을 남기고 간 것을 맛보라! 고난도 지나고 나면 감미롭다.

— 괴테

당신은 빵을 사고 싶을 때 동전을 지불합니다.
가구를 사고 싶을 때 은전을 지불합니다.
토지를 사고 싶을 때 금전을 지불합니다.
그러나 사랑을 사고 싶을 때
당신은 당신 자신을 지불해야 합니다
사랑의 값은 당신 자신이기 때문입니다.

행복한 가정이란 문제가 없는 가정이 아닙니다.
그 문제를 해결할 수 있는 가정입니다.
행복이란 자족이란 마음의 정서입니다.

행복이란
위를 쳐다보면서 절망하지 않으며
아래를 내려다보며 교만하지 않고
오늘을 감사하면서
내일의 희망을 안고 살아갑니다.

13. 치료의 패러다임으로

예방에서 치료로

　자살 기도는 통상 자살자의 10배 가까이 되므로 국내에서만 해마다 십만여 명이 한두 번 자살을 꿈꾸고 있다는 의미를 내포한다. 이러한 자살 생각을 가진 대부분의 경우는 절망을 느끼는 심리적인 고통의 결과이다.

　이러한 심리적 고통의 밑바탕에 깔린 근본 원인은 '마음의 상함'이다. 이러한 상함에 촉발 인자가 제공될 경우 자살을 선택하기도 하며, 또 때로는 이러한 상함과 관계없이 충동적으로 목숨을 끊기도 하는 것이다. 그러나 이들은 모두 누군가에게 마음속에 응어리진 억울함을 표출하기 위한 강력한 수단으로 자살을 선택하는 것이다. 그러므로 일상적인 삶을 치료의 패러다임으로 전환시키는 것은 무엇보다 중요한 것이다.

1) 우울함에서 벗어나기

우울한 삶의 환경

거의 모든 사람은 성장 과정에서 이미 깊은 상처를 안고 살아가고 있는 상태이기에 이로 인하여 자존감의 상실과 대인 관계의 어려움, 부정적 사고와 태도, 침체 등을 겪기도 하며, 정서적인 고통을 겪기도 한다.

또 보편적으로 대부분의 남자들은 평생 10명 중 1명, 여자는 5명 중 1명 꼴로 크고 작은 우울증을 경험하기도 한다. 가벼운 우울증은 치료하지 않아도 좋아질 수 있지만 심한 경우 자살로 이어질 수 있는 이유 없이 슬픈 병이기에 생명 포기의 위험은 누구에게나 노출되어 있는 상태인 것이다. 이러한 우울증은 의욕이 없고 말이나 활동이 줄어들고, 취미 활동이나 교제 등 무엇을 해도 흥이 나지 않게 되는 것이다.

그러므로 우리의 모든 삶의 환경은 상처 속에 살아가고 있는 현실이기에 예방에서 치료의 패러다임으로 전환되어야 할 필요가 있는 것이다. 대부분의 자살 생각과 자살 기도는 우울증에 그 뿌리를 두고 있기에 우울증을 잡아야만 자살을 막을 수 있기 때문이다.

기분 전환하기

우울한 상태에서는 즐거움을 느낄 수 없고, 의욕이 저하되어 일하기 싫어지며, 사람을 만나는 일도 피하게 되며, 위축되고 무기력해진다. 그러므로 이러한 상태에서는 점점 부정적인 생각만 들고 우울함이 더 깊어지게 되어 있다.

이러한 때, 기분 전환을 위해서 일상생활에서 벗어나 새로운 체험을 경험하는 일상의 패러다임의 전환도 필요하다. 장애인 시설에서의 봉사, 감동적인 영화 감상, 위로와 힘을 주는 양서 읽기 등 생활 패턴을 바꾸어 주는 일을 시도하는 것이다.

자신의 문제 노출하기

대부분의 심각한 우울증을 겪는 사람들이나 자살 생각을 가진 사람들의 공통적인 문제 중의 하나는 마음을 털어놓고 대화할 사람이 없다는 것이다. 혹 속 마음을 털어놓았다가 받게 될 상처에 대한 두려움이 더욱 자신에 관한 문제를 말하지 못하게 만든다.

그러나 신체적인 질병이든 정신적인 장애이든, 모든 치유에는 공통된 원리가 하나 있다. 그것은 자신의 문제와 아픈 상처를 드러내는 자기 노출(self-disclosure)의 원리인 것이다. 병원에 입원한 사람은 의사에게 자기의 질병의 상태를 보여 주기 위하여 몸을 노출해야만 하듯이 타인에게 자신의 상처와 그 상처의 원인이 되었던 과거의 어두운 사건과 문제들을 털어놓아야 하는 것이다.

자신의 문제를 털어놓고 말하는 자기 노출은 부담스럽고 어려운 과정이다. 자기 방어의 벽을 허물고 적당한 선까지만 말하던 일상적인 삶의 양식을 바꿔야 하는 것이다.

정신과 의사인 스콧 펙(Scott Peck) 박사는 "자기 노출은 대단히 큰 용기를 필요로 하는 행동이다. 사람들이 정신 치료를 받지 못하는 주된 이유는 돈이 없어서가 아니라 용기가 부족하기 때문이다."라고 언

급했다.

그렇다. 용기의 부족! 우리가 지녀야 할 중요한 태도 중의 하나는 자신의 문제를 있는 그대로 드러내는 용기인 것이다. 자신의 문제를 다른 사람에게 그대로 노출하고 털어놓는 것만큼 좋은 해결의 방법은 없다. 이때 들어주는 사람은 진지하게 경청해 주고 공감해 주는 것이 중요하다. 만일 자신의 문제를 노출할 사람이 없을 경우에는 전문 상담자를 찾는 것도 필요하다.

친밀한 그룹에서의 가슴 열기

회사나 학교, 교회 또는 군대와 같은 조직을 이끌거나 인도하는 사람이라면 시간을 할애하여 그룹원들로 하여금 2명씩 짝을 지어 서로의 문제를 서로에게 말하도록 만들어 주는 시간을 갖는 것도 매우 좋은 효과를 가져온다. 이때 주제를 정하여 말하도록 하는 것이 필요하다. 첫번째는 자신의 기분 좋았던 일에 대하여, 그리고 다음에는 가슴 아팠던 일에 대하여 서로가 서로에게 말하게 시간을 주어 보라. 그리고는 한 사람씩 느낌을 발표하는 시간들을 가져 보라.

또 어떤 사람을 그룹원에게 소개하거나 새로운 신입자를 소개하는 시간을 가질 때에도 일반적으로 소개하는 틀을 벗어버리고 새로운 패러다임으로 전환시켜 보라! 자신의 이름과 함께 어떤 인생관을 가졌는지, 어떤 아픔을 겪었는지, 잊혀지지 않는 사람과 사건은 어떤 일이 있었는지 등 속마음을 털어놓고 자신을 노출하는 시간들로 만들어 보라.

일반적으로 우리 모두는 자기로부터의 소외를 겪으며 살아가기에 우울증과 자살 생각으로부터 벗어나지 못하게 되는 것이다. 시드니 쥬

라드(Sidney M. Jourard)는 그의 책 『투명한 자아』(*The Transparent Self*)에서 이렇게 기록했다.

> "인간은 두 가지의 자기 자신을 가지고 살아간다. 하나는 내면 속에 있는 '진정한 자신(real self)'이고, 다른 하나는 남에게 보여 주기 위한 '공적인 자신(public self)'이다."

인간은 이 세상에 태어날 때 무엇이든지 자신이 하고 싶은 대로 할 수 있는 자유로운 존재로 태어났다. 즉, 웃고 싶으면 웃고, 울고 싶으면 울고, 싫으면 싫다고 말하는 존재이다. 그러나 그런 행동이 부모와 중요한 사람들로부터 무시당하고 거부당하거나 혹은 인정받는 과정을 겪으면서 우리는 진정한 자신을 숨기고 남에게 보여 주기 위한 공적인 자신을 나타내는 방법을 터득하게 되는 것이다.

그 결과 우리는 있는 그대로의 자기 모습을 숨기고 남에게 인정받기 위한 가식적인 자기를 형성 발달시키며 가면을 쓰고 살아가는 자기 소외 현상을 겪는 것이다.

이러한 지금까지의 소외 패러다임을 자기 노출의 패러다임으로 변화시키는 것은 현대를 살아가는 사람들에게 매우 중요하다. 특히, 소속 그룹원들이 더욱 친밀해지고 서로에게 진실되고 정직하게 되기 위해서는 더욱 필요할 뿐만 아니라 이러한 패러다임은 자살 생각을 하는 사람으로 하여금 생명으로 나아가게 하는 생명의 빛이 된다.

2) 자살 환상 깨기

자살 환상

자살을 생각하는 사람은 자기 주위의 사람들을 관련시킨 정교한 환상을 만들어 내기도 한다. 그 환상은 선생님이나 동료, 부모님들이 자신의 죽음에 충격을 받고 슬퍼한다거나 자살을 할 정도로 자신을 비참하게 만들었다는 것을 후회하며 통곡하는 부모나 자신을 괴롭힌 사람에 대한 처벌 등에 대한 자신만의 죽음 이후에 관한 환상이다.[52]

또, 희생적인 자살을 하려는 경우에는 자신이 죽는 것이 가족에게 도움이 될 것이라는 환상을 갖기도 하고, 자기가 죽으면 다른 식구들의 짐을 덜게 될 것이라는 상상을 하기도 한다.

이러한 자살에 대한 환상이 무너지거나 깨지는 경우, 자살에 대한 기대가 무너지게 되어 자살만이 해결책이 아님을 깨닫게 되는 것이다.

환상 깨뜨리기

자살에 대한 환상을 깨뜨리기 위해서는 민감성과 감수성이 뛰어난 상담자가 있을 경우 매우 효과적이다. 자살을 생각하는 사람의 경우 이미 환상에 빠져 있으므로 혼자서 이 환상을 깨뜨리기 위해서는 적극적인 반대적 상상을 하기 위한 노력을 하지 않으면 안 된다.

옆에 상담자가 있는 경우라면 '자살을 실행에 옮긴다면 다시는 기회가 없기 때문에 미리 다른 대안을 일단 실험해 보는 것이라' 고 제안하는 것이 필요하다.

이 과정은 자살했을 때의 모습을 그려 보는 것이다. 자살했을 때의 사람들의 반응, 장례식 그리고 그 후에 될 일에 대한 상상을 해 본 후, 그것을 모노 드라마(mono drama)로 연기를 해 보는 것이다.

이때, 반드시 상상한 후에 실연하도록 해야 하는 장면이 있다. 시신이 땅에 묻힌 후 벌레가 자신의 시신을 파먹는 것과 차갑고 어두운 땅 속에 누워 있는 자신의 시신에 대한 연기와 느낌을 말하게 한다. 그리고 자신의 부고 통지서가 쓰레기에 싸서 버려지는 것을 연출하게 하고, 애도 기간이 지나면 그와 가까웠던 사람들이 다 그를 잊어버리고 사는 모습을 말해 주고 연기하게 한다. 그리고 처벌해야 할 사람 때문에 자살하는 경우 '산 사람은 살게 마련이라'는 속담처럼 법의 처벌이 가벼워져 풀려나는 모습도 연기하게 만들어야 한다. 또 가족의 짐을 덜어 주려는 희생적인 자살을 하려는 경우, 자살의 결과로 더 큰 상처와 생계의 짐을 지는 고통스러운 모습을 연기하게 해야 한다.[53]

또 죄책감을 심어 주기 위하여 자살하려는 경우에는 그 결과를 최소화하여 자살이 아무 소용이 없게 되는 것을 연기하도록 하는 것이다.

이 '자살 환상 깨기' 방법은 자신의 자살로 의도한 바를 얻지 못하게 된다는 것을 깨우치게 하기 위한 것이다. 그러므로 이 방법은 자살의 진정한 목적에 직면하게 되었을 때 사실을 받아들일 수 있는 경우에만 선별적으로 사용되어야만 한다.[54]

신경증(노이로제)이란 항상 마땅히 겪어야 할 고통을 회피한 결과이다.

– Carl G. Jung

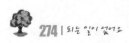

3) 주변 사람들의 도움 받기

사회적인 자원 도움 받기

사람은 타인과의 관계 속에서 도움을 주고받으며 살아가도록 태어난 존재이다. 그러나 심각한 우울증과 자살 충동에 잡혀 있는 경우에는 사람 만나기를 기피하는 경향이 있어진다.

초라한 자신의 모습을 다른 사람에게 보이고 싶지 않고, 사람들에 대한 부정적인 생각으로 이기적이고 위선적으로 느껴지며, 속으로 자신을 비웃을 것이라는 생각에 젖어 다른 사람의 도움을 스스로 포기하게 된다.

그러나 자살 생각으로부터 벗어나기 위해서는 주변 사람들과의 지속적인 접촉과 도움이 필요하다. 비록 문제 해결의 실질적인 도움이나 근본적인 해결이 되지 않는다 할지라도 심리적 지지와 깊은 만남들은 자신의 문제를 다른 방향에서 이해할 수 있는 새로운 시각을 얻게 만들기도 하는 것이다.

위기의 개입과 치료

자살적 태도를 구조 신호로 받아들여 생병을 보호하기 위한 입원 치료 등의 의료 행위와 약물 치료, 심리 치료 등의 개입을 포괄하는 개입이다. 이때 무엇보다도 중요한 것은 계속 유지될 수 있는 관계를 형성하여 대안적 문제들을 공동으로 진행해 가며 스스로의 힘으로 일어설 수 있게 주변 사람들과의 접촉을 제공하는 것이다.

맺는 말

 혼자가 아니다

정서적 고통이 심화되고, 가졌던 꿈들이 수
포로 돌아가고 소망이 사라져 삶을 끝내고만 싶어지며 절박한 절망감
에 몸서리칠 때, 더욱 심연의 고통으로 몰아넣게 되는 것들은 가슴에
분노와 상처의 감정을 담아 두고 억압하는 것이다.

그러나 이러한 고통은 정서적인 문제를 겪고 있는 자신이나 자신의
가족 혼자만이 겪는 일이 아니며, 고통당하고 있는 당신을 받아들이고
사랑하는 사람들이 적잖게 존재하고 있다는 사실을 알고, 이러한 문제
들을 솔직하게 다룰 수 있어야 한다.

무엇보다도 먼저 우울증이나, 자살 생각, 정서적 고통을 겪고 있는
사람은 자신이 우울증이나 정서적 고통에 빠져도 괜찮다는 것을 이해
하고 받아들일 수 있어야 한다.

그러나 실제적으로 눈물로 매일 베개를 흠뻑 적시고, 울다가 지쳐 떨어지게 하는 우리의 상실과 상처의 감정은 우리의 처지와 상황을 이해하고 받아들이는 데 어려움을 겪게 한다. 신앙인의 경우 심지어는 내면 속에 일어나고 있는 분노 중의 하나는 초월자 하나님을 향한 것도 있을 수가 있다. 그러나 이것은 너무나 가슴 아픈 일이다.

성서에 언급되는 위대한 인물들도 모두가 우울 증상을 겪었다. 모세나 엘리야도 죽기를 사모한 적이 있으며, 다윗도 삶에 나타나는 일들을 이해할 수 없는 고통에 통분해하며 절규하는 내용을 시편의 상당 부분에 표현하는 것을 볼 수 있다. 역시 그들도 이해할 수 없는 고통에 대해 매우 실제적이었고 정직했고, 인간적이어서 화를 냈고 좌절했으며, 우울 감정의 고통에 시달렸다.

나 혼자만이 겪고 있는 우울과 분노의 고통이 아니라는 것을 발견할 수 있어야 한다. 그럴 때만이 죄책감과 외로움의 절망감에서 놓일 수 있는 것이다.

하나님은 아신다

사람을 만드신 하나님은 우리의 약함을 아신다. 그리고 우리의 눈물을 병에 담고 계신다. 그는 마음이 상한 자들의 상처를 싸매시고 우리의 고통을 기뻐하시는 분이 아니다.

주님은 당신의 아픔을 아신다!

나사로의 무덤에 찾아가 우셨던 것처럼 나의 상함과 통절함을 들으시고 지금도 나와 함께 우신다. 그분은 눈물로 부르짖는 것이 무엇인지 아신다. 성서의 기자는 우리의 아픔을 어떻게 이해하는지를 보여 주기 위하여 무엇이라 기록하였는가? "그는 육체에 계실 때에 자기를 죽음에서 능히 구원하실 이에게 심한 통곡과 눈물로 간구와 소원을 올렸고"(히 5:7)라고 기록하고 있다. 그는 모든 아픔을 경험하셨다. 그래서 눈물에 젖어 부르짖는 나의 심정이 어떤지를 알고 이해하신다. 진실로 그분은 당신을 이해하신다.

얼굴에 침 뱉으며 주먹으로 치고 손바닥으로 맞은 생각하기도 싫은 기억이 있는가? 조롱을 당하고 욕을 먹은 아픔이 있는가? 이혼이나 버림받음으로 자신의 일부가 찢어져 나가는 느낌의 아픔을 겪었는가? 그분은 십자가의 간고와 질고의 경험을 통하여 우리의 마음을 상하게 한 문제들을 친히 공감하신다. 그분은 그것을 고치기를 원하신다.

보물을 찾지 못하는 가장 쉬운 방법은 쉽게 포기하는 것이다.

기적의 은혜로

이 책을 읽고 있는 당신은 슬퍼하고 울 필요가 있다. 심지어는 하나님께 화를 내며 상처로 아리고 한 맺힌 심정을 토로할 필요가 있을지도 모른다. 기쁨은 밤새도록 울고 난 후 아침에 오는 것이다. 그분에게 등돌리는 것보다 그것이 더 낫다. 그리고 스스로 감정을 처리할 시간을 가져라. 그러면 미칠 것 같은 당신의 고통 가운데서 자신의 길을 선명히 보게 될 것이다.

하나님은 당신의 고통을 어떻게 덜어 주느냐에 관심 가지시기보다는 그것을 통해서 가르쳐 줄 수 있는 것이 무엇인가에 대해 더 많은 관심을 가지고 계신다.

앨버트 아인슈타인은 "인생을 살아가는 데에는 두 가지의 방법이 있다. 하나는 기적 없이 사는 것이고, 다른 하나는 모든 것에 기적의 은혜로 사는 것이다."라고 말했다.[55]

당신에게 통과하도록 허락되는 충격적인 고통은 비록 이겨내기 힘들지만, 치유 후에는 당신으로 하여금 이 모든 고통을 겪게 한 다음, 은혜의 기적이 일어난다는 살아 있는 증거가 되게 하고, 이후로는 은혜로 살아가는 자가 되도록 하기 위한 도구인 것이다.

미 주

1) 더 많은 정보를 위하여, 데이빗 A. 씨맨즈(송헌복 역)의 『상한 감정의 치유』 도서출판 두란 노 (1986)의 책을 보라.

2) 위의 책에서 '자존감이 낮은 사람을 위한 치료' (Pp. 76~99)를 참고하라.

3) '완벽주의' 는 '완전주의' 라고도 번역된다. '완전주의' 의 증상과 치유에 대하여, 데이빗 A. 씨맨즈의 위의 책 『상한 감정의 치유』 pp. 100~129를 보라.

4) 데이빗 스툽 & 제임스 매스텔러, 정성준 역, 『부모를 나를 용서하기』, 예수전도단, 2001. p. 277에서 인용.

5) 위의 책, p. 278에서 재인용.

6) '표면적인 용서' 에 대하여 위의 책, pp. 247~264를 보라.

7) 위의 책, pp. 345~363을 보라.

8) 위의 책, p. 230.

9) 위의 책, p. 225~239를 보라.

10) 데이빗 A. 씨맨즈, 송헌복 역, 『상한 감정의 치유』, pp. 39~45를 보라. 정서적인 문제에 는 두 가지 주요한 원인이 있다는 결론을 내린다. 그것은 ①하나님의 무조건적인 은 혜와 용서를 이해하지 못하고, 받아들이지 못하고, 생활에 적용시키지 못하는 것이 고, ②하나님의 무조건적인 사랑과 용서와 은혜를 다른 사람에게 나누어주지 못하 는 것이다.

11) 데이빗 스툽 & 제임스 매스텔러, 『부모를 나를 용서하기』, pp. 202~203에서 재인용.

12) M. Scott Peck, 『아직도 가야 할 길』, 신승철 역, 열음사(2002).

13) 위의 책.

14) Stephen R. Covey, 『성공하는 사람들의 7가지 습관』, 김경섭 · 김원석 역, 김영사 (1994). pp. 40~41에서 인용.

15) Aaron T. Beck, *Cognitive Therapy and Emotional Disorders* (New York: International Universities Press, 1976), pp. 24-25.

16) Gerald Corey, 『심리상담과 치료의 이론과 실제』, 조현춘. 조현재 공역. 시그마프레스, 1996. p. 444.

17) 권석만, 『우울증』, 학지사 (2002). p. 178.

18) 위의 책, p. 180.

19) 국내에 LEVITY Program에 대하여 『바디 블루스』라는 책이 번역되어 소개되어 있다. 자세한 내용은 이 책을 보라.
   － 마리 아넷 브라운 & 조 로빈슨, 『바디 블루스』, 곽미경 역, 도서출판 소소 (2002).

20) 마리 아넷 브라운 & 조 로빈슨, 『바디 블루스』, 곽미경 역, 도서출판 소소 (2002). p. 89.

21) 위의 책, p. 98.

22) 위의 책, pp. 108~109.

23) 위의 책, pp. 111~129.

24) 마리 아넷 브라운 박사는 6가지의 비타민과 미네랄은 남성들의 기분을 고양시키는 효과도 있지만, 특히 여성들에게 효과가 있는 항우울 칵테일이라고 하여 소개한다. 위의 책, pp. 131~152을 보라.

25) 위의 책, pp. 134~135.

26) 위의 책, pp. 135~136.

27) 위의 책, pp. 137~140.

28) 위의 책, pp. 142~143.

29) 전광, 『백악관을 기도실로 만든 대통령 링컨』, 생명의말씀사(2003), p. 87.

30) Harold H. Bloomfield & Peter McWilliams, 『우울증에서 벗어나는 92가지 방법』, 채정호 역, 도서출판 아카데미북 (2002), p. 33.

31) 위의 책, p. 50.

32) 마리 아넷 브라운 & 조 로빈슨. 『바디 블루스』, 곽미경 역. 도서출판 소소 (2002).

33) 위의 책, p. 14.

34) 아치발트 하트, 『우울증, 이렇게 치유할 수 있다』, 정동섭 역, 요단 (2000), p. 21.

35) 위의 책, p. 28.

36) Harold H. Bloomfield & Peter McWilliams, 『우울증에서 벗어나는 92가지 방법』, p. 44에서 재인용.

37) 위의 책, p. 74.

38) 권석만, 『우울증』, 학지사 (2002). p. 64.

39) 위의 책, p. 66.

40) 위의 책, p. 68.

41) 위의 책, pp. 70~72.

42) Aaron T. Beck, 『우울증의 인지치료』, 원호택외 역, 학지사 (1999). pp. 243~260.

43) 박경애, 『인지 · 정서 · 행동치료』, 학지사 (1998), pp. 67~72.

44) 위의 책, pp. 59~67, 433~444.

45) 박상칠, 조용범, 『자살, 예방할 수 있다』, 학지사 (1998)

46) http://user.chollian.net/~kaplan/data/psy-suicide.htm

47) 대구광역시 허병원 신경정신과장으로 일하고 있는 김대혁의 연구 보고이며, 자살 예방 심리 사이트를 운영하고 있다.

　　　http://user.chollian.net/~kaplan/data/psy-suicide.htm

48) 박상칠 & 조용범, 『자살, 예방할 수 있다』, pp. 120~121.

49) A. Freeman & M. A. Reinecke, *Cognitive Therapy of Suicidal Behavior* (N.Y.: Springer Publishing Company, 1993), pp. 9~12.

50) Thomas Bronisch, 『자살』, 이재원 역, 이끌리오 (2002), pp. 84~85에서 재인용.

51) 위의 책, pp. 132~133.

52) Robert Sherman & Norman Fredman, 『부부 가족치료 기법』, 김영애 편역, 하나의학사 (1996), p. 320.

53) 위의 책, pp. 321-322.

54) 위의 책, p. 325.

55) Harold H. Bloomfield & Peter McWilliams. 『우울증에서 벗어나는 92가지 방법』, 채정호 역, 도서출판 아카데미북 (2002), p. 244.

참고 문헌

『1999년 사망 원인 통계 연보』, 서울: 통계청, 2000.
『정신장애의 진단 및 통계 편람』(DSM-IV). 제4판, 이근후 외 역.
권석만. 『우울증』, 서울 : 학지사, 2002.
권성수. 『자살』, 서울: 두란노서원, 1991.
김대환. 『사회 심리학』, 서울: 법문사, 1979.
김예식. 『생각 바꾸기를 통한 우울증 치료』, 서울: 한국장로교출판사, 1999.
김정규. 『게슈탈트 심리 치료』, 서울: 학지사, 1995.
박경애. 『인지 · 정서 · 행동치료』, 서울: 학지사, 1998.
박상칠, 조용범. 『자살, 예방할 수 있다』, 서울: 학지사, 1998.
서국희, 조맹제. "지역사회 거주 청소년의 우울증상 유병율". 서울대정신의학,
    1997년 144호, pp. 113-126.
우재현. 『게슈탈트 치료 프로그램』, 대구: 정암서원, 1996.
정인석. 『신 청년심리학 : 청년 발달과 비행 심리의 탐구』, 서울: 대왕사, 1988.
조성호. 『경계선 성격 장애』, 이상심리학시리즈 21. 서울: 학지사, 2000.
마리 아넷 브라운, 조 로빈슨. 『바디 블루스』, 곽미경 역. 서울: 도서출판 소소,
    2002.
Alvarez, Alfred. 『자살의 연구』, 최승자 역. 서울: 청하, 2000.
Archibald D. Hart. 『우울증 이렇게 치유할수 있다』, 정동섭 역. 서울: 요단,
    2000.
Augustine. 『하나님의 도성』, 정정숙 역. 서울: 정음출판사, 1983.
Beck, Aaron T. 『우울증의 인지 치료』, 원호택 외 공역. 서울: 학지사, 1999.
Clinebell, Howard. 『현대 성장 상담 요법』, 이종헌 역. 서울: 한국장로교출판사,
    1990.
Corey, Gerald. 『심리 상담과 치료의 이론과 실제』, 조현춘, 조현재 공역. 서울: 시
    그마프레스, 1996.
Covey, Stephen R. 『성공하는 사람들의 7가지 습관』, 김경섭, 김원석 역. 서울:

김영사, 1994.

Crabb, Lawrence J. 「인간 이해와 상담」, 윤종석 역. 서울: 도서출판 두란노, 2000.

David A. Seamands. 「상한 감정의 치유」, 송헌복 역. 서울: 도서출판 두란노, 1997.

David Stoop & James. Masteller. 「부모를 나를 용서하기」, 정성준 역. 서울: 예수전도단, 2001.

Durkheim, Emile. 「자살론」, 김충선 역. 서울: 청아출판사, 2000.

Greenberg, Jay R. & Mitchell, Stephen R. 「정신분석학적 대상 관계 이론」, 이재훈 역. 서울: 한국심리치료연구소, 1999.

Harold H. Bloomfield & Peter McWilliams. 「우울증에서 벗어나는 92가지 방법」, 채정호 역. 서울: 도서출판 아카데미북, 2002.

Luppe, Robert de. 「까뮈의 사상과 문학」, 김붕구 역. 서울: 신양사, 1960.

McMin, Mark R. 「심리학 신학 영성이 하나 된 기독교 상담」, 채규만 역. 서울: 도서출판 두란노, 2001.

Monesteir, Matin. 「자살, 도대체 왜들 죽는가」, 한명희 역. 서울: 새움, 1999.

Murray, Andrew. 「회개와 용서」, 김성임 역. 서울 : 생명의말씀사, 1985.

Nouwen, Henri J. M. 「상처 입은 치유자」, 최원준 역. 서울: 도서출판 두란노, 1999.

Satre, J. 「존재와 무」, 양황달 역. 세계사상교양전집 12. 서울: 을유문화사, 1977.

Segal, Hanna M. 「멜라니 클라인」, 이재훈 역. 서울: 한국심리치료연구소, 1999.

Thomas Bronisch. 「자살」, 이재원 역. 서울: 이끌리오, 2002.

William Styron. 「보이는 어둠」, 임옥희 역. 서울: 문학동네, 2002.

Baumeister. "Sucide as escape from self." *Psychological Review*. 1990.

Beck, Aaron T. *Cognitive Therapy and Emotional Disorders*. New York: International Universities Press, 1976.

., Rush, A. John., Shaw, Brian F. & Emery, Gary. *Cognitive Therapy of Depression*. N.Y. : The Guilford Press, 1979.

Brown, Peter. *Augustine of Hippo*. Berkeley and Los Angeles: University of California Press, 1969.

Camus, A. **The Myth of Sisyphus**. New York : Penguin, 1975.

Corey, Marianne Schneider. *Groups : Process and Practice*. Pacific Grove: Brooks/Cole Publishing Co., 1992.

Costello, J. *The Pacific War*. New York: Rawson & Wade, 1981.

Demy, Timoty J. & Stewart, Gary P. eds. *Suicide: A christian response*. Grand Rapids: Kregel, 1998.

Douglas, Jack D. *The Social Meanings of Suicide*. Princeton: Princeton University Press, 1973.

Freeman, A. & Reinecke, M. A. *Cognitive Therapy of Suicidal Behavior*. N.Y.: Springer Publishing Company, 1993.

Freud, Sigmund. "Mourning and Melancholia." *General Psychological Theory: apers on Metapsychology*. N.Y.: Macmillan Publishing Company, 1963.

Healey, Bede J. *Suicide Prevention and Awareness*. November 18–22, Topeka: The Menninger Clinic, 1996.

Leenaars, Antoon A. *Suicidology; Essays in Honor of S. Schneidman*. London: Jason Aronson Inc. 1993.

Marzuk, P. M. "Increase risk of suicide in person with AIDS." *Journal of American Medical Association*. Vol.259. 1988. 1333–1337.

Menninger, Karl A. *Man against Himself*. N.Y.: Harcourt Brace and Company, 1938.

Novaco, R.W. "Anger as a risk factor for violence among the mentally disodered." in Monahan, J. & Steadman, H. J. eds. *Violence and mental disorder*. Chicago: The University of Chicago Press, 1994.